昨日之城

桂林文化城的另一种温故

黄伟林 著

生活·讀書·新知 三联书店

图书在版编目（CIP）数据

昨日之城：桂林文化城的另一种温故 / 黄伟林著．—北京：生活·读书·新知三联书店，2023.5
ISBN 978-7-108-07541-3

Ⅰ．①昨… Ⅱ．①黄… Ⅲ．①文化史－研究－桂林－近代 Ⅳ．①K296.73

中国版本图书馆 CIP 数据核字（2022）第 207303 号

责任编辑 柯琳芳
装帧设计 康 健
责任校对 常高峰
责任印制 宋 家
出版发行 生活·讀書·新知 三联书店
（北京市东城区美术馆东街 22 号 100010）
网 址 www.sdxjpc.com
经 销 新华书店
印 刷 河北松源印刷有限公司
版 次 2023 年 5 月北京第 1 版
2023 年 5 月北京第 1 次印刷
开 本 635 毫米 × 965 毫米 1/16 印张 25
字 数 334 千字 图 25 幅
印 数 0,001－4,000 册
定 价 69.00 元
（印装查询：01064002715；邮购查询：01084010542）

被漓江、山峰和城墙环绕的桂林城

八桂厅（关山月 1940 年绘）

廿九年擬入川過桂適值
廣西建設研究會三週紀念爲寫八桂廳景
作爲禮品之獻並資紀念
雙十節前一日
關山月並誌

桂林山水（徐悲鸿绘）

目　录

Contents

1　前　言

昨日之城

9　西南抗战的门户城市
13　大轰炸中的桂林城
19　前铁路时代如何到桂林
25　桂林曾如此国际化
30　力扬诗中的山城桂林
35　出版城
44　桂西路
55　昔日八桂堂今安在
61　国防艺术社
65　第三厅
69　桂林曾有百乐门
74　香山慈幼院桂林分院
83　国立汉民中学
89　穿山时期的无锡国专
95　桂林师范学院的戏剧活动
103　《大公报》里的桂林师范学院
115　西南剧展与桂林师院

125 寻找桂林文化城留下的大学
129 广西师范大学最初的模样
138 桂林抗战摩崖
145 寻访抗战文化地标
154 第一张桂林版《大公报》
158 桂林三宝的 N 种说法

昨日之人

165 广西之朝气
172 广西人的抗战基因
176 广西司机的硬性
181 台儿庄上空的八桂雄鹰
185 文化人涌入桂林的第一波高潮
189 文化人云集桂林的三次高峰
193 民国时期的广西师范大学文学院人物考录
204 体育家李宗仁
211 李宗仁首倡“焦土抗战”
215 李宗仁的才智和性格
222 “小诸葛”白崇禧
226 白崇禧的另一面
238 广西大学校长马君武
243 教育家马君武
247 隐蔽战线领导人李克农
252 隐蔽战线的学者陈翰笙
256 巴金第一次到桂林
261 艾青诗歌里柔软的忧伤
267 艾青的桂林爱情

272 夏衍的双重身份
276 融入桂林土地的王鲁彦
282 物理学家丁西林的话剧创作
288 《秋声赋》中的桂林和田汉
295 欧阳予倩是否曾在桂林师范学院任教?
300 欧阳予倩留下的三笔遗产
305 端木蕻良的桂林转型
311 中国舞蹈之母戴爱莲
318 徐悲鸿与桂林的缘分
322 长眠普陀山麓的音乐家张曙
327 音乐界领军人物吴伯超
332 吴伯超音乐创作的黄金时期
338 广西师专首任校长杨东莼
342 广西大学教授盛成
349 桂林《大公报》总编辑徐铸成
353 发现另一个广西的陈志良
358 桂林籍音乐家满谦子
363 容县美人封凤子
369 桂林籍文艺家李文钊
376 在文化城中成长的桂林文人罗孚
381 桂林中学高中生陈文统
386 白先勇的桂林童年

392 后　记

前　言

抗日战争时期，军事抗战自不待言，文化抗战亦相当重要。许多有识之士都在思考文化对于抗战的意义。一方面，人们发现日本侵略者不仅对中国进行军事侵略，而且对中国进行文化侵略，对沦陷区进行奴化教育。翦伯赞专门谈到过这个现象：

> 从“九一八”以后，所谓王道文化的毒氛就弥漫了我们的东四省——并且在我们全国差不多都已有这种毒素的散布。他们组织许多文化别动队，深入到我们的都市和农村，利用一切的报纸杂志，在中国的各种社会层，尽量地利用一些文化的奴才，往复的去扩大奴化我们的文化运动。他们改编我们中小学的教科书，从最根本的地方做根绝中国青年对于国家和民族复兴的意识。他们企图以文化去毒死中国人民的心灵，使中国人民像死人一样贴伏在他们那些强盗的脚下。[1]

卢沟桥事变以后，日本侵略者对中国文化的毁灭、对在中国领土

1　翦伯赞：《怎样动员我们战时的文化》，邹韬奋等：《抗战总动员》，战时出版社 1938 年版，第 81 页。

上建立其侵略主义文化更加急迫，翦伯赞对这个现象亦有描述：

> 近来它更毫无人性地焚烧我们的天津、北平，轰炸我们的上海、南京、广州、南昌以及沿海沿江一带的文化机关，残杀我大学的教授、青年学生，以及他们认为有抗日意识或表现的著作家、新闻记者、杂志的编辑人，以及一切与文化有关系的中国人民，同时并给予一切爱护人类文化的“中国的友人”以各种的危害。企图以暴力给予中国文化以拔根地铲除，在中国领土内重建其侵略主义的文化。[1]

北平、天津都是当时的中国文化重镇，然而，随着战争的进展，翦伯赞不得不承认：“平津失陷以后，曾经长期的作为我们民族文化中心的北平，以及文化中心的文化基础，已经被日本帝国主义的大炮打得粉碎。”[2]

日本侵略者在军事侵略的同时，对中国实施文化侵略，这是一方面。另一方面，大批中国文化人投身抗战，与军人抗战不同，他们从事的不是军事抗战，而是文化抗战，他们在文学、戏剧、音乐、舞蹈、美术、摄影、新闻、出版、自然科学、社会科学、思想教育等各个领域从事文化抗战。那么，文化在战争中究竟有什么作用？

这也是抗战时期许多有识之士讨论的问题。

当时的国民政府教育部部长陈立夫对这个问题的看法应该有相当的代表性，他认为：

> 军事胜败的最终决定因素，还是文化而不是暴力。某一民族

1　翦伯赞：《怎样动员我们战时的文化》，邹韬奋等：《抗战总动员》，战时出版社 1938 年版，第 82 页。

2　翦伯赞：《怎样动员我们战时的文化》，邹韬奋等：《抗战总动员》，战时出版社 1938 年版，第 83 页。

之文化而具有特种优点，亦即必为其致胜之道。闪电战不能残一民族的文化力量，但持久战却能试验一民族的文化力量。战争是文化的试金石，文化是战斗力的基石。这在历史上是颠扑不破的一原则。[1]

陈立夫说这番话的时候，抗战已经进入相持阶段，也就是持久战阶段。这时候，北平、天津、上海、南京、广州、武汉等大城市均已沦陷，成千上万的文化人云集桂林。桂林从一个偏僻的城市，豹变为全国著名的文化城。

当年的桂林文化城，在人们心目中有怎样的位置？

我们也不妨引用当时的报刊文字来说明。1944 年 2 月 15 日的《大公晚报》发表《桂林剧坛略述》一文，署名何泛的作者在文章中写道：

> 我们每一个人的心，总时常不能克制的怀恋着一个地方，我们远离开的城市：桂林。看到每一张从桂林出版的报纸都使我们兴奋，收到每一封从桂林寄出的信件都使我们心跳。这是一种很难述说的感情。事实上，桂林也的确是一个值得使许多人怀恋的地方。

这篇文章道出了当时桂林在许多人心中的地位。

那么，桂林究竟凭什么赢得当时人们如此的眷恋呢？因为她甲天下的山水？因为她和平安逸的生活？

显然不是。

从山水风光上说，尽管当年有些文化人也留下了少量描写桂林山水的文字，但与他们篇幅巨大的抗战文字相比，这些山水纪胜的文字

1　陈立夫：《文化之战》，收入《抗战四年来的文化运动》下集，1941 年 8 月编印，第 1 页。

完全不成比例。

从和平安逸上说，尽管桂林不是沦陷区，但桂林北边的城市长沙长期处于战争状态，桂林南边的城市南宁也曾经沦陷。战火随时可能蔓延到桂林。而敌机对桂林轰炸的频繁程度，更是令人难以想象。

那么，人们为什么如此眷恋桂林？

事实上，上面的引文已经说出了端倪，“每一张从桂林出版的报纸都使我们兴奋”，是桂林的文化、桂林的文化氛围、桂林的文化产品对全国那些已经沦陷或者未曾沦陷的人们构成了强大深刻的吸引。

确实，桂林文化城，抗战时期的桂林，是以抗战文化而非美丽山水吸引着亿万中国人民。

文化，对于当时的国人究竟有什么意义？

我想，对于当时的国人，文化的意义首先在于它的传承力。文化将一颗中国文化的种子，根植于每一个中国人心中，让四万万五千万中国人意识到自己是中国人，是中国文化塑造的人，是内含着中国文化基因的人。

桂林漓江西岸有一座著名的伏波山，“伏波”二字来源于汉代伏波将军马援。这个名字的来源已经将桂林人与整个中国连成一体。抗战时期，人们在伏波山还珠洞里制作了一块摩崖石刻，这块摩崖石刻由四个字组成：还我河山。这四个字据说采用的是岳飞的字体，我不知道是否属实。但不管怎样，“还我河山”这四个字，不仅深深铭刻在桂林的山体上，而且深深烙印于桂林文化城来自全国各地的文化人的心中。

来自全国各地的文化人，他们在桂林所做的一件事，就是文化抗战，就是用文化的方式，迫使日本侵略者“还我河山”。

这个“我”，就是大写的中国人，是经过文化启蒙意识到自己是中国人的中国人；这个“河山”，就是大写的中国，是那个被日本侵略者通过军事武力暂时占领的中国山河。

文化不仅具有传承力，还具有传播力。我们经常引用出版家赵家璧说的一段话："它（桂林）有近百家的书店和出版社，抗战时期自由中国的精神粮食——书，有百分之八十是由它出产供应的……"[1]

真是难以置信，一个小小的随时可能被战火焚烧的城市，竟然生产了如此大量的图书。这些图书传播到那些尚未沦陷的中国国土，甚至传播到那些已经沦陷的中国国土，成为自由中国亿万人民的精神食粮，营养着在艰难困苦中生存的亿万中国人的灵魂。这种文化的传播力，使亿万民众能够在千难万险中仍然葆有一颗中国心，为全民族的抗战传输取之不尽、用之不竭的援助。

文化还具有凝聚力。文化使所有中国人凝聚成一个整体。当时有一篇颇具影响力的文章，题目为《中华民族是一个》。这篇文章的作者顾颉刚不在桂林文化城，但桂林文化城的文化人所做的所有工作，都在努力使散沙一盘的亿万国人凝聚成一个整体，凝聚成一个人。"凝聚"这个词，更通俗的表达就是"团结"。桂林文化城的文化，就是要团结最大多数的中国人，使最大多数的中国人成为一个整体，从而以全民族的力量共同抗击侵略者。

文化还具有持久力。文化还能够使中华民族获得持久的抵抗力量。

武汉沦陷之后，抗日战争进入相持阶段。也就是说，这场决定中华民族命运的战争，不可能在短暂的时间内结束，而必须在一个相当长的时段中进行。正所谓闪电战短时间定胜负，持久战长时间决输赢。

桂林文化城正是在这个时间节点形成。也就是说，历史安排了这样一个机会，让桂林扮演这样一个文化的角色，担当这样一个文化的大任，去唤醒中华民族的文化基因，生产中华民族的精神食粮，凝聚中华民族的抵抗意志，持续中华民族的奋斗精神。

闪电战短时间定胜负靠的是武力，持久战长时间决输赢既要靠武力，也要靠文化。中国有句老话：慷慨就义易，从容赴死难。慷慨就

1　赵家璧：《忆桂林——战时的出版城》，《大公报》（上海版）1947 年 5 月 18 日。

义凭的是一腔热血，从容赴死则需要根深蒂固的文化。唯有文化，才能让中华民族在长达十四年的战争岁月中，在反复的失败中，在九死不悔的劫难中，仍然坚守中华民族的信仰，仍然坚定中华民族的信念。如果说抗日战争时期的中日军事，是日强中弱；那么，抗日战争时期的中日文化，则是日弱中强。日本文化，犹如樱花，绚烂一时；中国文化，则仿佛精卫，坚韧不拔。

当然，文化还具有创造力。文化使中华民族能够不断创新，不断创造，无论是在物质领域，还是在精神领域，创造能力始终是中华民族最终赢得这场生死之战的关键因素。

抗日战争时期的桂林文化城，在自然科学、社会科学、新闻出版、文学艺术、文化教育、国际交往各个领域，皆表现出卓越的创新创造能力。正是这种文化的创新创造力量，才能让中华民族由弱变强，转败为胜，洗刷了中华民族自甲午战争以来五十余年在中日对抗中的屈辱，改变了中华民族自鸦片战争以来一百年屡战屡败的宿命，中华民族终于能够在百年挫败中站立起来，以东方雄狮的姿态屹立于世界民族之林。

1938 年至 1944 年的桂林文化城，既是昨日之城，它述说一段抗日战争时期的中国文化历史；也是今日之城，它启示今日中国人文化在中华民族生存发展进程中的意义；更是未来之城，它将那种支持中华民族打败侵略者的文化力量传承、传递、传播到未来，让国人在中华民族伟大复兴的时代进程中焕发出源源不断、历久弥新的创新与创造力量。

是为序。

2022 年 7 月 7 日于桂林星子岩东

昨日之城

西南抗战的门户城市

民国年间，中国的文化中心是上海和北平。上海云集了中国众多著名的传媒机构，北平拥有中国最重要的大学。上海与北平共同上演了民国时期文化的“双城记”。

1937 年 7 月 7 日，卢沟桥事变，中国全面抗战开始。

1937 年 7 月 29 日，北平沦陷。第二天，天津沦陷。

1937 年 8 月 2 日，蒋介石在庐山发表谈话：“平津失陷为战争开始，为奇耻大辱，绝无与敌谈和余地。”

1937 年 8 月 13 日，日军进攻上海，淞沪会战开始。11 月 12 日，中国军队在上海抗击日军 90 多天之后，终告失败，上海沦陷。

1937 年 12 月 13 日，南京保卫战以中国军队的失败告终，中华民国首都南京沦陷。

平津沦陷以后，中国开始了历史上第四次南渡。沪宁沦陷之后，中国开始了历史上罕见的西迁。

在南京沦陷之后的短暂时间里，国民政府迁至武汉，武汉成为中国政治、军事、文化的中心。

1938 年 10 月 21 日，中国军队撤出广州，广州沦陷。

1938 年 10 月 26 日，日军占领武汉三镇，武汉沦陷。

广州为华南重镇，武汉为华中重镇。广州、武汉相继沦陷之后，大批中国文化人继续向西、向南流亡，向西南流亡。

重庆、昆明、桂林是中国西南最重要的三座城市。

从地理上看，桂林居于广州、长沙、南宁、贵阳的中心，联结了华南与西南，辐射了东南亚和整个西南大后方，是中国西南大后方抗战的门户城市，是中国内地与香港及海外联络的枢纽城市。

作为中国西南抗战的门户城市，桂林直接承接来自武汉、广州的流亡者。他们或者居留桂林，即便不居留桂林而奔赴重庆、昆明，也多半要经过桂林。

所有这些流亡的中国文化人对桂林绝不陌生。不仅是因为桂林山水，而且因为 1938 年 4 月中国取得台儿庄战役的胜利。据白崇禧回忆，捷报传出，武汉居民特举行大游行以示庆祝，游行队伍高举李宗仁与白崇禧的巨幅相片作为先导。人们都知道，李宗仁、白崇禧是桂林人。

这是中国历史上又一次南渡西迁，这次南渡西迁的一个重要的目标城市就是桂林。

如果说 1938 年以前的桂林文化活动更具广西本土的色彩，那么，自 1938 年开始，随着战争的不断扩大，大量具有全国影响的文化人和文化机构涌进桂林，桂林作为全国抗战文化中心的地位凸现。

中华职业教育社是著名教育家黄炎培 1917 年在上海发起成立的教育社团，是中国职业教育的开拓者，更是一个重要的知识分子群体。淞沪会战期间，黄炎培被上海各界推选为上海市抗敌后援会主席团主席，中华职业教育社在上海战役中募捐筹饷、组织运输、救护伤兵、修筑工事、救济难民、迁移工厂，为抗敌做了大量工作。上海陷落前五天，黄炎培离开上海，经武汉、长沙于 1937 年底到达桂林，1938 年 1 月在桂林成立了中华职业教育社桂林办事处。1938 年 9 月，经黄炎培提议，中华职业教育社把总社办事处设在桂林。

无锡国专（无锡国学专修学校）是民国时期名满全国的一所私立国学专科学校，创办于 1920 年，1928 年经国民政府教育部批准，成为全国唯一正式立案的国学专修学校，也是全国唯一一所以国学为专科的高等学校。淞沪会战期间，无锡国专初迁长沙，再迁湘乡，均觉不适办学，于1938年2月在校长唐文治的率领下迁至桂林，先后在正阳街17号和环湖路18号租房办学。

商务印书馆1897年创办于上海，是中国历史最悠久的出版机构。1921年商务印书馆即在桂林开设分馆，分馆于1935年迁至梧州。1938年梧州分馆被日军飞机炸毁，商务印书馆分馆于1938年7月在桂林重新开业。

中华书局于1912年由陆费逵创办于上海。1937年冬中华书局在桂林设立支局，局址在桂西路52号。1938年7月，中华书局桂林支局正式营业。

生活书店1932年7月创立于上海，是邹韬奋在《生活》周刊社书报代办部的基础上建立起来的。1937年全面抗战爆发后，生活书店决定迅速在各省市重要城镇建立分支店，尽可能深入内地和邻近战区地带，以便普遍供应人民迫切需要的精神文化食粮。1938年3月，生活书店桂林分店成立，在中南路租赁一座两开间两进的楼房为门市部。

读书生活出版社为1936年由李公朴、艾思奇、黄洛峰等人创办于上海，1938年冬在桂林成立读书生活出版社分社，社址在桂西路阳家巷2号，后在桂西路17号设立门市部。

新知书店由钱俊瑞于1935年创办于上海，全面抗战爆发后迁至武汉。1938年12月由武汉迁至桂林，店址在太平路18号，门市部在桂西路35号。

开明书店由章锡琛1926年在上海创办，是民国时期最具影响的出版机构之一，淞沪会战期间毁于战火。1937年底开明书店桂林分店开业，店址设在环湖北路17号。

文化生活出版社1935年由巴金等人创办于上海。广州沦陷后，1938年10月，巴金在桂林创办文化生活出版社桂林分社。

商务印书馆、中华书局都是中国现代出版业的百年老店。生活书店、读书生活出版社和新知书店后来联合组建成为生活·读书·新知三联书店，与商务印书馆、中华书局同为当代中国最具影响力的出版机构。开明书店在民国时期影响力仅次于商务印书馆和中华书局，是后来的中国青年出版社的前身。文化生活出版社是后来的上海文艺出版社的前身。这些机构都是中国现代出版业中的名牌出版机构，它们都创办于中国现代出版中心上海，并都于 1938 年迁至桂林或在桂林创办分店。那个年代，出版机构是仅次于大学的最能集聚文化人，又最具辐射力的文化机构。这些中国最重要的出版机构不约而同落户桂林，为桂林成为中国的抗战文化中心奠定了坚实的基础。

大轰炸中的桂林城

桂林之所以成为当时中国的文化中心，除了桂系的感召力和地理位置的特殊性之外，一个很重要的原因，就是桂林岩洞多，跑警报、躲空袭方便，是一个比较安全的城市。

然而，岩洞多并不意味着万无一失。事实上，桂林城和桂林人所遭受的轰炸之痛，绝不亚于其他任何一个城市。

1984 年，汪曾祺写了一篇散文《跑警报》。汪曾祺是西南联大沈从文的学生，当代文学大师，文章写得极好，《跑警报》是其散文名篇之一。在此文中，汪曾祺于数十年后回忆昆明当年躲空袭的往事，娓娓道来，极有文人情趣。2014 年译成中文的英国学者拉纳·米特的《中国，被遗忘的盟友：西方人眼中的抗日战争全史》有专章《重庆大轰炸》。这些名著名篇，让人们对昆明和重庆所遭受的日军飞机轰炸留下了深刻的记忆。

与昆明和重庆一样，抗战期间，桂林也频遭轰炸。1984 年，桂林市政协文史办公室从当年的《新华日报》《大公报》《广西大事记》等报刊图书辑录成文《日机轰炸桂林罪行录》。从这个不完全记录中，我们可以看到，1938 年 11 月 21 日、30 日，12 月 2 日、24 日、29 日，日机对桂林实施了大规模的轰炸。

1938 年 11 月 30 日的那次大轰炸给很多人留下了深刻的记忆。

据记载，这一天，日机3批51架轰炸桂林，其中35架侵入桂林城区上空。第一批15架于上午11时25分在东城投下爆炸弹、烧夷弹数十枚；11时35分，第二批18架在湘桂铁路、北城、桂北路投弹滥炸，并以机枪猛烈扫射；11时45分，第三批2架在王城、中华路、凤北路、桂南路、文昌门、伏波门、水东门一带，投弹60枚，内有烧夷弹多枚，伏和前街、凤北路、王城四处起火，延烧甚广，迄傍晚尚未全灭。经查明死伤171人，大半系妇孺，被毁商店、平民住宅达200户，炸沉民船3艘，当时桂林最繁盛的街道桂北路、桂南路成一片瓦砾。

巴金在《桂林的受难》一文中记录了1938年11月至12月两个月的轰炸，他称11月30日的这一次轰炸为第一次大轰炸：

> 11月30日桂林市区第一次被日机大轰炸（在这以前还被炸过一次，省政府图书馆门前落下一颗弹，然而并无损失），那时我们许多人在月牙山上，第二次大轰炸时我和另外几个人又在月牙山，这次还吃了素面。
>
> 我带着一颗憎恨的颤动的心目击了桂林的每一次的受难。我看见炸弹怎样毁坏房屋，我看见烧夷弹怎样发火，我看见风怎样助火势使两三股浓烟合在一起。在月牙山上我看见半个天空的黑烟，火光笼罩了全个桂林城。黑烟中闪动着红光，红的风，红的巨舌。

11月30日这一天，从广州、武汉等地撤到桂林的文艺工作者在月牙山倚虹楼举行临时座谈会，有巴金、艾青、杨朔、夏衍、王莹等20多人参加。月牙山有龙隐岩和龙隐洞，比较安全。同是这一天，陶行知正好在国际反侵略运动中国分会演讲，中途得到警报，只好到雉山岩躲避。

1938年11月30日之后，日机对桂林的轰炸日趋猛烈，在《桂林

1939 年 6 月，日机轰炸桂林后第五路军政治部国防艺术社在墙上书写标语

的受难》一文中，巴金写道：

> 我初到桂林时，那城市还是十分完整的。傍晚我常在那几条整齐的马路上散步。过一些日子，我听见了警报，后来我听见紧急警报。又过了一些日子我听见炸弹爆炸的声音。以后我看见大火，我亲眼看见桂林市区房屋的半数变成了废墟。那几条整齐马路的两旁大半只剩了断壁颓垣，人在那壁上绘着反对轰炸的图画，写着抵抗侵略的标语。
>
> 十二月二十九日的大火从下午一直燃烧到深夜。连城门都落下来木柴似地在燃烧。城墙边不可计数的布匹烧透了，红亮亮的映在我的眼里像一束一束的草纸。

夏衍是1938年11月7日到达桂林的。11月9日，夏衍去长沙见周恩来和郭沫若请示工作，11月20日回到桂林。12月12日，夏衍去香港为《救亡日报》筹款，整整一个月，1939年1月12日回到桂林。

到桂林之前，夏衍是在广州，经历过广州的大轰炸，写过《广州在轰炸中》的通讯纪实，对广州遭轰炸的情况有相当完整的记述。从夏衍到桂、离桂、再到桂的时间表，可以看出，夏衍首次到桂时，桂林尚未经历大规模的轰炸，但就在夏衍首次到桂后的两个月里，桂林经历了多次大轰炸。而在这两个月中，夏衍又有一个月时间不在桂林，他对桂林的变化显然有更强烈的感官印象，而且能与广州轰炸的情形进行对比。1939年1月25日，也就是在夏衍回到桂林十来天之后，他又写了一篇通讯纪实《桂林怎样抵抗轰炸》。文章中，夏衍写道：

> 离开桂林一个月，回来一看，桂林是换了一个面貌了。汽车穿过街道，我实在想不出一句适当的话来形容面貌的惨淡！全市三分之一的民房，是被炸毁烧毁了，这个以山水秀丽出名的都市随处都是瓦砾、焦炭、炸弹坑、散乱的电话线，烤干枯了的街道树，和一种从这些断瓦残垣死树中间散发出来的异样肃杀的空气。桂林受了重大的伤，最少也有三分之一的最繁盛的市区已经化成焦土了。
>
> 我经过去年六月间的广州的轰炸，但是从被害的程度讲，从罹灾区域的比例讲，桂林的遭遇实在惨过了广州，桂林仅有的一条大街，从桂北路经中北路到桂南路，已被烧成零落的几个小段了，西城一带，更是一片荒废！

艾青有诗歌《死难者的画像》，其中第二节这样写道：

在战火中遭到毁灭的桂林中正大桥

一个死了的女人的旁边
并卧着一个小孩
他的小小的手臂
他的断了的手臂
搁在他的身体的附近
——这小生命已伴随着他的母亲
在最后的痛苦里闭上了他的眼睛

在这首诗的末尾，艾青专门标明："一九三八年十二月一日，桂林遭狂炸后一日。"不需要任何形容和夸张，纯粹的纪实已经让诗歌有足够的震惊之力。这种诗歌震惊力量实在是"拜日军轰炸所赐"。

其实，对于那些在轰炸中伤亡损毁的生命、财产来说，任何一次轰炸都是严重的。比如，据桂林文史专家赵平先生的著述，1938 年 12 月 2 日的轰炸，日机实是奔着当时中国元首蒋介石而来。[1] 所幸这一天白崇禧陪同蒋介石参观灵渠，离开了他下榻的八桂厅，否则，中国现代历史面临改写。然而，即便如此，这一天仍然有 11 位平民遇难。1938 年 12 月 24 日的轰炸，音乐家张曙遇难。1938 年 12 月 29 日的轰炸，抗日战争时期极具影响力的国防艺术社在轰炸中毁灭。

1　赵平：《桂林往事》，大众文艺出版社 2007 年 6 月版，第 82 页。

前铁路时代如何到桂林

如今是高铁时代，广西的高铁网逐渐完善，广州到桂林 3 个小时之内即可抵达。然而，时光倒退 80 多年，则有许多周折。

1934 年，一位叫崔龙文的广东人在游览了粤北之后，游兴未已，决定继续游览桂林。

这时候的广西已经有模范省之誉。模范省，一个重要指标就是交通状况的改善。当时的崔龙文听闻“广西公路建设，突飞猛进，往日崎岖跋涉，今则坦道荡荡，无复行路难之感，遂决往一游，籍（藉）考查其交通情状”。

1934 年 2 月 4 日下午 4 时半，崔龙文从广州出发，乘坐广（州）三（水）铁路的火车到河口，5 时半即到佛山，7 时即到河口。2 月 5 日 12 时，从河口乘江苏号轮船往梧州，途经肇庆，6 日 11 时抵达梧州。当时的梧州每天都有轮船通香港、广州，又有浅水电船通南宁、柳州等处。公路则须渡河 30 里到戎圩，始有汽车通柳州、南宁。

7 日早晨 9 时，崔龙文打听去平乐的电船开船时间，旅店里的人告诉他，到桂林有三个途径：一是从桂江搭电船到平乐，需要两天时间，再由平乐搭汽车，又要一天时间，如此三天可抵达桂林；二是从梧州搭电船往石龙或者柳州，再搭汽车到桂林；三是从梧州渡河 30 里到戎圩，搭汽车到玉林，转车到贵县，再转至桂林，共转五次车，需要四天时间。相比之下，第一个途径花时间和花钱皆少，于是，崔龙文选择了第一个途径。

然而，当崔龙文到抚河口平乐电船停泊处询问的时候，得知平乐电船已经停驶几个月。原来，梧州到平乐的电船通航时间为每年的2月至9月，其余时间，则进入枯水期不能通航。在此之前，崔龙文读过不少地理书籍，都说梧州至平乐四季可畅行电船，身临其境，始知不是那么回事。这是书籍不可全信的一个例证，也提醒人们许多事情需要实地考察。

虽然乘车的途径尚算方便，但崔龙文考虑到“桂林山水甲天下，阳朔山水甲桂林”，桂林山水最佳处全在漓江一带，水上游览实胜于陆上游览，还是决定走水路。没有电船，只好到码头询问到桂林的民船。

船家告诉他，从梧州到平乐，小船6日可达，平乐到阳朔，又需1日，平乐和阳朔都有汽车到桂林，也是1日可达。崔龙文决定乘坐民船到阳朔。

7日下午2时，崔龙文搭乘一条小船到石嘴乘坐民船。

8日早晨7时开船，下午3时抵达山塘。

9日早晨7时开船，船有小桅，系以长缆，六七人牵之行，水流急，船夫需要尽很大的力才能将船牵引逆流而行，有时过滩，船夫更是要躬屈身体鼓力前进。这番情景让崔龙文联想到“鞠躬尽瘁”这个成语，觉得人们用这个成语时只注意了辛劳的含义，没有注意鞠躬的形象，而用此成语形容船夫，很是贴切。当天下午3时，抵达一个名叫倒水的小圩落。

10日早晨7时开船，沿途滩比头一天多而且大，船过滩时，船夫高号助势，与奔流澎湃的河水相呼应，有如千军万马。河中船很多，逆流而上者用缆，顺流而下者用橹。水流湍急，顺流而下者转瞬即逝，逆流而上者艰难前行，对比之下仿佛天壤之别。

11日继续前行，河中石更多，有几条渔舟在江心施网，可见这里的鱼鲜美。下午，见有数百男女在一沙滩工作，询问得知是在淘金沙。下午 3 时，经过马江。下午 6 时，抵达石龙。

12 日早晨仍然是 7 时开船，沿途石更多，经过两滩后，水势转缓，波平如镜，碧水澄清，途中还看见有一艘搁浅江中的名叫大安的电船。这是一艘往来梧州和平乐的电船，去年 7 月搁浅，只好等今年春水涨后方能行驶。中午 1 时经过良风塘，下午 4 时经过五将圩，8 时泊新冲。

13 日，这一天是那一年的除夕，早晨开船，经过一棋盘石，下午 3 时抵达昭平。

14 日，这一天是那一年的春节，船夫休息，不开船。

15 日，早晨开船，上午 9 时过崇林峡，亦称龙门峡，该峡长约十里。12 时出峡口大滩，波涛汹涌。这一天，他们还遇见桂林盐船。

16 日早晨开船，景色怡人，可以看见鸬鹚捕鱼。上午 10 时经过大广圩，11 时，经黄牛圩。崔龙文注意到，过黄牛圩后，黄岸山岭，全无树木，途中经过一山，正火光融融，旁有炮楼，守兵袖手旁观。他意识到这是故意烧山毁林，意在避免土匪藏匿山中，可见这里从前是绿林啸聚之所。

17 日早晨开船，8 时进入古劳峡，峡长十余里。11 时出峡，经大扒圩。下午 4 时经长滩市，市临江而建，长街一条，为广帮商店丛聚之区。

18 日早晨开船，8 时抵达平乐。崔龙文本想乘车到桂林，但汽车已开，只好另雇一艇往阳朔，10 时开船。11 时经小湾村，下午 3 时经楼刚村，6 时抵达伏荔圩。

19 日早晨 6 时开船，8 时抵达阳朔，去乘车，9 时，汽车出发，10 时经白沙市，11 时经良丰圩，12 时抵达桂林。

4 日从广州出发，19 日抵达桂林，崔龙文的桂林之行足足花了 16 天，与今天的 3 个小时相比，又是天壤之别。

不过，需要指出的是，崔龙文此行纯为观光之旅，沿途景色赏心

东南望桂林城

悦目，令人心旷神怡，其审美享受非今天游客所能比拟。

如果说崔龙文的桂林之旅主要是乘坐民船，那么，潘文安的广西之旅则主要是乘坐汽车。

1936 年，两广实业考查团做了一次粤桂之游，其中一位成员潘文安沿途皆写有日记，后以《粤桂印象》为名由上海生活书店出版。根据其日记，我们可以知道当时广西的交通情况。

1936 年 3 月 14 日早晨 7 时半，两广实业考查团抵达名叫界首的两广交界处，8 时一刻抵达梧州。

3 月 15 日上午 9 时，考查团从梧州坐电船到戎圩。10 时半从戎圩乘汽车出发，12 时到达岑溪，下午 3 时 20 分到达容县，5 时 30 分到达玉林，当晚下榻玉林。

3 月 16 日早晨 6 时半从玉林出发，10 时抵达贵县。11 时从贵县出发，下午 1 时 30 分抵达宾阳。在芦圩镇公所用午餐，2 时 15 分继续出发。4 时 20 分经过昆仑关，5 时 20 分抵达南宁。

3 月 18 日早晨 8 时乘车到武鸣，下午返南宁。

3 月 19 日早晨 5 时半从南宁出发，9 时抵达宾阳，下午 2 时半到达大塘，4 时 20 分抵达柳州。

3 月 20 日早晨 5 时半从柳州出发，10 时到三江——此三江与今天的三江侗族自治县不是一回事。12 时到达荔浦，在荔浦午餐，下午 3 时到达阳朔，4 时 20 分到达桂林。

两广实业考查团因有考察任务，所以，他们从梧州启程，先到南宁，再到柳州，然后到桂林，沿途皆以汽车为交通工具，可见当时这条线路的公路已经相当完备。

1935 年，虽然广西尚无铁路，但空中航线却已形成，我们可以胡适的广西之行为例。

1935 年 1 月 11 日，胡适从广州乘坐西南航空公司长庚机离开广州飞抵梧州。

12 日从梧州飞抵南宁。在南宁，胡适停留了 6 天，做了 5 次讲演。其间，他的同伴罗钧任还乘飞机到龙州玩了一天。

19 日，胡适一行从南宁飞到柳州。

20 日，从柳州飞到桂林。

22 日上午，胡适一行从桂林雇船到阳朔，23 日下午抵达，然后从阳朔乘汽车到良丰省立师范专科学校做了一次讲演，讲演后又乘坐汽车赶回桂林。

24 日早晨从桂林起飞，经柳州飞梧州。

25 日从梧州飞回广州，结束广西之行。

胡适的广西之行几乎完全是使用飞机这一交通工具，称得上是一次豪华旅行。之所以使用飞机，是为了节省时间，因为当时广西的公路网络虽然已经比较完备，但路途花费时间较长，并且有时需要绕行。比如，梧州到桂林，就不是如我们今天的从梧州到贺州，而是要向南到玉林再到贵县，再转至桂林，比水路与陆路结合所花费的时间还多。

根据黄家城、陈雄章等的《桂林交通发展史略》，可知 1936 年 5 月桂全公路开通，1936 年 11 月桂林通湖南的公路才得以开通。而在 1936 年以前，湖南到桂林尚未进入汽车时代。相比之下，广西南部的交通明显优于广西北部。

1938 年 9 月，湘桂铁路开通，沿铁路可以从湖南直达桂林。

1938 年，随着广州、武汉相继沦陷，大量文化人南渡西迁。桂林成为湖南南渡、广州西迁的目标城市。

1938 年 10 月 20 日，巴金与萧珊乘船离开广州，26 日到达梧州，11 月 10 日前后，从柳州乘车到桂林。

根据《八路军桂林办事处暨桂林抗日文化活动大事记》，1938 年 11 月 18 日，李克农领队乘两部汽车启程，经祁阳、全县赴桂林。

根据郭沫若《洪波曲》，1938 年 12 月 2 日早晨，郭沫若带领第三厅的成员就是从衡阳乘坐火车，于第二天早晨抵达桂林的。

随着桂林与湖南公路、铁路的开通，桂林的交通枢纽地位得以实现，而交通枢纽位置的形成，成为桂林文化城的交通基础。

桂林曾如此国际化

如今的桂林自称为国际旅游城市，还争取到了一个国家权威部门下发的建设目标——国际旅游胜地。

无论是国际旅游城市还是国际旅游胜地，它们强调的都是桂林的国际化程度。不过，除了每年官方提供的入境旅游者人数，以及在阳朔可以见到较多的西方旅游者之外，客观地说，我们很难感受到桂林的国际化氛围。

然而，令人难以置信的是，70多年前，桂林曾经有过一个高度国际化的时期。当时云集桂林的境外人士主要由军人、难民、外交人员、情报人员、新闻记者等几大类型构成。比如，军人方面，看看当年美国新闻处桂林办事处主任格兰姆·贝克对桂林的描述：

> 桂林的空军基地驻扎着成千美军，还有不少美军人员取道桂林东去。这些热情奔放的新来客扰乱了桂林原来作为一个偏僻省城的那种沉静朴素的生活。这些美国人来去匆匆，人数很多，各种各样的人都有，他们来此都抱着同样的目的，那就是把桂林作为一个娱乐场所。他们给桂林增添了一种周末狂欢的紊乱气氛。我记得，他们几乎全都是穿着卡叽制服的单身军人，行为多少有些令人莫名其妙。他们都决心享乐一番：有的一本正经地选购纪

念品；有的把囊中钱财吃喝一空；有的像孩子似的在街道上大放鞭炮；有的在小巷中追逐咯咯发笑的女郎。[1]

上面这段文字，讲述的是美国第14航空队也即飞虎队在桂林的生活状况。根据1997年版《桂林市志》记载，1941年，飞虎队的第76战斗机中队已经进驻桂林。1942年6月，飞虎队又增调一个中队驻桂林。到1942年12月，驻桂林美籍官兵已经有数百名。1943年3月10日，飞虎队扩编为第14航空队，下属的第23战斗机大队和第308轰炸机中队驻扎桂林，基地司令为芬逊·凯西准将，大队长为霍洛威上校。同年7月，前方梯队司令部由昆明迁到桂林。飞虎队的士兵都很年轻，充满青春活力。如格兰姆·贝克所说："活跃于桂林的外国人也大多很年轻。重庆和昆明是高级人物云集的重要城市，而年轻人则被打发到桂林这个东方前线基地来。桂林空军基地的司令官是当时美国空军中最年轻的将领，只有二十八岁。因为年轻人众多，这个城市自然而然就成为他们寻欢作乐的地方。"[2]

这段文字中出现了"寻欢作乐"这个词语，我相信作者写的是事实。这说出了当时美国驻桂飞行员及时行乐的一面，紧接着作者的描写又显示了这些年轻的空军健儿的另一面：

外国人的社交圈子中有一些美军飞行员，他们经常投入战斗，这些飞行员中的某些人有时一去不返，这使人们不能忘记一场残酷的战争仍然正在进行。人们有时甚至能亲眼目睹这场战争：虽然桂林市区在这一年内没有遭到敌机轰炸，但城郊铁路线和机场却遭到了轰炸，有几次空战就发生在桂林上空。[3]

---

1 格兰姆·贝克：《一个美国人看旧中国》，生活·读书·新知三联书店1987年11月版，第488页。

2 格兰姆·贝克：《一个美国人看旧中国》，生活·读书·新知三联书店1987年11月版，第490页。

3 格兰姆·贝克：《一个美国人看旧中国》，生活·读书·新知三联书店1987年11月版，第490页。

确实，当时的桂林有很多年轻的美国飞行员一去不返。1996 年 10 月，在桂林猫儿山仙愁崖发现的美军飞虎队 B-24 重型轰炸机残骸，就是该机从飞虎队柳州基地起飞轰炸停泊在台湾港口的日军军舰后返航，在改降桂林秧塘机场过程中突然失事的。生命是如此顽强又如此脆弱，或许我们只有身临其境才能体会作者描写的那种状况。

当时桂林受够了日机轰炸之苦，美国空军进驻桂林，自然受到极大欢迎。很多年以后，著名美国华裔女作家谭恩美的小说代表作《喜福会》刚开始就写到了飞虎队在桂林的情况。小说之所以这样写，是因为当年谭恩美的母亲以难民身份生活在桂林。

除了空军部队，还有许多外国机构驻桂林。据 1997 年版《桂林市志》，当时桂林有英国驻两广总领事馆、英国驻华大使馆赈济局桂林办事处、英国驻华大使馆新闻处桂林分处、美国驻桂林领事馆、美国领事馆新闻处桂林办事处。还有不少外国新闻机构派有工作人员，如美国合众社、香港《珠江日报》《星岛日报》《国民日报》、菲律宾《华侨日报》都有特约记者或驻桂记者在桂林。[1]

格兰姆·贝克就专门写到了这些外国机构的情况：

> 我最为熟悉的还是那些住在市区的外国人和他们的朋友。这年春天，我刚到桂林时，非教会系统的西方人只有几个英国情报官员——一位英国领事和几个职员——和一位美国空军情报机关的军官。但到这年秋天，在桂林常住或过境的侨民经常达一百人以上，英国领事馆大大扩充了，为的是保持与香港的联系——许多从香港逃出来的英国侨民在此逗留。自由法国在桂林设立了军事使团，为的是从被日本占领的法属印度支那获取情报。美国派来了一位领事和一位副领事，从此这座城市变成了美国人在中国南方各省收集情报的来来往往的中心。有些与美国空军基地无关

1　仕学：《桂林的新闻事业》，《战地记者》1941 年第 3 卷第 6 期。

的人，也因战时的各种事务进出于桂林。此外，有很多刚从日占区或交战地带逃出来的西方难民也来到桂林。[1]

另据王小昆《抗战时期桂林音乐文化活动》一书，我们知道有两个在桂英国人组成的音乐团队，分别是 1943 团和英军服务团乐队。前者每周举办一场唱片音乐会，后者曾在桂林国际联谊社举办的音乐晚会上独奏和伴奏。

如此多的外国人云集桂林，自然形成了以外国人为核心的社交圈子。格兰姆·贝克回忆道：

与外国人交往较多的是欧亚混血儿和会讲英语的中国人。后者有一二百人，其中许多人仅仅是崇拜西方人的富有，把与外国人交往当作一件时髦的事情。但另外一些人则是因为他们的政治态度或名望，是外国人主动去接近他们的。和内地的其它省会不同，桂林不仅是民盟活动的指挥所，而且许多从事文学、艺术、电影、戏剧的文化人，当时从沿海来到桂林，把它当作一个战争避难地。桂林市区还有不少来自郊区基地和步兵训练中心的美国人，也有不少来自香港的漂亮而有钱的小姐，这使桂林的社交圈子显得更加五光十色。在这个圈子周围，还有另一批中国姑娘，她们和外国人打交道多少是为了赚钱，一批来自香港的流氓地痞在背后唆使和操纵她们。这批流氓不论大小事情——从捞点小小外快一直到牟取暴利甚至进行间谍活动——都要插上一手。[2]

格兰姆·贝克认为："这个社交圈子令人感到愉快的原因之一是它有

---

1 格兰姆·贝克:《一个美国人看旧中国》，生活·读书·新知三联书店 1987 年 11 月版，第 489 页。

2 格兰姆·贝克:《一个美国人看旧中国》，生活·读书·新知三联书店 1987 年 11 月版，第 489—490 页。

着形形色色的成员。毫无疑问，由于桂林范围不大，人们容易交往，容易消除种族和社会等级不同带来的种种偏见。”他甚至强调，“就这点而言，中国的任何城市，包括战前多民族杂居的北京都比不上桂林”。

作为美国新闻处桂林办事处的负责人，格兰姆·贝克自然有他的使命。从他的回忆中我们可以看出他当时主要活动的地方就是如今桂林的榕湖到乐群路这个区域。这个区域无论当时还是如今都是桂林的核心区。不妨看看他对自己工作和生活的描写：

> 我个人在桂林的生活与两年前在洛阳的时期大不一样。那时我住在洛阳郊区一所黄土窑洞里，现在我住在桂林市中心带有浴室的高级招待所。这个招待所是为接待高级官员设置的，它附设有餐厅和影院。现在它也接待部分来自香港的高级难民，成为他们享乐的中心。我的办事处离这个招待所只有两个街区，它是一幢修饰一新的老式乡间别墅。办事处面临桂林最大的湖滨公园，与美国领事馆和美军供应处市内办事处相邻。
>
> 在洛阳，我所见到的美国人只是几个传教士和一些旅行者。在桂林，我在招待所房间中的另一床位几乎天天被路过此地的美国朋友借住。在我的办事处中，一位中国姑娘操办伙食，常驻桂林的美国官员和他们的朋友经常在我的办事处吃中饭。在洛阳，我不被国民党官员所欢迎，但现在我不得不花一些时间和他们同桌共饮，因为国民党几乎每个星期都要为美国、英国领事，新闻处主任举行豪华的官方宴会。[1]

1　格兰姆·贝克：《一个美国人看旧中国》，生活·读书·新知三联书店 1987 年 11 月版，第 491—492 页。

力扬诗中的山城桂林

如今桂林是一个旅游城市，游客们到桂林多是一日游、二日游、三日游，充其量是五日游或七日游，他们主要是在景区、购物点和酒店之间往返，与常态中的桂林城和桂林人相对隔离。他们对桂林城和桂林人是什么印象？不得而知。但无论这印象好还是不好，我想，大概都不能代表真正的桂林城和桂林人。

抗战期间，文化人背井离乡，流亡桂林，做或长或短的居留。他们以难民或者流亡者的身份，被这座城市和这座城市的市民接纳，他们对这座城市的认知，或许能帮助桂林人理解自己生活其中的城与人。

我读过诗人冯至的散文《忆平乐》，写冯至在平乐遇到的一个本地裁缝的故事。这个裁缝的诚信敬业令冯至多年念念不忘。2015 年 9 月 17 日，我从黄绍清主编的四卷本大书《不屈的诗城　愤怒的战歌——抗战时期桂林文化城诗歌荟萃》中读到浙江诗人力扬 1939 年 5 月在桂林创作的诗歌《山城》。我以为，这首诗比较真切地写出了抗战时期的桂林山城。全诗如下：

山城

无数的铅色岩石的峰峦

簇拥着这古旧的山城，
温暖的漓水
像一个热情的歌人
以欢乐的调子
唱过城郭，唱过浮桥……

在峰峦与峰峦之间
逶迤着不同的道路，
伸向远方，
伸向玉蜀黍的山地，
伸向橘柚与甘蔗的林园，
伸向徭山。

从这些道路上，
人们挑担着
终年劳动所收获的农产
向城市换取布帛和油盐。

在这荒瘠的地带，
人民勇敢地和贫穷搏斗
——而且快乐、健康，
女人和男人一样的种地做工。

在灾难的日子，
敌人从天空纵下魔火，
烧毁了他们的
从祖先遗留下来的古屋，
炸死了他们的亲人，

但他们却没有哭泣——
他们用仇恨代替了悲哀。

他们肩挑着
从火中所抢救的稀少的财产，
从城市向乡村，
在岩洞的旁边重新筑造土屋，
生活自己，而且养育着子女。

为了复仇，
男人们跨过那些道路。
快乐地奔赴和海盗决斗的战场，
黝黑的脸孔上射出闪亮的眼光，
他们一定记忆着
自己的先代是太平天国的英雄。

春天，女人们卷起裤管
走上自己亲密的田地，
带着一年丰收的热望，
以加倍的努力
锄开泥块，放下种子……
孩子们挑担着砂石
帮助士兵修筑道路。

我爱着这山城
我更深爱着山城的人民——
爱着他们的纯朴和刚毅，
我们能勇敢地战胜了穷苦

必能更勇敢地战胜了敌人啊！

这首诗显然是当时桂林的真实写照，虽然它通俗易懂，但我还是愿意根据我的理解做一些简单的阐释。

第一节写的是桂林的山水地貌，值得注意的是，诗人写漓江用了“温暖”这个形容词。我以为，“温暖”这个词很重要。因为，背井离乡的人最容易感到的是世态炎凉，然而，漓江给他的感受却是温暖的。这也就意味着这座城市和这座城市的人们态度的温暖。换言之，在那样一个危机四伏的时代，桂林不是一个世态炎凉、见利忘义的城市。这一节描述桂林景物的时候，写到城郭和浮桥，如今，城郭不再、浮桥不再，重读此诗，不禁生起思古之幽情。

从第二节和第三节，我们可以想象，当时桂林乡村少数民族特色还比较鲜明，而且是以瑶族为代表，城市和乡村还沿袭着简单的商品交易方式。

第四节写到桂林人勇敢地和贫穷搏斗，而且快乐、健康，这让我们看到当年桂林人的精神面貌。有趣的是，在桂林，女人和男人一样地种地做工。这种现象在来自浙江的诗人力扬看来是很新奇的。的确，当年许多到桂林的外省人，看到桂林的女人下田干活，挑担赶路，都会觉得很惊讶。桂林女子的勤劳和耐劳，在诗里得到了记录。

第五节写的是日机轰炸带来的灾难。第六节写的是桂林人利用城市的地貌重建家园。第七节写的是桂林男人上战场的情景，如今广西人喜欢说抗日战争广西出兵多，这可以在这首诗里得到一定程度的证实。第七节末尾说这些男人“一定记忆着自己的先代是太平天国的英雄”。影响世界的太平天国运动在广西爆发，成为广西最重要的历史记忆，杨秀清、石达开、李秀成、陈玉成这些能征善战的广西健儿，自然能给战争中的人们某种心理上的自豪感和安全感。

第八节写的是桂林男女老少劳动的情景，第九节抒发对桂林人民的赞美之情并表达希望抗战胜利的愿望。

山环水绕的桂林城

通读全诗，作者笔下的桂林城和桂林人都充满了正能量，给人温暖，给人希望。

这是抗战时代的桂林城和桂林人。

那么，如今，旅游时代的桂林城和桂林人呢？

桂林人还那样热情、健康、快乐吗？桂林人还那样勤劳、勇敢、镇静吗？桂林人还那么乐观、刚毅、纯朴吗？

读力扬的桂林诗篇，缅怀抗战时代的桂林城和桂林人。

出版城

如今的桂林有漓江出版社和广西师范大学出版社两家出版社。20世纪80年代，漓江出版社以外国文学出版享有盛誉，我在上大学期间，就购买过多本漓江出版社出版的外国文学作品。21世纪，广西师范大学出版社以人文图书出版享有盛誉。我曾经陪多位文化界的朋友参观广西师范大学出版社，充分感受到他们对这家出版社的敬意。

桂林这样一个非省会城市，为什么会出现这样两家有如此盛名的出版社？我觉得是因为桂林这座城市有非常重要的出版文化基因。

很少有人知道，早在20世纪40年代，桂林就已经有“出版城”的雅号。

1947年5月18日的上海《大公报》发表过著名出版人赵家璧写的一篇文章《忆桂林——战时的出版城》，文章中说：

> 从三十年到三十二年的桂林城是被称为自由中国的“文化城”的，其实那里只有一所大学，四所中学，一所设备简陋的图书馆，一所空洞的艺术馆，但是它有近百家的书店和出版社，抗战时期自由中国的精神粮食——书，有百分之八十是由它出产供应的，所以说桂林是文化城，不如说她是出版城更来得适当。
>
> 桂林在战前是一个荒僻而落伍的小城，太平洋战争爆发后，

上海和香港广州等大都市的人民，成群的向桂林撤退，顷刻间把她繁荣成个具体而微的小都市了。西菜馆、电影院、拍卖行、跳舞场、银行、旅馆，应有尽有，可是最多的还是书店和出版社。

桂林这座“出版城”“最多的还是书店和出版社”，那么，当时桂林究竟有多少书店和出版社呢？

《抗战时期桂林出版史料》做了两个“抗战时期桂林文化城图书出版发行机构一览表”，根据这两个“一览表”统计，当时桂林共有259家出版发行机构。考虑到当时的书店很多相当于今天的出版社，这个数字堪称庞大。

桂林不仅有众多的出版社，而且凭借便利的交通成为全中国出版发行的枢纽，赵家璧的文章专门说到了这一点：

发行的网线，也遍及全国。以桂林为出发点沿潮桂粤汉铁路可以销到长沙曲江，从耒阳转交公路，可发至江西、浙江、福建等地，利用西南公路，桂林的书先运到贵阳，再由贵阳分运昆明重庆。重庆的市场可以消化桂林书刊的半数，再由重庆西发成都，北发西安兰州。

如今人们在媒体上看到的多是房地产广告，但在当年桂林的报纸上，多是图书广告，赵家璧告诉我们：

桂林的四张报纸，广告收入有四分之一是出版业的新书广告。桂林的酒菜业，也以出版业视为最大的主顾。当地百业中以出版业为最活跃。广西的地方当局也给予出版业以相当的鼓励和帮助。

赵家璧所说的这一切是符合当年桂林的实际情形的。我曾经翻阅过几年的桂林版《大公报》，大量的图书广告，白纸黑字，至今仍在。我曾经阅读过宋云彬的《桂林日记》，一个很突出的印象，就是宋云彬经常有饭局。比如1938年8月26日，他与傅彬然在广州酒家共进晚餐；27日，与胡愈之、傅彬然、千家驹等在国民饭店共进晚餐；28日，与傅彬然等在金龙酒家共进晚餐；29日，与傅彬然、刘季平等在广东酒家共进晚餐；30日，与舒群在广州酒家共进晚餐：连续五天，天天有饭局。这种情况，对于桂林时期的宋云彬，并非罕见。当时宋云彬是文化供应社编辑，可见赵家璧“桂林的酒菜业，也以出版业视为最大的主顾”之言不虚。“当地百业中以出版业为最活跃”，赵家璧这个看法应该符合当年桂林的实际。作为中国资深的出版家，赵家璧明确地说：“假如以中国出版业的发展史而言，桂林的这一阶段是值得大书特书的。”

至于当年桂林的出版业何以如此繁荣，赵家璧在文中讲了四点原因：

> 第一，广东湖南江西生产大量的土纸，质地较佳，因铁路公路的便利，运费不高，售价较低。第二，从汉口长沙撤退的印刷所，大半没有去重庆而来桂林，那里共有印刷所大小二十余家。第三，桂林是西南公路铁路交通的中心，运输交通，迅速方便。最后而最重要的是从上海香港内撤的文化人，因为这里能自由的写作，大都喜欢在桂林住下来。这许多优越的条件，很快就把桂林造成一个“出版城”了。

上述四个原因，第一个原因是出版业赖以支撑的原材料，即纸张售价较低，当时中国几个产纸区广东、湖南、江西都邻近桂林，这是桂林的优势；第二、第三两个原因都与交通有关；第四个原因则比较特殊，即桂林“能自由的写作”，赵家璧认为这是最重要的原因。

“自由的写作”，对于出版业而言，似乎应该是“自由的出版”。

桂林确实有一段时间能够自由地出版，不妨看一段1938年的时事文章：

> 外来的刊物，《抗战》等，在这里大有不胫而走姿态，过去的一个时期，在地方当局书刊审查委员会未恢复前，《毛泽东自传》《为独立自由的新中国而奋斗》一类小册子，畅销一时，引起了投机的出版家翻印《八路军战斗经验》《毛泽东自传》动机，最近地方当局成立了书检会，上列两书，都遭禁止，好多的小册子，八路军将领的历史、战斗经验、言论等书籍，也大都查禁了。可是，这儿的政治，相当开明，检查得并没有像衡阳那些地方的严厉蛮横，《马恩论中国》《什么是马克思主义》《什么是列宁主义》一类纯理论的书，依旧合法地可以发卖；杂志，几乎很少被查禁的；《解放》《群众》《抗战三日刊》《全民》《世界知识》《战时青年》《时事类编》《战地》《七月》《文艺阵地》等，在这儿都有广大的读者层，尤其是一般读物中的《抗战》《解放》《文艺》《世界知识》，文艺刊物《七月》《战地》《文艺阵地》等，销路最好，几乎青年的学生、公务员、知识分子"人手一篇"的，新出版的本刊，在桂林，也有相当好的销路。[1]

虽然后来桂林成立了出版检查机关，出版自由有所削弱，但这篇文章还是认为"这儿的政治，相当开明，检查得并没有像衡阳那些地方的严厉蛮横"。

这种开明的出版环境，无疑是桂林出版业繁荣最重要的原因之一，是上百家出版机构进驻桂林落地生根最大的吸引力。

当年进驻桂林的出版社不仅多，而且优。比如，全国最重要的三大出版机构——商务印书馆、中华书局和世界书局在桂林均有分支机

1　明天：《桂林出版界现状的分析》，《新闻记者》1938年第4期。

构。商务印书馆桂林分馆 1938 年成立，馆址在桂西路。中华书局桂林支局 1938 年成立，地址在桂西路 52 号。世界书局桂林分局 1941 年成立，店址在桂西路。不过，作为“出版城”的桂林，最值得说的却不是这三大出版机构。

阅读 1949 年以后有关抗战时期桂林出版的回忆文章，会发现作者大都与这三家书店有关，它们是生活书店桂林分店、读书生活出版社桂林分社和新知书店。

比如，中国社会科学院文学研究所原所长许觉民，1963 年曾经写过回忆文章《记抗战时期桂林的出版业》，文中写道：

> 桂林有两条热闹的街，一条是桂西路，一条是中南路，这两条街，有不少书店，尤其是桂西路，几乎是书店街，走在街上，两边书林盈目，热闹非凡。从一清早起，几个最受人注意的书店，像《新华日报》分销处、生活书店、新知书店、读书生活出版社等，都挤满了人。这种景象，被人们当时目为“文化城”的一个标志。[1]

又比如，龙谦、胡庆嘉编著的《抗战时期桂林出版史料》，选录了 11 篇文章，其中 4 篇回忆的是新知书店，2 篇回忆生活书店桂林分店，1 篇回忆读书生活出版社，还有 1 篇同时回忆生活、读书和新知三家书店，另外 3 篇，分别回忆远方书店、实学书店和文化供应社。

显然，在各种回忆文章中，生活、读书和新知三家书店占了很大的比重。

为什么会形成这种局面？

一个很重要的原因，是当时这三家书店都是中国共产党领导下的出版机构。当年桂林八路军办事处工作人员沈毅然在回忆文章中就说

1 洁泯：《记抗战时期桂林的出版业》，《广西日报》1963 年 11 月 29 日。

过："我那时也在桂林，党组织指定我负责联系《新华日报》桂林分馆和生活、新知、读书三家书店的党组织。"[1]

当年的桂林"出版城"，与共产党有关的出版机构不止上述三家。1941年1月，因为皖南事变，这三家书店的门市部相继停业，但三家书店的有关人员又各自成立了几个新的出版机构。比如，生活书店与冯玉祥联系，在桂林创办了三户图书社，另外还成立了学艺出版社。[2]读书生活出版社在桂林另外开设了新光书店。[3]新知书店在桂林另外开设了远方书店和实学书店。[4]此外，当年桂林这座"出版城"中最重要的出版机构文化供应社，也是由生活书店编审委员会主席胡愈之发起创办的。根据胡愈之的说法，文化供应社"实际上是由八路军桂林办事处领导的"，"所用干部大部分都是由李克农同志推荐的"。当上述三家书店奉令停业之后，其工作人员多人转入文化供应社工作。[5]

生活书店、读书生活出版社、新知书店都是从上海迁到内地的出版社，由于战争的原因，当年从上海迁到桂林的出版社还有不少。根据魏华龄的《抗战时期桂林书店、出版社简介》[6]可以看到，上海杂志公司1938年底迁到桂林，店址在桂西路阳家巷8号，经理张静庐是赫赫有名的出版家。桂林时期的上海杂志公司出版过萧红的长篇小说《呼兰河传》、艾青的诗集《他死在第二次》、田汉的戏剧《江汉渔歌》等，这些都是中国现代文学史不可忽略的作品，都是桂林的上海杂志公司初版。良友复兴图书公司，1942年迁到桂林，1943年1月开业，

---

1 沈毅然：《革命队伍的一座熔炉》，《广西日报》1983年2月14日。

2 许觉民：《抗战时期桂林的生活书店》，《桂林文化城纪事》，漓江出版社1984年11月版，第201页。

3 倪子明：《桂林读书生活出版社二三事》，龙谦、胡庆嘉编著：《抗战时期桂林出版史料》，漓江出版社1999年1月版。

4 华应申：《三家书店的反迫害对策》，龙谦、胡庆嘉编著：《抗战时期桂林出版史料》，漓江出版社1999年1月版。

5 赵晓恩：《抗日战争时期桂林文化供应社始末》，龙谦、胡庆嘉编著：《抗战时期桂林出版史料》，漓江出版社1999年1月版。

6 魏华龄：《抗战时期桂林书店、出版社简介》，中国人民政治协商会议桂林市委员会、文史资料研究委员会编：《桂林文史资料》第7辑，1985年12月，第130页。

经理即赵家璧。桂林时期的良友复兴图书公司出版过巴金的《雾》、老舍的《离婚》、沈从文的《从文自传》。这些作品虽然不是在桂林初版，却是常销的文学名著，颇有影响。其他如社址先后在福隆街 32-6 号和中北路西一里 6 号的文化生活出版社，编辑主要是巴金；门市部在环湖北路 17 号的开明书店，编辑有叶圣陶。这些著名的出版社都是从上海迁到桂林，虽然其总店不一定在桂林，但都在桂林有大量的出版发行业务。

其实，更值得重视的是那些抗战时期在桂林创办的出版社。除文化供应社之外，还有南方出版社、科学书店、创作出版社、华华书店、诗创作社、白虹书店、大公书店、文献出版社、文人出版社、创作月刊社、南天出版社、今日文艺社等。魏华龄的《抗战时期桂林书店、出版社简介》对这些出版社皆有介绍。

南方出版社是《救亡日报》1939 年创办的一家出版社，社址在太平路 12 号，出版过一套“南方文艺丛刊”。皖南事变后，该社终结。

科学书店创办于 1940 年 7 月，店址先后在八桂路 14 号和桂西路 76 号，著名报人俞颂华任总编辑，特约编辑徐铸成、秦柳方。当年桂林著名的杂文刊物《野草》即由科学书店出版发行，华南作家马宁的《动乱》、于逢的《乡下姑娘》亦由该书店出版。

创作出版社创办于 1940 年，社址在榕荫路 46 号。孙陵主编的“创作小丛书”12 册即由该社出版，主要有臧克家的《呜咽的云烟》、孙陵的《突围记》、田涛的《恐怖的笑》、罗烽的《战地小诗》、张煌的《北方的故事》、郭沫若的《抗战与文化》等。

华华书店创办于 1942 年春天，店址在环湖北路 24 号，编辑有胡仲持、黄药眠等人。华华书店最重要的出版物应该是茅盾的《霜叶红似二月花》，这是茅盾最重要的长篇小说之一。茅盾专门回忆过该书的出版经过：

> 华华书店是桂林雨后春笋般地冒出来的众多小书店中的一

家，老板是松江人孙怀琮。他经人介绍认识了我，就三天两头上门来“说服”我将书交给华华书店出版。起初我没有同意，后来渐渐熟悉了，见他态度诚恳，头脑还清楚，没有一般皮包书商的生意经，又经不住他的磨功，就答应等手头的《霜叶红似二月花》写完后，交给华华书店出版。[1]

华华书店作为一个名不见经传的小书店、新书店，竟然能得到茅盾这样的大作家长篇小说的出版授权，确实很不容易。

诗创作社创办于1941年7月，社址在建干路17号之9，如今很难想象会有这样一个专门出版诗歌的出版社，但它的确存在于当年的桂林。胡危舟主编的“诗创作丛书”就由该社出版，包括彭燕郊的《春天——大地的诱惑》、胡危舟的《金刚坡下》、钟敬文的《诗心》、田间的《她也要杀人》、黄药眠的《论诗》《西班牙诗歌选译》、穆木天的《雨果诗抄》等。

白虹书店于1941年11月30日创办，店址先后为中山南路75号和美仁路16号，亦是皖南事变后重新组合成立的进步出版机构。

大公书店创办于1941年11月，店址在中北路93号之3。该店由三个共产党员吕东明、耿一民和沈静芷筹办，经理沈静芷为原新知书店负责人。大公书店与新知书店、三户图书社与生活书店的关系，有这样的表述：“‘大公’是‘新知’的别名，‘三户’是‘生活’的化身。”[2]

文献出版社创办于1941年春，社址在府前街14号，曾出版过“文艺生活丛书”，司马文森的长篇小说《雨季》即属于这个丛书。该社还出版过两辑“野草丛书”，聂绀弩的《蛇与塔》《历史的奥秘》、秦似的《感觉的音响》等杂文名著就属于这个丛书。

---

1 茅盾：《桂林春秋》，《新文学史料》1985年第4期。

2 戴旭初、沈汇、文之冈、万青：《大公书店始末》，收入《桂林文化城纪事》，漓江出版社1984年11月版，第312页。

文人出版社由熊佛西创办于1942年，社址在崇善路16号榴园。熊佛西的长篇小说《铁苗》、碧野的长篇小说《湛蓝的海》、柳亚子的传记《五十七年》、田汉的话剧《秋声赋》即由该社出版。

创作月刊社由张煌创办于1942年，出版有“创作文丛”。文丛中有田涛的《牛的故事》、孙陵的《小歌女》、张煌的《密味的忧郁》等。

南天出版社创办于1943年，社址在棠梓巷22号，该社最突出的贡献是出版了胡风主编的“七月诗丛”。诗丛包括胡风的《我是初来的》《为祖国而歌》、孙钿的《旗》、田间的《给战斗者》、阿垅的《无弦琴》、鲁藜的《延河散歌》《为了未来的日子》、艾青的《向太阳》、天兰的《队长骑马去了》、杜谷的《沉土的梦》、冀沪的《跃动的夜》、邹荻帆的《意志的赌徒》、绿原的《童话》等诗集，这些诗人和诗作形成了中国现代诗坛一个重要的诗歌流派“七月诗派”。

值得说明的是，上述文学图书当年都是在桂林的出版社首次出版，是当年桂林的出版家首先发现了这些文稿的价值并把它们编辑出版成图书。用今天的话说，这充分体现了当年桂林这些出版社的原创性。

今日桂林两家出版社中的漓江出版社，成立之初请茅盾题写社名，他很痛快地就答应了，是否因为当年他曾经在桂林写作并出版作品呢？广西师范大学中文系教授林焕平，是当年桂林文化城的亲历者，他鼎力推动广西师范大学出版社的创建，想必来自他对当年桂林文化城繁荣的出版业的深刻领悟。的确，一个曾经享有“出版城”称号的城市，今天出现两家享誉全国的出版社，应该不足为奇。希望它们出版更多具有原创性的图书，如果希望两家出版社有更强劲的可持续发展，是否仍然可以用上孙中山的那句话：革命尚未成功，同志仍须努力。

桂西路

林哲等人的《时光未老　故纸犹温》一书收录了许多桂林城区的历史地图：光绪时期的《广西通志辑要·省城图》（见该书第143页）已经出现十字街的标识，分上十字街和下十字街；1934年的《广西分县新图·桂林市街图》（见该书第199页）仍然有十字街标识；1935年出版的《广西一览·桂林市图》（见该书第207页）已经出现桂西路的标识；1949年出版的《桂林市中心区图》（见该书第253页），桂西路名称被中正西路取代。应该是1949年以后，中正西路改名为解放西路，该地名沿用至今。

据说北方少有十字街，南方多有十字街。桂林的十字街为桂林的城市中心，光绪时期的上十字街相当于如今的中山北路，下十字街相当于如今的中山南路。中山北路和中山南路是一条贯通桂林城区南北的大街，与其形成十字交会的，则是东西走向的解放东路和解放西路。

抗日战争时期，中山北路名中北路，中山南路名中南路，解放东路名桂东路，解放西路名桂西路。其中，桂西路全国闻名，以“书店街”著称。

这书店街之名不是自封的。1942年，茅盾从香港流亡到桂林，写了题为《雨天杂写》的系列随笔，其中《雨天杂写之三》中写道：

> 桂林市并不怎样大，然而“文化市场”特别大。加入书业公会的书店出版社，所闻将近七十之数。倘以每月每家至少出书四种（期刊亦在内）计，每月得二百八十种，已经不能说不是一个相当好看的数目。短短一条桂西路，名副其实，可称是书店街。[1]

1942年11月出版的《桂林市指南》有一节“桂林的书店”，文中写道：

> 桂林的书店，以桂西路为最多，若从十字街向榕荫路走，在左边的有中国文化服务社、商务印书馆、提拔书店、建设书店、文化供应社、改良军用图书公司、联合书局等，在右边的有上海杂志社、东方图书公司、大华、北新、时代、武学、中华、世界、军民、正中、科学等。[2]

上面这些书店大都不存在了，但其中一些书店至今仍然赫赫有名，比如商务印书馆、中华书局，它们是中国出版界的百年老店，当年分别在桂西路设有分馆、支局。

这说的是1942年的情况，实际上，1942年以前，桂西路还有几个很著名的书店，比如新知书店、读书生活出版社桂林分社、崇德书店。

这三家书店何以著名？原来，新知书店、读书生活出版社加上生活书店，即如今生活·读书·新知三联书店的前身。民国时期中国最著名的三大出版机构商务印书馆、中华书局、世界书局，今日中国最著名的三大出版机构商务印书馆、中华书局、生活·读书·新知三联书店，当年皆在桂西路设有总店或分店，桂西路被称

1 茅盾：《雨天杂写之三》，《茅盾文集》第10卷，人民文学出版社1961年11月版，第21页。
2 徐祝君编：《桂林市指南》，自由报社1942年11月版，第50页。

崇德书店开幕合影留念

为书店街，名不虚传。

不过，1941 年 2 月，新知书店和读书生活出版社先后离开了桂林，不再在桂西路营业。

那么，崇德书店何以著名呢？

桂林市档案馆编印的《桂林游览史料汇编》中的《桂林市街新旧名称对照表》表明，桂西路属于崇德街，崇德街是行政街名。尹文军的《图说清末民国老桂中》一文告诉我们，桂林中学于 1927 年搬到崇德街的府学文庙。文中明确说明崇德街即今解放西路，可见，桂西路之前原名为崇德街，因此，崇德书店的名字应该来自其所在街名。据桂林市文化研究中心和桂林图书馆编《桂林文化大事记》，可知崇德书店 1938 年 9 月 1 日创办，10 月 28 日被敌机炸毁，书店因此结束。不过，根据巴金在桂林撰写的散文，崇德书店被炸毁的时间应该后移。

1939 年 1 月，巴金在桂林写了散文《桂林的受难》，记述他 1938 年底在桂林经历的多次轰炸，其中第四次轰炸发生在 1938 年 12 月 29 日。在巴金看来，第四次大轰炸是最厉害的一次，他如此写道：

在那天我看见了一个城市的大火。火头七八处，从下午燃烧到深夜，也许还到第二天早晨。警报解除后，我有两个朋友，为了抢救自己的衣物，被包围在浓焰中，几乎迷了路烧死在火堆里。这一天风特别大，风把火头吹过马路。桂西路崇德书店的火便是从对面来的。那三个年轻的职员已经把书搬到了马路中间。但是风偏偏把火先吹到这批书上。最初做了燃料的还是搬出来的书。[1]

崇德书店的遭遇给巴金留下了很深的印象。写完《桂林的受难》十来天后，他又一次走到桂西路。他经过商务印书馆，整洁的门面完好如旧；他走过中华书局，没看到什么特别的景象；当他过了新知书店，想寻找那个图书成了燃料的崇德书店，想看看那三个职员善良年轻的面孔时，然而，“怎么我要去的那个书店不见了？”他这样写道：

啊，街道忽然短了，凭空添了一大片空地。我看不见那个走熟了的书店的影子。于是一道亮光在脑中掠过，另一个景象在眼前出现了。我觉得自己被包围在火焰中。一股一股的焦臭迎面扑来，我的眼睛被烟熏得快要流出眼泪。没有落雨，但是马路给浸湿了。人在跑，手里提着、捧着东西。大堆的书凌乱地堆在路中间。……

我再往前走，我仿佛还走在和平的街上。但是一瞬间景象完全改变了。我不得不停止脚步。再没有和平。有的是火焰，窒息呼吸、蒙蔽视线的火焰。墙坍下来，门楼带着火摇摇欲坠；木头和砖瓦堆在新造成的废墟上，像寒夜原野中的篝火似地燃烧着。是这样大的篝火。烧残的书而散落在地上。我要去的那个书店完

---

1 巴金：《桂林的受难》，《旅途通讯》，东方出版中心 2017 年 9 月版，第 153 页。

全做了燃料，我找不到一点遗迹了。[1]

正如巴金所描写的，这个1938年9月开业的崇德书店，三个多月后即遇上了日机大轰炸，烧为灰烬。犹如昙花一现，从此桂西路再无巴金熟悉的那个崇德书店。

其实，崇德书店之著名或许还不仅是因为其在战火中毁灭，更因为该书店的创办者是著名漫画家丰子恺。据陈星写的《丰子恺评传》，"此书店乃丰氏为安排表亲和乡亲的生活而开"[2]。丰子恺写于桂林的《教师日记》对此亦有确切记录：

> 昨日桂林被空袭，崇德书店被毁，幸章桂、杨子才等勇敢抢救，损失尚不大。但三人生活自今即成问题。此店于九月一日创设，我为填本、设计，开明诸友亦帮不少忙。至今四个月，营业数为二千数百元，并不算坏，至少，四人生活可以维持。我原为救济四人而作，可算能达目的。但今后又成问题。商量结果，决计结束。[3]

如今与解放西路交叉的太平路上还存有《救亡日报》社址，因此，《救亡日报》是和太平路联系在一起的。据夏衍回忆，《救亡日报》除在太平路12号租有办公社址外，还在桂西路26号租了一间很小的"营业部"。《救亡日报》桂林版的第一张报纸于1939年1月10日出版。1941年1月，皖南事变发生，《救亡日报》受到警告。不久，生活书店被搜查。最后，《救亡日报》于1941年2月28日出版终刊号，3月1日停止发行。

其实，桂西路不仅有书店街的称号，而且有文化街的称号，似乎

---

1 巴金：《桂林的微雨》，《旅途通讯》，东方出版中心2017年9月版，第157—158页。
2 陈星：《丰子恺评传》，山东画报出版社2011年1月版，第231页。
3 丰子恺：《教师日记》，教育科学出版社2008年3月版，第68页。

文化街的称号还在书店街的称号之前出现。

1941年，一位名叫尹牧的作者发表了一篇《桂林漫笔》，其中写道：

> 十字街头往西，[redacted]是桂西路，在[redacted]的路[redacted]下，排列着十多间的书店：上海杂志公司、新华日报馆、文化供应社、东方图书社、时代书局、北新书局、中华书局、世界书局、商务印书馆、中国文化服务社、武学书馆、建设书店、正中书局、军用图书杂志社、[redacted]书店，这就是被人称誉的“文化街”，这街上每天都有无数的读者出入于书店间，尤其是晚上，更是挤满了人。自生活书店、读书生活出版社、新知书店相继被封之后，生活书店换上了国防书店的招牌，读书生活出版社换上了一个中国文化服务社，文化供应社代替了新知书店。然而，街道上仍是一样的热闹。[1]

称桂西路为书店街，如果以写文章做比喻，可谓抓到了重点；称桂西路为文化街，则是兼顾了全局。因为，桂西路除了书店林立，还有两个重要的机构：一个是桂林中学，另一个是广西省立艺术馆。

桂林中学是桂林的百年老校，1927年迁至当时的崇德街，即后来的桂西路，因此，整个抗战时期，桂林中学坐落于桂西路西头北侧。

抗战时期的桂林中学更是广西基础教育第一学府。一方面，当时桂林中学的教师称得上名家俊彦，荟萃一堂；另一方面，来自广西甚至全国的少年精英，汇聚于此。

从教师方面说，著名作家王鲁彦、著名历史学家孙毓棠、著名篆刻家李白凤都曾在该校执教。

从学生方面说，著名物理学家李林、中国核潜艇工程总设计师

---

1 尹牧：《桂林漫笔》，《华商报》1941年10月8日。

黄旭华、港台新派武侠小说创始人梁羽生当时都在桂林中学就读。其中，李林 1938 年至 1940 年就读于桂林中学高 9 班，梁羽生 1941 年至 1944 年就读于桂林中学高 33 班，黄旭华 1941 年至 1944 年就读于桂林中学高 35 班。

桂林中学与书店街是一种非常合适的搭配。学生正处于求知欲最旺盛的年龄，书店则是精神食粮的仓库。原来上海《良友》画报的总编马国亮当时正在桂林做《广西日报》的编辑，1947 年他写了一部长篇小说《命运交响曲》在香港的报纸连载。小说 1986 年由漓江出版社出版，里面专门写了桂林图书业的繁盛，其聚焦的地方正是桂西路：

> 桂西路一带都是新开的书店，大的小的，各有其吸引读者的力量。每天下午四五时以后，每一间书店无不挤拥着各种买书看书的人们。事实上抗战了几年，读书的人增加了。那时候的公务员和一切做生意或各种行业的，都比抗战前更爱看书，半是因为这班人大都是刚离开学校不久的人，还带着一点学生时代的气质，既然自己有了收入，就不吝惜多买几本书。另外的原因却是战时生活太单调了：没有太多的看不完的电影，没有使你足以流连忘返的跳舞场，更没有可以公开的麻将赌博，晚上除了到茶馆喝喝茶吃一两块点心之外，就是回家睡觉了。于是书籍慢慢成为消遣的一部分。既然别的消磨时间精力的途径减少，不管是自己甘愿的还是无可奈何的，任何手头上能够有几块余钱的人，都会走进书店里翻翻这本那本书，然后选买一两本回家。

书店业的繁荣，原因之一是战时生活单调，第二个原因，就是学生数量增加。马国亮分析道：

> 第二个使书店业繁荣的理由是学生的数目增加了。抗战前

许多农村的子弟都没有机会念书，许多小地主都无法供给子女入学。战时粮价涨了，从前每月卖了二十担谷还不够一个儿子的一个学期的学费的，现在每月一担半担就够了。粮价上涨至少使一部分家里有几块薄田的人可以把儿子送到县城里读书。这样一来，学生的人数激增了。在中国，学生历来是出版业的最大主顾，只有他们才是主要地维持着出版业的人。也只有他们才是求知欲最强的，努力想从书刊里追求他们所要找寻的答案的人。

《命运交响曲》专门写了当时中学生对图书的热爱。这部长篇小说带有很强的写实色彩，若加推测，这些学生原型当与其时桂林中学的学生有关。

事实上，武侠小说家梁羽生也对自己在桂林中学的读书生活念念不忘。其中有两个细节他经常回忆。一个是梁羽生到桂林中学读书之前已经有很好的旧文学功底，但正是在桂林中学，在李白凤老师的引导下，他对新文学形成了正确的认识，产生了较大的兴趣；另一个是当时他博览群书，但他博览群书的地方不是图书馆和阅览室，而是书店，当时桂西路上的书店极大地满足了他的阅读兴趣。那些书店对读者相当宽容，哪怕不买书，也放任读者在书店里看书。即便如此，梁羽生还是不好意思在书店里长时间地只看不买。好在桂西路上的书店实在太多了，他可以把一本书分在几个书店里看，在这个书店看几十页，那个书店看几十页，一本几百页的书，分成三五个书店读完。这种读书方式，一是加快了阅读的专注度和速度，二是加强了阅读的记忆力。但它的前提条件就是书店的密集，能够让阅读者在很短的距离相继进入不同的书店。梁羽生的这种阅读经历恰恰证明了当时桂西路上书店如过江之鲫的局面。

桂林中学不仅培养过一批文能安邦的文人，也培养过一批武能定国的军人。其中，抗战时期著名的空军烈士何信、莫休、蒋盛祜都曾在桂林中学上学。何信墓碑有《烈士传略》，其中写道：

临枣一役，以我机十四架与敌机十七架战斗，击落其七，安然返防。不图于回抵马牧集上空，猝与敌机廿余架遭遇，发生激战，历时既久，油弹俱穷，复能奋其余勇，乘机向敌猛扑，卒将敌机击落，随与偕亡。此次杀敌情形，当地人士目所共见，痛其壮烈牺牲，哭声为之震地。

在台儿庄战役纪念馆，能够看到何信事迹的详细介绍和相关影像。

桂林中学的对面，即广西省立艺术馆。

广西省立艺术馆成立于1940年3月，分设美术、音乐和戏剧三部。这种集艺术教育、艺术研究和艺术实践于一体的艺术机构，在当时属于首创。创始之初，除欧阳予倩之外，徐悲鸿曾挂名领衔美术部，马思聪曾挂名领衔音乐部。虽然这两位大师并未真正上岗就位，但已经可以看出广西省立艺术馆的强大阵容和勃勃雄心。

广西省立艺术馆集聚了当时一大批杰出的艺术人才。仅以美术部为例，就拥有张安治、刘建庵、周令钊、尹瘦石等一批美术大师。戏剧部的叶仲寅和石联星，更是新中国成立后中国戏剧界和电影界元老级的表演艺术家。

广西省立艺术馆馆厦建在桂西路与榕荫路的交会口上，1944年2月建成。当时媒体报道这样描述：

桂西路的末端，一座渠渠的大厦，作赭红色，栋宇辉煌，美轮美奂，有古代宫室之华，得西洋建筑之粹。[1]

---

1 云在华：《纸上银幕——桂林的戏剧节》，《大公晚报》1944年2月19日，收入丘振声、吴辰海、唐国英编选：《西南剧展》上册，漓江出版社1984年2月版。

西南剧展开幕合影

亦有媒体称之为中国“第一个伟大戏剧建筑”[1]。

为庆祝广西省立艺术馆馆厦的落成，欧阳予倩、田汉、瞿白音等人策划了被称为“中国戏剧史上的空前盛举”的西南剧展。

西南剧展盛况空前，桂西路、中北路、中南路专门制作了美丽雄伟的牌楼迎接来自西南八省的戏剧工作者，当时媒体这样描述：

> 桂林街头也增加一番景色，市中心的四大街衢建起了富丽堂皇的牌楼各一座，都由美术家精心设计。各大书店也纷纷集中戏剧书籍，举行联合减价，优待出席大会剧人。大会会址设在广西省立艺术馆新厦，会场内设临时邮局，并在开幕日加盖纪念邮戳。[2]

西南剧展包括三大中心活动：戏剧工作者大会、戏剧演出展览、戏剧资料展览。其中，戏剧工作者大会和戏剧演出展览均在广西省立艺术馆举行，戏剧演出展览中欧阳予倩的《旧家》《屏风后》、田汉的《名优之死》《湖上的悲剧》、夏衍的《法西斯细菌》《戏剧春秋》以及外国的《茶花女》《皮革马林》等话剧也是在广西省立艺术馆举行。此外，西南剧展的开幕大会和闭幕大会，亦在广西省立艺术馆举行。

沿广西省立艺术馆继续往西，就到了桂西路西头。从《时光未老故纸犹温》一书可以看出，直至1934年，桂西路西头的桂林城墙尚保存完好，离桂西路最近的桂林城门为丽泽门，出丽泽门，即桂湖，为桂林城市西面的护城河。如今，桂林西面城墙已不存，丽泽门亦不存，但桂湖尚在，桂湖西面的蹓马山、老人山尚在。老人山以像老人命名，它仿佛一个历尽沧桑的老人，俯瞰着桂林千百年的城市变迁。

---

1 《盛会盛举盛况空前　西南剧展开幕》,《大公报》1944年2月16日，收入丘振声、吴辰海、唐国英编选:《西南剧展》上册，漓江出版社1984年2月版，第86页。

2 原载《新华日报》1944年2月25日，收入丘振声、吴辰海、唐国英编选:《西南剧展》上册，漓江出版社1984年2月版，第93页。

昔日八桂堂今安在

广西代称“八桂”。

通常认为，“八桂”一词最早见于《山海经》的《海内南经》：“桂林八树，在番隅东。”这句话中的番隅，亦即今天的番禺，可以理解为广州乃至广东。这句话中的桂林，却不能理解为今天的桂林。不过，“桂林八树”这个短语确实包含了“八桂”这个词，因此，后人也就模糊地将这个短语作为“八桂”一词最早的出处，尽管“在番隅东”所指示的方位，与如今的广西在广东的西面明显矛盾。

确切地将广西指认为“八桂”，最早的文献或许是韩愈诗《送桂州严大夫》，其开首两句“苍苍森八桂，兹地在湘南”，明确说明“八桂”在湖南南面，从而锁定了“八桂”与广西的同一关系。

《大明一统志》记载：“八桂，广西桂林府郡名。”表明从明朝开始，“八桂”正式成为广西的代称。

本书并非旨在考证“八桂”与广西的渊源，而是想说说一个以“八桂”命名的重要古迹。

这个古迹即民国时期广西的标志性建筑“八桂堂”。

1942 年出版的《桂林市指南》对八桂堂有专门介绍：

> 八桂堂——宋绍圣中，知桂州程节治圃筑堂有熙春台、流桂

泉、知鱼阁诸堂，宋李彦弼《八桂堂记》有云：“公手植八桂于堂之砌下，异时公归在朝，尔邦之人，拥翠干而培深根，徘徊抚玩于浓阴之下，想风采而咏芳馨，期为勿剪之千龄，则是真甘棠之思也。”今旧抚署内有八桂堂，旧府署即今之警察局，亦植八桂，府前街亦名八桂坊，昔日之八桂究为何地，尚待考。[1]

这段文字主要表达了两个意思：首先，宋代程节曾在桂林建八桂堂，八桂堂风格典雅，有熙春台、流桂泉、知鱼阁错落其间，为当时广西人文名胜，李彦弼写过《八桂堂记》赞美之；其次，抗战时期桂林有八桂堂，地址在旧抚署，当时的警察局，八桂堂名字的由来是因为堂内植有八棵桂树。

桂林文史专家樊平编注有《古代桂林山水风情散文百篇》，选收了宋代李彦弼《八桂堂记》一文。在该文的注释中，樊平经过推论，确认宋代八桂堂在独秀峰的东北隅。

显然，桂林宋代的八桂堂和抗战时期的八桂堂并不在一个地方：宋代八桂堂在独秀峰东北隅，大约是如今的桂林八角塘附近；抗战时期的八桂堂在独秀峰的南偏西方向，即今天桂林解放东路西南侧。

抗战时期的八桂堂，为广西旧府署（抚署）所在地。这里所谓府署（抚署），指的是明清时期广西布政使司衙署，俗称藩台衙门，是管理一省财赋和吏治的衙署。据桂林文史专家赵平《明清桂林的三大宪衙署》一文，可知广西藩台衙门建于1474年，藩台后面有一座别致的花园，园中有康熙年间建的花神祠与花神墓，还有数百年的古槐。“园中还有一座曲径通幽的八桂厅，厅前因种有苍翠的八株桂树而得名。”

旧府署建于明朝，但这个位于旧府署的八桂堂（厅），究竟建于

1 徐祝君编：《桂林市指南》，自由报社1942年11月版，第66页。

何时？不得而知。但八桂厅在民国时期的变迁，赵平专门有一段文字陈述：

> 八桂厅一直是名人场所。时至民国初年，八桂厅曾是旧桂系头目陆荣廷来桂时的行辕，他在一张石桌上留刻了两首诗文。孙中山来桂誓师北伐时，又曾是蒋介石的住处，壬戌狗年的上元日这天，他特在厅前留影。抗战前夕，这里是新桂系首脑李宗仁的官邸。抗战期间，是广西建设研究会会址，更是全国名人荟萃之地。光复后，是广西文献委员会所在地。[1]

赵平另有一文《首次来到桂林的蒋介石》，记载了蒋介石 1922 年随孙中山到桂林下榻藩署后花园八桂厅的旧事，并转引了蒋介石当天的日记："是晚居入旧藩署八桂厅，绝境清幽，园林亭树，到眼成趣。"可见，早在 1922 年，八桂厅已经是广西接待重要人物的地方。

1932 年 5 月，八桂堂还接待过一批来自广东的重要人物，即著名的五五旅行团：

> 当至十九师部住宿地，为旧藩署，略有园亭之胜，八桂堂为宴息地。桂存七株，惜为近数十年所植，非老干也。闻陆干卿以前恒延宾于此。樗蒲百万，珠履三千，舞扇歌衫，金迷纸醉。今已皆成陈迹。[2]

从文中可以看出，当时的八桂堂为十九师师部所在地。十九师为有"钢军"之称的第七军下辖的一个师，当时师长为周祖晃。

1934 年 4 月 6 日，一位笔名持大的客人游览了八桂堂，《桂林纪

1　赵平：《桂林往事》，大众文艺出版社 2007 年 6 月版，第 189 页。

2　五五旅行团：《桂游半月记》，国光印书局 1932 年 8 月版，第 26 页。

游》专门有一节“八桂堂访古”记录了他的观察所得，全文如下：

次日，即四月六日，上午九时，用早膳毕，偕林秘书开始作桂林山水之游。今日决先游八桂堂、独秀峰、风洞山诸名胜。

八桂堂，虽非胜景，乃一古迹。秦始皇统一中国，扩张版图，初置桂林郡。山海经云：“桂林在番禺东，即今粤西之地，最宜桂，大者十围，终年葱蒨，秋风起时，四远闻香。”桂林之名，盖取义自此。而八桂所在地，又为桂林标志。梁范云咏桂诗云：“南中有八树，繁华无四时，不识风云苦，安知零落悲。”唐韩愈《送桂州严大夫诗》云：“苍苍森八桂，兹地在湘南，水作青罗带，山如碧玉篸，户多输翠羽，家自种黄柑，远胜登仙去，飞鸾不假骖。”是则八桂之名，见诗人吟咏者已古，无怪来游桂者，辄欲先游八桂堂，一瞻此数千年遗迹也。

堂在旧藩署内，今为十九师师部，距旅馆不远，幸有林秘书为导，不致望墙兴叹。入师部头门，东北行数十步，即至堂所在地。堂结构崇敞，陆干卿昔奏凯旋，曾召集梨园子弟，歌舞其中，大会群英，坐花醉月，为一时盛事。堂东为八桂厅，厅下列植八桂树，一为新栽，余七株翠叶撑空，高二三丈。林秘书云：此非古干，乃近数十年所植，每岁春秋，各开花一，清芬四播，惜今非其时。厅南五六步，新建八角亭，李品仙榜门曰八桂，两楹悬联云：“黛色参天，不借春风能焕发；绿荫满地，每逢秋日愈清芬。”亭中置八角石桌及石凳，桌面镌绝句云：“北伐雄师共枕戈，旗旌云拥渡湘河；复回民国尝初愿，八桂厅前奏凯歌。”乃民国五年，陆干卿出师援湘，反对洪宪，凯旋回桂时所勒者。陆虽椎鲁不文，而反袁一役，不无可取，读其遗碑，想见当时得意之状。环亭植树数株，壮干较古。南为抗日亭，楹悬联云：“内忧方殷，同袍要师刘太尉；外患日急，吾辈莫让李将军。”八桂亭东北，过石桥，为花神祠，道光中某蕃所建，壁嵌石碑，略云："曾命人于署内凿地为池，得骨一具，不知为谁，择地埋之。是夕，梦一佳人来谢，自称姓阮，字凤篁，原为女校警，生于秦中，流落粤右，与寒士王玉峰定情有约。吴三桂叛清，桂城陷，王生被血刃，已亦投环以殉，今所埋者即其遗骨。及醒，感其用情之笃，命人图像于石，立祠祀之，并记原委于石。末题一绝云：'名园珍重出墙枝，小传曾刊倚壁碑。葬玉埋香多韵事，有人亲志郭公姬。'"此事哀艳感人，亦八桂堂边一韵迹也。祠东又建小亭一角，时风日清美，升亭休坐，神志澄清。此地清幽雅静，再行加意经营，莳花种竹，甚宜为公余休憩读书之所。旋下亭，随林秘书出师部，至门者，见壁上书一联云："吃饭穿衣，哪一桩不是人民供给；安良除暴，这两点要归我辈承担。"话甚贴切。[1]

从这篇文章，我们可以知道在旧藩署内，有八桂堂，堂东为八桂厅，厅下有八棵桂树，厅南新建有八角亭，亭中有八角石桌，石桌上刻有陆荣廷的七绝诗，亭南还有一个抗日亭。八桂亭东北，有花神祠，花神祠东，又有一小亭。可以想象，当时的八桂堂（含八桂厅、八角亭、抗日亭、花神祠等建筑）既有自然园林之美，又有人文历史之胜。正因此，才"无怪来游桂者，辄欲先游八桂堂，一瞻此数千年遗迹也"。

作者持大说此话的时候才是 1934 年，数年之后，全面抗战爆发，八桂堂成为广西建设研究会所在地，不仅接纳了成百上千的中国文化精英，而且接待过蒋介石。这个地处桂林城市中心的厅堂，不可避免会成为日机轰炸的目标，上演过有惊无险的历史戏剧。当然，随着桂林成为战场，它也像桂林百分之九十九以上的建筑一样，沦为灰烬。1945 年日本投降，桂林迎来战后的重建。时任广西省政府主席的黄

---

1 持大：《桂林纪游》，《新垒月刊》第 4 卷第 3—4 期合刊。

旭初撰《八桂厅记》，称“劫后废基重营新构……仍以八桂厅名之”，“则八桂之日荣，固可以是厅重建之成也，而卜之矣”。当时重建的八桂厅成为广西文献委员会所在地。

予生也晚，未能一睹八桂堂真容。八桂堂所在地后来成为桂林工人文化宫，位于解放东路西南侧。我的记忆中，20 世纪后半叶，工人文化宫所在的那个庭园包括了工人文化宫、总工会、教育局、展览馆、少年宫等一批颇有特色的建筑，建筑间还有池塘、回廊、小桥、树木等，它们整体构成了典型的中国庭园式建筑。文化宫经常放映电影，少年宫是学生课外文化科技活动的场所，人们还可以到展览馆看展览，在池塘边、大树下休闲。可惜，随着 2000 年前后的桂林城市改造，这个位于城市中心的庭园被各种各样的商业店铺所代替。

2016 年，逍遥楼重建、东西巷改造成为桂林城市两大盛事。说起来，逍遥楼和八桂堂还有某种关联。宋代程节在桂期间，除建八桂堂外，还重修逍遥楼；李彦弼不仅写有《八桂堂记》，而且写有《逍遥楼记》。此一堂一阁，实为古代桂林两大人文名胜。逍遥楼既已重建，那么，什么时候，作为广西标志性建筑的八桂堂能够恢复呢？

其实，私下里，我还有一个更大的愿望，就是桂林能够恢复以靖江王城、八桂堂、雁山公园、湖西庄为代表的那种园林式的城市建筑风格，让熙春台、流桂泉、知鱼阁等充满自然情趣的人文建筑错落其间。倘若果真如此，桂林就不仅山水甲天下，而且文物也真正媲吴越了。

国防艺术社

抗战桂林文化城的文艺活动轰轰烈烈，与一个文艺机构有关，这个文艺机构就是第五路军直辖的国防艺术社，时人称之为朝气蓬勃的艺术的突击队。

第五路军全称为国民革命军第五路军，即全面抗战前夕组建的新桂系部队，由国民革命军第四集团军改编而成。1937 年 2 月 23 日，国民政府军事委员会发文特派李宗仁、白崇禧为第五路军正、副司令，李品仙为参谋长。1937 年 4 月 1 日，李宗仁、白崇禧以及各将领就任第五路军各职。

国防艺术社是第五路军总司令部政训处直辖的组织，被认为是“第八路军以外任何军队中所看不到的‘艺术的突击队’，它里面集合着具有火一样救亡热情与铁一样杀敌意志的艺术工作人员”[1]。

国防艺术社于 1937 年 4 月由第五路军总司令部政训处直辖的电影队、巡回演讲游艺团、国防剧社三个团体合并成立，社长由政训处处长韦永成兼任，政训处秘书李文钊为副社长。李文钊是国防艺术社的实际负责人。

国防艺术社设有编导委员会、训练委员会和军事管理队三层组

1　一凡编：《抗战中广西的动态》，上海抗战编辑社 1938 年 4 月版，第 62 页。

织。编导委员会负责全社关于编辑、指导与导演等任务。训练委员会负责工作人员训练事务。军事管理队对于全体艺工人员及其生活实施军事管理。

国防艺术社设有总务、宣传、戏剧、电影、美术、音乐、游艺等七部。总务部下面设有文书组、会计组和庶务组。宣传部设有编撰、出版、调查、通讯、图书、讲演、播音等七组。戏剧部设有服装、道具、灯火、效果、化装、提示等六组。电影部设有放映和制片两组。美术部设有素描、木刻、漫画等三组。音乐部设有口琴、歌咏、大众音乐等三组。游艺部设有舞蹈、幻术、滑稽等三组。它几乎把艺术领域内所有的部门都包罗进去了。

作为一个军事性质的艺术机构，国防艺术社有较充足的经费。经费完全由第五路军总政训处担负，每月的公费和宣传费有桂币 2000 元。国防艺术社的正式成员按军队编制。最上层的编导员、指导员，是陆军中校或少校的阶级，每月有 200 元上下的收入。各部主任，都是上尉阶级。最低的服务费，也是中尉和准尉阶级。当时有一位作者第一次进到国防艺术社，看到许多女孩子都穿着草黄色的军装，挂着三角皮带，有一个还斜挂着大红的钢质的值星官带。

在有关国防艺术社的报道中，有两段话耐人寻味。

一段是："该社确是生气勃勃的艺术工作者的集团，如果再把来自不同地区不同阶级不同系统而残存的某种微小的隔膜完全清扫，一面更认真更紧张地工作，一面共同扫除一切阻滞工作的东西，并且加紧培育具有坚定的民族统一战线的信念而愿为抗日救亡牺牲的千百干部人才，那么，他们真将是一支无敌的艺术的突击队。"[1]

另一段是："这朝气蓬勃的艺术的突击队，此后的工作，将偏重于组织方面和宣传方面，想要使该社本身，在广西的艺术的推动中成

1　一凡编：《抗战中广西的动态》，上海抗战编辑社 1938 年 4 月版，第 63 页。

为主要的领导者。”[1]

这两段话实际上说明了国防艺术社的宗旨，它试图最大限度地团结所有的民族文化力量推动广西的抗战文化事业。正如李文钊所说：“艺术社既以‘国防’为名，又正在‘七七’抗战之后组成，顾名思义，它的任务是宣传鼓动全国一致对日抗战，这是不容置疑的。因此，不管桂系上层人物怀有什么企图来建社，而全社工作人员则是在全国抗日的总目标下，燃烧着火炽的热情夜以继日的在工作的。”[2]

的确，自 1937 年末开始，在桂林众多抗战文艺活动中，都可以看到国防艺术社的身影。

首先，国防艺术社开启了广西群众抗战文化运动的先河。几乎在国防艺术社成立的同时，第五路军总政训处、国防艺术社音乐部和乐群社文化部就统一主办了广西抗战歌咏团。他们明白宣示歌咏团的宗旨是：激发士气，振奋民心，增强抗战力量。抗战歌咏团工作分三期：第一期是推动桂林市区各中等以上学校和省立小学的歌咏工作，团员超过 7000 人；第二期是进行桂林市各中心学校及各镇街民众的歌咏训练，团员超过 20000 人；第三期是其他各地歌咏运动的推进，团员更多。[3] 这些工作的结果是“造成满城洋溢抗日的歌声，各救亡的歌曲，连小孩子也善唱了。一曲爱国的歌曲，能唤起国人灵魂的猛醒，而献身于爱国救亡的伟大事业”。[4] 这些歌曲，不仅包括《打回老家去》《自卫歌》《自由神歌》《新女性歌》等当时家喻户晓的歌曲，还有国防艺术社工作人员创作的歌曲，像《广西学生军军歌》《伟大的民团》《前进》《火线》《乡姑娘》《我们昂首入战场》《征兵歌》等。这些歌曲有鲜明的广西文化元素，一方面是内容偏重于广西抗敌精神

---

1 一凡编：《抗战中广西的动态》，上海抗战编辑社 1938 年 4 月版，第 64 页。

2 李文钊：《国防艺术社概况》，中国人民政治协商会议桂林市委员会、文史资料研究委员会编：《桂林文史资料》第 6 辑，1984 年 12 月，第 153 页。

3 一凡编：《抗战中广西的动态》，上海抗战编辑社 1938 年 4 月版，第 66—67 页。

4 于东聘：《国防艺术社对战时文化名城所起的作用》，中国人民政治协商会议桂林市委员会、文史资料研究委员会编：《桂林文史资料》第 12 辑，1987 年 12 月，第 168—169 页。

的发挥，另一方面是极力迎合本地人的口调。例如《乡姑娘》，虽然它利用的是俄国歌谣的原谱，内容却是广西的乡姑娘劝勉她的“种地亚哥”去杀敌救国。又如《伟大的民团》，也运用广西向所流行的男女对唱的结构，鼓励男女青年们去当团兵。“这种向大众化迈进的方式，实在是当前各地救亡歌咏运动者值得效法的。”[1]

其次，国防艺术社热诚支持旅桂文艺家和旅桂文艺团体的抗战文艺事业。1938 年，欧阳予倩受马君武的邀请到桂林改良桂戏。欧阳予倩到桂林后，在桂戏改良的做法上与马君武出现了分歧，又在排戏时间上与戏院经理产生了矛盾。在欧阳予倩遭到冷遇的情况下，国防艺术社为欧阳予倩提供了热诚的支持。一方面，国防艺术社邀请欧阳予倩导演了三台话剧，即独幕剧《曙光》、三幕剧《青纱帐里》和四幕剧《前夜》；另一方面，国防艺术社大力支持欧阳予倩的桂戏改革，为欧阳予倩铅印了《梁红玉》剧本，这是桂剧改革的第一个剧本，国防艺术社并在舞台设计和装置上对欧阳予倩的桂剧《梁红玉》给予了大力支持，促成了桂剧《梁红玉》的成功演出，为桂剧改革奠定了成功的基础。1939 年，国防艺术社参加了为《救亡日报》筹募基金的夏衍话剧《一年间》的演出，为该剧提供了主要演员，承担了全部舞台工作任务。《救亡日报》及夏衍都具有共产党的背景，国防艺术社的支持充分显示了对于民族抗日统一战线的坚持。

再次，国防艺术社戏剧部由章泯、党明先后担任主任，聘请了欧阳予倩、洪深、马彦祥、石凌鹤、焦菊隐等一批著名导演，集聚了诸如封凤子、唐若青、孙毓棠、周伟、叶仲寅等一批著名演员。后来桂林文化城戏剧运动如火如荼，一枝独秀，或可从国防艺术社这里找到渊源。

国防艺术社社址在文昌门外象鼻山西面，为一座可供 100 多人住宿和排戏的两层新式楼房。1938 年 12 月，该楼房毁于日本飞机的轰炸，全社公私财物均被大火烧光，无一幸免。

1　一凡编：《抗战中广西的动态》，上海抗战编辑社 1938 年 4 月版，第 67—68 页。

第三厅

因武汉沦陷而到桂林的最庞大的一个文化人集团，是郭沫若担任厅长的国民政府军事委员会政治部第三厅。

国民政府军事委员会政治部是全面抗战爆发后第二次国共合作背景下在武汉成立的，陈诚任部长，周恩来任副部长。政治部第一厅主管军队政训，第二厅主管民众组训，第三厅主管宣传。

郭沫若作为中国现代最具影响力的诗人、剧作家、历史学家、甲骨文专家，横跨文学与学术两界，又曾经从政从戎，尤其是卢沟桥事变的当月即别妇抛雏，逃离日本，回到祖国从事抗日救亡。这一切，使之在当时赢得极大声誉，成为国共两党都接受的第三厅厅长人选。

根据郭沫若的《洪波曲》记载，厅长郭沫若以下，第三厅下设三个处：第五处掌管动员工作，胡愈之任处长；第六处掌管艺术宣传，田汉任处长；第七处负责对敌宣传，处长范寿康。

胡愈之任处长的第五处，下设三个科：一科担任文字编纂，科长徐寿轩；二科担任民众运动，科长张志让；三科担任总务和印刷，科长尹伯休。

田汉任处长的第六处，下设三个科：一科担任戏剧音乐，科长洪深；二科担任电影制放，科长郑用之；三科担任绘画木刻，科长徐悲鸿。

范寿康任处长的第七处，下设三个科：一科管设计和日文翻译，科长杜守素；二科管国际情报，科长董维健；三科管日文制作，科长冯乃超。

第三厅是一个庞大的机构。根据郭沫若的回忆，第三厅各处、各科和秘书室，在编制中正式的名额就有 300 多人。加上附属团队——孩子剧团、抗战宣传队四队、抗敌演剧队十队、漫画宣传队一队，还有各科处的雇员、公役、卫士等，合起来总在 2000 人左右。此外制片厂的几百人和电影放映队五队驻在汉口的杨森花园，还没有计算在内。

政治部对第三厅高度重视，郭沫若向部长陈诚询问第三厅能够有多少事业费时，陈诚的回答是："国防军少编两军人，你总会够用了吧？"

这就意味着，第三厅的事业费相当于两个国防军。当时一个国防军的月费，大约在 40 万。当然，后面这个事业费预算是否兑现，又另当别论。

第三厅不仅规模大、经费足，更重要的是，第三厅的人员都是当时赫赫有名的人物。根据阳翰笙的回忆，第三厅第五处集中了刘季平、潘念之、宋云彬、王鲁彦等笔杆秀才，第七处集中了廖体仁、叶君健、叶籁士、张铁弦、乐嘉煊等外语专家，第六处更是人才济济，集中了史东山、应云卫、冼星海、张曙、任光、王式廓、郑君里、瞿白音、徐韬、叶浅予、倪贻德、力群、卢鸿基、罗工柳、王琦、周令钊、丁正献、冯法祀、沈同衡、黄普苏、李可染、傅抱石、张乐平、廖冰兄、张文元、陶谋基、陆志庠、沙梅、林路、赵启海等一大批或当时已经著名，或日后名震中国的艺术大师。

因为全面抗战的感召，也因为国共合作的形势，第三厅集聚了当时中国一大批闻名遐迩的文化精英，被称为"名流内阁"。

由于武汉沦陷，第三厅许多人员先后撤到了桂林。

在第三厅撤到桂林之前，1938 年 11 月 16 日，蒋介石在衡山圣经书院举行军事会议，决定设立桂林、南郑（今陕西汉中）两个行营，由白崇禧担任桂林行营主任。11 月 25 日至 28 日，国民政府军事委员会召开南岳会议，重划战区，将全国分为一、二、三、四、五、八、九、十共 8 个战区，取消广州、西安、重庆行营，改设桂林、天水行营，统一指挥南北战场。设立桂林行营目的是在放弃武汉后能确保重庆外围，稳定陪都重庆的安全形势。桂林行营统一指挥第三、第四、第七、第九共 4 个战区的军事，成为中国整个南方抗战的指挥中心。

根据阳翰笙的回忆，国民政府军事委员会政治部撤退到桂林后，成立桂林行营政治部，从一、二、三各厅抽调人员成立三个科。桂林行营政治部第三科是宣传科，由三厅从各个处抽调人员组成，张志让为科长，大家称之为“小三厅”。

据郭沫若的说法，到桂林后，第三厅的人员分了三分之一留下来参加桂林行营政治部。

当时由第三厅转到桂林行营的人主要有张志让、王鲁彦、林路、张曙、刘季平等人。其他三厅人员如胡愈之、张铁生、田汉、宋云彬、廖沫沙、孙陵、廖冰兄、吴荻舟、王莹、周令钊等人都在 1938 年底或 1939 年上半年抵达桂林，并由于各种原因留在桂林从事抗日文化活动。

郭沫若所率领的第三厅大部队是 1938 年 12 月 3 日到达桂林的。在此之前，郭沫若的新婚夫人于立群 11 月 11 日离开长沙后与夏衍、孙师毅、池田幸子等人同车先到桂林。于立群是广西名门之后，祖父是贺州于式枚，外祖父是百色岑春煊。到桂林后，于立群在广西省政府附近租了一间房子，不幸的是 11 月底桂林遭遇轰炸，于立群所租房子被炸毁。郭沫若到桂林后，与于立群住在广西省政府的乐群社。

这次在桂林旅居的时间不长，郭沫若应时任广西大学校长白鹏飞的邀请到广西大学做了演讲。白鹏飞与郭沫若是日本东京帝国大学的先后同学。当时的广西大学在雁山园。雁山园初为唐氏庄园，后为岑春煊所有，并由岑春煊捐赠给广西省政府。作为岑春煊的外孙女婿，郭沫若在雁山园自有一番感慨。或许是因为新婚的缘故，雁山园给郭沫若印象较深的是那株红豆树。郭沫若在《洪波曲》中写道：“(广西大学)校舍的园林相当讲究，有一株很大的红豆树，为我生平第一次所见。那样小巧玲珑的红豆，所谓‘相思子’，才是结在那样高大的乔木上的。”

在桂林期间，郭沫若夫妇还与白鹏飞夫妇等人乘船同游漓江。那天下着微雨，郭沫若一行乘坐的是两只有篷的木船，白鹏飞的夫人沈兰冰采买了酒菜在船上亲手烹调款待他们，让郭沫若感受到了浓重的情谊和清新的风韵。当然，最令郭沫若难忘的仍然是漓江风光：“漓水很清洁，水流很缓，平稳地在两岸的山峰中迂回。有点微雨，更增加了情调。空气是凄冷冷的，远峰每半藏在烟霭之中。时有水鸟成群而游。整个的情景好像是在梦里。”[1]

1　郭沫若：《洪波曲》，人民文学出版社 1979 年 3 月版，第 231 页。

桂林曾有百乐门

在文学界，有一个人物姓黄名裳，以散文名世。其散文，读者并不很多，但在精英读者群里有极好的声誉，被认为学识渊博，文笔绝佳，文化底蕴深厚。他生于1919年，2011年92岁还在文坛最具影响力的《收获》杂志开辟《来燕榭书跋》专栏，是真正的文章大师、藏书大家。

很少有人知道，黄裳曾经在抗战时期的桂林文化城生活过一段时间。

黄裳第一次到桂林应该是1944年的6月，这时日军已经打到了湖南，黄裳作为美军译员，从昆明第一次来到桂林。当时桂林正处于第一次疏散状态，显得有些忙乱，街上行人来去匆匆，商店里的商品大减价。

这一次到桂林，黄裳只有一夜的停留。

虽然只在桂林住了一个夜晚，但黄裳还是利用晚饭后的时间，步行到了桂林城区，从中南路到桂西路，他在一家书店看了会儿书，在一家咖啡馆喝了壶茶，在杂货店里买了一个里面点了红烛的油纸灯笼，在路边摊头吃了碗面。

桂林给黄裳美好的印象，黄昏散步接近桂林城的时候，远远看过去：一排碧色的小山，好像插在美人头上的一排翡翠簪子，颜色是淡淡的浅碧，明澈得有如浸在水中；天边有一抹金红色的晚霞，令人缅想傍晚窗前镜里少女的酡颜。

一个月后，也就是1944年7月，黄裳从前方调回桂林。他的驻地应该是李家村。这一次他住的时间比较长，有差不多两个月。

一个星期天，黄裳等人从李家村骑马到桂林城。中午，他们到中南路的东坡酒楼吃饭，东坡酒楼是一家广东饭馆，下面一层是一排排火车座，挤满了吃茶吃面的人。大多数关于桂林文化城的文章，都说当时桂林人口最多的时候达到五六十万，但按照黄裳的说法，当时的桂林集中了90万人口。在黄裳眼里，尽管6月份桂林已经疏散了不少人，但人口并不见减少，桂林繁华照旧，甚至还更热闹了。那些来自上海、香港的商人把他们所在城市的市街形式、橱窗陈列都带了来，于是就有人称它“小上海”“小香港”。

午饭后，黄裳到凤北路找一个朋友，但没有找到。凤北路地名至今未变，在独秀峰的北面，可惜黄裳像当年徐霞客一样遗憾，因独秀峰所在的公园有卫兵站岗而无法进入。喜欢书的他又逛了几家旧书店。

又有一天，黄裳乘车到桂林城区，晚上在环湖路上十几家饭店咖啡馆中最大的一家百乐门饭店给老上校等人饯行。百乐门是上海著名的综合性娱乐场所，全称“百乐门大饭店舞厅”，号称“东方第一乐府”。喜欢交际的张学良是百乐门的常客，陈香梅与陈纳德的订婚仪式在这里举行，卓别林夫妇访问上海时也曾慕名而来。要不是读黄裳的文章，我还不知道桂林也曾经有百乐门饭店。由此可见，当年的桂林确实深受上海文化的影响。

黄裳眼里的桂林百乐门是这样的：

> 门口有一盏亮亮的盒灯，上面写着饭店的名字。挂着“欢迎盟军”的招牌，也有两个美国宪兵在站着。两扇自动开关的玻璃门，上面是五彩的花玻璃。推门进去，里面的电灯雪亮。一个

厅子里有十几张圆桌，都已经坐满了人。穿了黑拷绸短衫裤的老板，摸了他的胖胖的大肚子招待我们到一个角落里的桌子上坐下，他似乎与R他们都已经是老朋友了。招呼着要了酒菜，有红葡萄酒、杜松子酒和盛在洋瓶子里的竹叶青。招待所里的洋葱是不常见的，现在他们每人都要了洋葱放在前面。R在杯子里放了一半葡萄酒又兑上了黄酒，大口地喝着，好像特别喜欢中国的“绍兴”而只可惜太淡了的神气。[1]

黄裳专门描述了屋子里的风景：

临窗处有一张桌子，旁边围了七八个女人，每人面前有一杯冷开水。她们有的在抽着烟，高兴地谈笑；有的好像有着无限的忧愁，沉默地坐着不动。一个穿了寒碜的白底小碎花布旗袍的女人，脸上涂着不十分合适的脂粉，还是掩饰不了一点点的雀斑，她带了畏惧的眼光，向厅子中间的台子上不时的溜一眼，好像是在找寻什么，可又怕被人发现的样子。看了一些别的女人作出来的亲昵的样子和大声的笑，她似乎有些不安，拢了拢鬓发，拿起了她的白色的手提包，拉了旁边的一个穿黑拷绸旗袍的女人出去了。

在这一群里有一个特异的人物，她是一个三十几岁的胖胖老板娘型的妇人。她穿了一件黑色的旗袍，短袖齐了腕部。好像久历风尘的老江湖，看了旁边的年青的一个个被人带走，就作出一种不屑的表情来把嘴角一扭，左腿翘起，慢慢地燃起一根香烟来，桌上的人事常常变动，只有她一直坐在那里，只是对新来的人懒懒地说一两句话，抑郁得很。有的还很年青，恐怕只有

1　黄裳：《桂林杂记》，《来燕榭少作五种》，生活·读书·新知三联书店2009年1月版，第112页。

十五六岁。动作还生疏得很，似乎以前的生活环境，并不与这个五光十色的世界相合。有的应酬功夫比较纯熟，朋友也多，一会就出去了好几次，好像特别为这事高兴，不时拿了小镜盒在惨白脸上涂两下红红的颜色上去。

门开了，有一个女人站在那里了，怯怯的样子，旗袍还是现改的，高跟鞋似乎容易使她站不稳，茫然地望着，看样子该是个家庭有儿子的母亲。

那个穿了黑旗袍的胖胖的女人用不屑的眼光看了她一下，对旁边的人低低地说了几句什么，好像是说：

“像她这样，也要来做生意？”

一会，墙角里一张桌子上的一个女人发现了她，一把拖了她去。穿黑拷绸的老板扶了桌边向我说：

“侬先生看这女人，长沙失守逃到桂林，一家大小十几口，没办法，前天才到此地来。的的括括‘人家人’。阿作孽相！”

从她的叹息声中，我好像读完了一个可怕的故事。我不敢再跟了看那个女人跑到墙角的台子上坐下来以后的样子，她大概总还要陪人家笑的罢，陪人家吃酒，抽烟，……也许她这时正想着在什么旅馆的小房间的母亲，孩子，……我不敢想下去。[1]

桂林百乐门饭店有称之为“百乐门皇后”似的人物，黄裳对她有如下的描写：

这是一个廿多岁穿了浅蓝色旗袍、眼睛黑黑大大，有着长长的睫毛的女人，看样子她真是忙得很。一屋子十几张台面她几乎都认识，应酬的本领很好，一面陪了人谈话，眼睛却向另外的

1　黄裳：《桂林杂记》，《来燕榭少作五种》，生活 · 读书 · 新知三联书店 2009 年 1 月版，第 112—113 页。

台子上的朋友打招呼，她在每一张台子上没有停留过十分钟，看起来却好像每一个都是她的极亲密的朋友。她面前放了一只高脚杯，里面是浅黄色的液体，她只有红红的嘴唇碰一下就算了。[1]

黄裳的这番描写使人很容易想起白先勇笔下的尹雪艳。当然，白先勇不可能是以桂林的“百乐门皇后”为模特，1944 年，他才 7 岁。不过，后来白先勇曾经在上海生活过一段时间，对上海的百乐门，他一定记忆犹新。

1944 年 9 月 16 日，日军占领了桂林北部的全州，当时黄裳还在桂林，有一天还到象鼻山上观察决定城防阵地。他写道：“那真是颇为美丽的风景，站在山顶上，看桂林的城市、山峰、四郊的公路、美丽的湖，都在眼底下。”[2] 后来他还去了独秀峰、老人山布置炮阵地。

黄裳到桂林的时候，已经是桂林进入疏散状态的时候，同时也是桂林文化城终结的时候。黄裳当时是一个巡回教育组的翻译官，这个巡回教育组包括美方上校 1 人、中校 4 人，官长士兵约共 30 人，还有 4 位翻译官。因此，在桂林的黄裳完全生活在美军圈子里。于是，无论是在时间上还是在空间上，黄裳都没有与桂林的文化人发生交集，这应该是当年生活在桂林的文化人大多不知道黄裳曾经到过桂林的原因。

不过，恰恰由于黄裳的生活圈子与大多数桂林文化人不一样，他的观察视角自然也不一样，于是，他为我们提供了许多其他文化人不曾提供的桂林景象，桂林百乐门饭店可以算作其中之一。

1　黄裳：《桂林杂记》，《来燕榭少作五种》，生活 · 读书 · 新知三联书店 2009 年 1 月版，第 113 页。

2　黄裳：《关于美国兵》，《来燕榭少作五种》，生活 · 读书 · 新知三联书店 2009 年 1 月版，第 243 页。

香山慈幼院桂林分院

据蒙荫昭、梁全进主编的《广西教育史》，抗战时期不少外地学校迁至广西，如浙江大学、同济大学、无锡国学专修学校、江苏省立教育学院、北平成达师范学校、国立汉民中学、新安小学，还有一所北平香山慈幼院。

严格地说，抗战时期，北平香山慈幼院并没有迁至广西，而是在广西创办了香山慈幼院桂林分院。

北平香山慈幼院为晚清民国著名人物熊希龄所创办，是一所特殊的学校。据《北京香山慈幼院院史》一书的《前言》，它设有婴儿、幼儿、小学、中学教育，又设有资助优秀孤贫子弟享受大学教育的大学部，同时还设有职业教育和师范教育。

不过，抗战时期在广西创办的香山慈幼院桂林分院，仅涉及幼儿园、小学和幼儿师范教育三个办学层次。

本书主要述说北平香山慈幼院在广西创办的幼儿师范学校。广西省政府十年建设编纂委员会编印的《桂政纪实》记载：

> 二十七年，省政府委托北平香山慈幼院桂林分院代办幼稚师范。是年四月，招收第一班，由省政府和各县考送，到校复试。入学后，免收学宿各费，并由县供给膳食、川资及玩具等

费。投考资格，为初中毕业或具有同等学力，并在小学服务一年以上者。结业后，须回本县服务。遇有缺额，得由校招收自费生。八月，该学又增招同等程度者一班。二十八年八月，第一班结业。九月，招收第三班，投考资格降为高小毕业。修业年限增加一年，共计二年。是年，第二班毕业。二十九年九月，招收第四班。三十年八月，第三班毕业。九月，招收第五班，并由该校另招初中毕业程度之学生为第六班，其中一部分学生系自费，一部分由校予津贴。修业年限为二年，较第一班多一年，计四年之内，共招六班，毕业者三班，在校者三班。[1]

这段记录陈述了一个事实，专业正规的广西幼稚师范教育启动于1938年，由广西省政府委托北平香山慈幼院桂林分院代办，这所学校就是香山慈幼院桂林分院幼稚师范学校。

卢沟桥事变发生的时候，北平香山慈幼院院长熊希龄正在青岛。战争爆发后，他与夫人毛彦文转至上海。不久，上海发生“八·一三”淞沪会战，南京沦陷的第二天，熊希龄夫妇乘法国邮轮去香港。1937年12月25日，熊希龄突发脑溢血死亡。

卢沟桥事变爆发之时，熊希龄深知北平将会沦陷，他已无法回北平主持慈幼院，遂将北平香山慈幼院院务转由胡恩光负责。同时，他电招香山慈幼院第三校幼稚师范主任张雪门到上海商议去长沙设立分院事宜。由于长沙已经处于战争威胁之中，办学实为不易，几经周折，北平香山慈幼院在桂林创办了分院。

《北京香山慈幼院院史》写道：

北平香山慈幼院桂林分院的第一个学校，是1938年2月创办的，定名为“北平香山慈幼院桂林分院幼稚师范学校”。以下

1 广西省政府十年建设编纂委员会编印：《桂政纪实》第4编第5章，第238—239页。

简称桂林幼师。校长由张雪门兼任，教务主任由戴自俺担任。桂林幼师得广西省教育厅的赞助，在桂林东华门大街正式成立。[1]

对这段历史，当年香山慈幼院桂林分院幼稚师范学校教务主任戴自俺的回忆文章有更多细节：

（1937年“七七事变”后，）雪门先生随即只身南下，与院长熊希龄先生商定，北平香山慈幼院迁往湖南，幼师同迁。先生先到长沙，初步勘定新校址在小东门外郭家庄。在天天等候上海熊希龄院长回信之际，日本帝国主义的炸弹已落到长沙，感到迁校长沙，亦非久计。正好，先生在长沙碰到了南开校长张伯苓先生，张先生了解慈幼院及幼师拟南迁经过后，次日即飞往桂林。不久，先生接到当时广西省教育厅长邱昌渭（即邱毅吾）的电报：“桂林山水甲天下。闻公来南方，能来一游否？”先生后将电报找到熊希龄的大小姐熊芷商量，熊芷说，“长沙办学既有困难，无论如何，实际到桂林观察一次，决不至毫无补益。”雪门先生到桂林与邱昌渭厅长见面后，几经磋商，又征得熊希龄院长同意，北平香山慈幼院决定在桂林设分院，北平幼师亦迁桂林，为广西培养幼儿教育师资。推其原始，南开张伯苓校长之功，令人难忘。[2]

文中所说的“雪门先生”“张先生”“先生”，即北平香山慈幼院第三校幼稚师范主任张雪门。张雪门，著名学前教育专家，与另一位著名学前教育专家陈鹤琴有“南陈北张”之称。

根据戴自俺这段文字，可知当年香山慈幼院桂林分院是长沙分院

1　北京市立新学校、北京香山慈幼院校友会编印：《北京香山慈幼院院史》，第317—318页。
2　戴自俺：《张雪门在广西》，中国人民政治协商会议桂林市委员会、文史资料研究委员会编：《桂林文史资料》第9辑，1986年8月，第178—179页。

创办“难产”的结果，其创办与张伯苓、邱昌渭等人有关。张伯苓，著名教育家，南开中学、南开大学的创办人。邱昌渭，时任广西省教育厅厅长。当年张雪门奉熊希龄之命在长沙欲设北平香山慈幼院长沙分院，未有结果，遇到张伯苓，经张伯苓介绍，邱昌渭向张雪门发出了香山慈幼院到桂林创办分院的邀请。

根据戴自俺的回忆，香山慈幼院桂林分院的创办，张伯苓有推介之功，邱昌渭有邀请之功，张雪门有创办之功。不过，戴自俺的回忆忽略了另外一个重要人物，即熊希龄的夫人毛彦文。

毛彦文为中国近代史上一位传奇女性，曾就读北京女子高等师范学校、南京金陵女子大学、美国密歇根大学，曾任暨南大学、复旦大学教育系教授，是著名学者吴宓苦恋一生的对象。毛彦文 1935 年 2 月 9 日与熊希龄结婚后辞去大学教职，协助丈夫开展慈善事业。熊希龄病逝后，香山慈幼院董事会举行紧急会议，决议聘请毛彦文接替熊希龄任香山慈幼院院长。

毛彦文活到 102 岁，晚年她曾经写过一部自传，题名《往事》，对香山慈幼院桂林分院的创办亦有回忆：

> 久闻桂林山水甲天下，今始得亲莅其地，只见奇峰突起，殊为壮观，但未有连绵山谷的衬托，缺幽深之致。它的山是平地而起，多半有洞，战时作为防空洞，对人民诸多便利。
>
> 在桂林备蒙桂当局优待，长住省政府招待所“乐群社”。我去桂林的目的系办慈幼院分院，当战事初起时，秉即预料此次中日战争，不是短期内可结束，北平早晚会沦陷，他无法再回北平主持半生辛劳创办的慈幼院。于是电召本院第三校幼稚师范主任张雪门先生来沪商议去长沙设分院事宜，雪门去后认为一人难以推展工作。秉又电二校小学部主任刘梦兰，请她遴选两位教员前往协助，张子招、周仰岐两君应召去湘。但这时长沙正处于风声鹤唳中，大有不可终日之势，想找一适当院址，谈何容易！正在

进退维谷时，广西省教育厅厅长邱昌渭先生忽电雪门，欢迎我们去桂林设分院，此即我去桂林的任务。[1]

这段文字容易让读者认为毛彦文的桂林之行是为创设香山慈幼院桂林分院。然而，香山慈幼院桂林分院已于1938年4月招收第一班学生。毛彦文赴桂林的时间应该是1938年7、8月间，即她到湖南为熊希龄勘地之后。毛彦文赴桂林的任务当不是创办桂林分院，而是以香山慈幼院院长的身份与广西当局商议该院的发展事宜。

1945年2月9日，毛彦文于她与熊希龄结婚十周年纪念日写下《十年流水帐》一文，《往事》将其录入，其中也提到1938年她赴桂林之事：

事毕，径赴桂林，承桂当局多方优待，尤以当时教育厅长邱毅吾伉俪特别关垂，桂分院赖以顺利进行。

香山慈幼院桂林分院于二十七年春季始业，初办二部，一为幼稚师范，一为幼稚园，前者为桂省训练师资，每县保送女生二名，学杂费均免，后者为幼师学生试教及实习而设。桂省供给校舍及校具，经费由我方筹措，主持者为张雪门君。[2]

文中开头“事毕”，指的就是毛彦文到湖南勘地之事。该文表明当时香山慈幼院桂林分院分幼稚师范和幼稚园两部分，主持者为张雪门。

戴自俺的回忆文章中写道：

一九三八年二月，幼稚师范在桂林东华门大街成立。四月

1 毛彦文：《往事》，百花文艺出版社2007年1月版，第86—88页。
2 毛彦文：《往事》，百花文艺出版社2007年1月版，第97—98页。

招收第一班学生，八月又招收第二班学生。由于日本帝国主义飞机频繁轰炸桂林，一九三九年初幼师奉命疏散三江县新城——古宜。因古宜气候恶劣，当年暑期后迁到三江县旧城——丹州。一九四二年一月又迁回桂林。一九四四年，日寇进逼长沙，桂林告急，幼师迁到重庆，借用江北县水土坨一所王家祠堂，从事儿童福利制度的实验。[1]

这段文字表明，香山慈幼院桂林分院成立于1938年2月，1938年4月招收第一班学生，1938年8月招收第二班学生。在桂林大约一年时间，1939年初奉命疏散至广西三江县。

毛彦文《往事》对香山慈幼院桂林分院迁至三江县办学情况亦有记录：

六月又赴港飞桂，桂分院因去年十一月桂林被敌机大举轰炸时毁去，此时迁至一偏僻乡陬古宜开办，吾拟前往视察，邱毅吾伉俪多方劝阻，以途次不靖，恐遇意外，于是电招张雪门、张子招及周仰岐三君来省商议院务，商议结果：一、桂林分院迁至三江县丹州乡开学；二、芷江分院添办初中，彼时敌机猖狂，空袭频仍，一日吾寄寓之乐群社被炸，所有行装悉付一炬，不得已八月终狼狈飞港赴沪。[2]

香山慈幼院桂林分院在三江时期，先后在新县城古宜和老县城丹洲办学。随着桂林局势趋于稳定，1942年，香山慈幼院桂林分院迁回桂林。对此，毛彦文《往事》也有回忆：

---

1 戴自俺：《张雪门在广西》，中国人民政治协商会议桂林市委员会、文史资料研究委员会编，《桂林文史资料》第9辑，1986年8月，第183页。

2 毛彦文：《往事》，百花文艺出版社2007年1月版，第98页。

乐群社被炸毁的情景

> 三十年二月由渝飞桂，转赴丹州分院，本院经两张（张雪门、张子招）之努力，成绩斐然，深得社会人士之赞许。惜该处交通不便，瘴气极盛，师生时有患病者，适彼时敌人狂炸内地之气焰已大减，故又计划将幼稚师范迁回桂林，小学设在柳州。吾先返省，将此计划与桂当局磋商，请其协助，诸事筹妥，于四月间飞港转沪。[1]

上文所引戴自俺回忆中的一句话“一九四四年，日寇进逼长沙，桂林告急，幼师迁到重庆”，容易给人造成误解，即香山慈幼院桂林分院幼稚师范 1944 年至重庆后即告终结。

情况并非如此。《北京香山慈幼院院史》对香山慈幼院在广西的历史有较明确的陈述：

1 毛彦文：《往事》，百花文艺出版社 2007 年 1 月版，第 99 页。

1939年初战事激烈迫近桂林，日寇空袭频繁，省教育厅令桂林幼师疏散至三江县古宜乡，迁至古宜后，在人力物力极端困难的条件下，又创办了一个中心幼儿园和三个平民幼儿园。在古宜，桂林幼师的同学被分成四组，到开办的幼儿园中实习。这里是少数民族地区，又是山区，人民很贫穷。父母常年为生计忙碌无暇照顾自己的孩子，故孩子们很脏。看到这种情况，张雪门反复叮嘱和教育幼师同学，一定要非常爱护他们。他亲自带领幼师同学下到河里，为孩子们洗澡、洗衣服。小朋友放学回家，家长看到自己的孩子变得干干净净活泼可爱了，连连称颂张校长教育有方，交口称赞北平香山慈幼院的老师真是好。

后来，桂林幼师又要迁校了。原因是古宜与湖南接壤，气候恶劣，每有瘴气，恶性疟疾流行，医疗条件极差，且交通不便，于是便放弃古宜，迁往丹州（洲）。丹州是三江县的旧城，对岸的板江商业较繁荣，交通也较便利。迁丹州后，又创办了丹州和板江两个中心幼儿园。丹江中心幼儿园主任由北平幼师毕业校友金恒娟担任，板江中心幼儿园主任由池宝华担任。

桂林幼师在战争环境下办学，迁校三次，历尽艰辛，历时三年，复于1942年1月返回桂林。

桂林幼师在广西办了六年，前后招过六次生，结业三个班，为广西培养了学龄前的师资。按原拟计划，已完成70%，六个班结业后，完全可以达到当初定下的标准，或还可超过。此外，还曾招收过初中自费生一个班。

1945年8月，日本无条件投降，张雪门校长偕几位教师返回北平，桂林分院幼稚师范学校交省教育厅接办。[1]

文中明确说道："1945年8月，日本无条件投降，张雪门校长偕

1 北京市立新学校、北京香山慈幼院校友会编印：《北京香山慈幼院院史》，第318—320页。

几位教师返回北平，桂林分院幼稚师范学校交省教育厅接办。”

毛彦文的《往事》对此亦有说明：

> 二十八年，桂林附近战事转趋激烈，广西省教育厅下令本分院疏散至三江县古宜乡。此处与湖南接壤，交通险阻，早晨有瘴气弥漫，略带臭味，恶性疟疾又复流行，医疗条件极差。本分院放弃古宜，迁至丹州。丹州是三江县的旧城，对岸板江商业较为繁盛，交通也较便利。三十一年一月迁回桂林，因彼时日军气焰已稍戢，轰炸次数没有以前密集。本分院幼稚师范在广西度过四年，前后招过六次生，结业三班，对广西学龄前师资培育，已完成百分之七十。第六班结业，完全可以达到当年定下的标准。抗战胜利后，此校交与广西省教育厅办理。[1]

此段文字亦表明香山慈幼院桂林分院幼稚师范学校并非终结，而是“交与广西省教育厅办理”。

抗战时期，一些外省学校迁至桂林。随着战争推进，这些学校有的迁往他地，战争结束，大都回到原属地区。但也有例外的情况，比如，国立汉民中学就在广西落地生根，此外北平香山慈幼院则为广西留下了一所幼儿师范学校、一所小学和至少五所幼儿园。可以说，北平香山慈幼院的桂林分院，为广西幼儿教育、小学教育提供了先进的模范，为广西幼儿师范教育奠定了起点极高的基础。作为如今广西幼儿师范高等学校的前身，北平香山慈幼院桂林分院幼稚师范学校毕业的六班数百名幼儿教师，像种子一样播撒八桂大地，成为广西幼儿教育的精英。

1　毛彦文：《往事》，百花文艺出版社 2007 年 1 月版，第 88 页。

国立汉民中学

桂林不仅有过两所国立大学，而且有过一所国立中学，即汉民中学，如今桂林一中的前身。

民国版《第二次中国教育年鉴》介绍了34所国立中学，汉民中学为其中之一。该书介绍了汉民中学的沿革：

> 二十五年五月胡汉民先生逝世，国人以其功在党国，筹设汉民学院，以资纪念，择定首都附近之栖霞山为校址，购地二百余亩，二十六年五月举行院舍奠基典礼，正拟鸠工建筑，抗战军兴，乃停止进行，改建私立汉民中学第一期校舍八十余间，并招高初中一年生各二班，十月二十六日正式成立，由任中敏任校长，上课七周。寇氛逼首都，全校员生西上，由长沙转贵阳而达桂林，选定东郊穿山村为校址。二十七年二月开校复课。高初中同时举办，历六年高初中，达十四班，附属小学八班。嗣因物价高涨，经费短缺，不能维持，三十二年二月请准教育部改为国立，增到十六班。翌年敌陷桂林，始迁至桂北百寿县，后入黔东榕江县，寄居国立贵州师范学校，班级缩减为十二班。三十四年八月抗战胜利，十月回柱，十一月十二日正式复课。三十五年遵

照国立中学复员办法，迁粤仍国立，暂留桂林。[1]

据当年汉民中学的学生严申榜《任中敏与汉民中学》一文，我们得知，汉民中学最初抵桂时，1938 年初曾暂借桂林正阳街东巷民房为临时办公地址，筹办建校、招生工作。1938 年 3 月 26 日，经广西当局批准，选定穿山西麓，得地 56 亩作为校址。5 月 21 日举行新校舍落成典礼。1941 年，得李济深支持，经广西当局批准，拨穿山西麓坡地约 200 亩，另建新校舍，设计了明亮的、独特的教室 12 栋，大跨度木架屋顶、可容千人的大礼堂。1942 年底，又新建了砖木结构的图书馆，开辟了体育场。1943 年 2 月 9 日，教育部电准“私立汉民中学”改为“国立汉民中学”。

汉民中学不仅在民国时期是广西唯一的国立中学，而且，在我看来，也是广西甚至中国历史上最大、最好、最美、最严酷的中学。

先说其大。根据严申榜查证史料后提供的数据：汉中在穿山附近共占地 700 余亩，先后兴建校舍，含教室、礼堂（兼作饭堂）、图书馆、教师及学生宿舍共 40 余栋，还修有占地 30 余亩的体育场。[2]

汉民中学占地 700 余亩，甚至还有文章说达 1000 亩。为汉民中学的方位和面积，我专门请教过自 1976 年起在桂林一中当学生，大学毕业又到桂林一中当老师的邹月娥老师。她说，当年桂林一中包括了如今的穿山公园、体育场、职业教育中心学校、七星花园、樱特莱庄园，这个范围我估计应该达到 1000 亩。

800 亩至 1000 亩，在中国，这往往是一个大学的面积，而且，在扩招和并校之前，许多大学尚未达到这个面积，而汉民中学以一个中学有 800 名学生的规模，其校园面积竟然是 700 多亩甚至 1000 亩，实在罕见！以我的孤陋寡闻，尚未听说过，更未见过。

---

1 教育部教育年鉴委员会：《第二次中国教育年鉴》，商务印书馆 1948 年版，第 57 页。

2 魏华龄、严申榜主编：《任中敏与汉民中学》，漓江出版社 1995 年 12 月版，第 20 页。

写桂林无锡国专一文时，我老弄不清无锡国专和汉民中学的地理关系。现在，面对地图，我大致可以确定，无锡国专和汉民中学都在小东江东面，但无锡国专在汉民中学北面，从无锡国专到穿山，应该得经过汉民中学，而且无锡国专的面积大约仅有汉民中学的三分之一。

次说其好。当年汉民中学曾流传这样一句话："读了二年考西大，读了三年考清华。"我在《桂林市第一中学 1937—2007 建校七十周年纪念画册》中看到一幅合影，说明文字为"1946 年高 13 班考上北大、清华部分校友在颐和园"。我数了数人数，共 10 人，再看那一页的说明文字，始知高 13 班共 27 人，考上清华大学的 9 人，北京大学的 3 人，其余的分别考上武汉大学、南京大学、中山大学、浙江大学等。值得特别指出的是，汉民中学的学生不仅考试成绩优异，而且后来在事业上大都表现杰出。

再说其美。20 世纪 90 年代中期，我曾经去过一次桂林一中。可惜的是，当年的我尚未懂得欣赏其校园之美，而且仅走了校园极小的部分。即便如此，我在桂林一中那些老旧的平房间穿行，也能感受到校园与自然的贴近，与田园的相近。近读唐正本《昔日汉中校园景观》一文，不禁对汉民中学的校园景观感叹万千。据唐文，当年汉民中学除穿山、塔山、小东江、螺蛳山等自然景观之外，还有复园、逸园、象园、德园、迈塘、胡汉民雕像、圣火纪念碑、翠园、力圃、仲元亭、星云圃、孙中山像碑、十松山房、汉渠、高士林、杉木小亭、戈园、梅圃、林下之风、爰居、大礼堂、石人石马、石虎庙、精诚泉、精诚亭、思鸿堂、铎圃等。这些人文景观，除石人石马和石虎庙为原来所有之外，其他均为汉民中学营建，既有自然之美，又有人文内涵：戈园，有枕戈待旦，不忘国难之意；林下之风，有君子之风的含义；思鸿堂，是因为胡汉民又名衍鸿，为纪念胡汉民的一幢建筑；铎圃，则是为了纪念为汉民中学建设做出重大贡献的总务主任赵振铎的一块园地；大礼堂两边悬挂隶书长联："生命之意义在于创造宇宙继起之生命，生活之目的在于增进全体人类之生活”。这些人文景观，足见营建者之匠心独运，深谋远虑。唐正本文中说：

> 1947年前的校舍除图书馆外全是竹木披灰的简陋建筑，而就在这样简陋的条件下却处处井然有序，处处透露出一种高层次的文化气氛和精神素质，造就了一个优美典雅的环境。就连种树区区小事而言也必附以含义，诸如松柏之精神、竹之风格，苦楝寓意苦练，槐则寓意胸怀，桉有随遇而安之意，枫有君子之风等等，任校长都曾作过阐述，人们走在林荫道上深受陶冶。每个班级在毕业前都经营一块纪念园地，不仅建设了校园，也培养了一种精神，这在国内的大中学校恐怕也是绝无仅有的。[1]

我常以为，校园校园，校中一定要有园，如果说楼规范了孩子们的理性，那么，园则释放了孩子们的身心。如今，我们的学校往往是有楼无园，显而易见，今日中国绝大多数学校在后一方面是缺失的。

最后说其严酷。任中敏的继任者潘逸耕曾回忆过一段往事：

> 1946年暑假，汉民中学初中某班将毕业，训导主任陈重寅对该班导师农干五说，在学生离校前，布置他们向学校工作提一些意见，供学校参考。班导师农干五认为事先没有得到任中敏的同意就叫学生向学校提意见，此事万万做不得，训导主任陈重寅无可奈何，只好去找任中敏说明事由，任中敏同意了。陈重寅和农干五真的把提意见的任务布置下去了。这个初中应届毕业班的学生，天真烂漫，有什么意见就说什么意见，很多学生说学校好像一只笼子，学生好似笼中鸟，一点自由也没有；不少学生说学校处处对学生高压，压得学生透不过气来等等。任中敏看到这些

1 魏华龄、严申榜主编：《任中敏与汉民中学》，漓江出版社1995年12月版，第220页。

书面意见后，对训导主任陈重寅说，既然如此，这个班的学生毕业后，大家就可以远走高飞，不必再到汉民中学的高中来做笼中鸟，也就可以不再受压了。决定这个班的学生照常办理毕业手续，但不准他们下学期来报考汉民中学的高中班，同时通知他们的家长。事件发生后，引起校内外一片震惊，许多家长到校请求宽容，陈重寅亦从中劝说。几经交换意见，任中敏决定学生必须写悔过书，家长必须写保证书，然后才准报考本校高中。有位家长叫莫彝庸，他是国民党广西省政府教育厅第二科科长，主管中学，认为任中敏这样做太过分了。他对我说，“我本想告任中敏一状，但是后来一想，任中敏在桂林办学颇有特色，既不化广西一分钱，又不向广西要一个教师，为广西和桂林培养了人才，如果把他告走了，学校交给广西来办，既要广西的钱又要广西派教师，而且还要另外找一个校长，恐怕没有任中敏办得好，想到这些我的气也就消了。”结果，个个学生写悔过书，个个家长写了保证书，才准报名参加本校的高中招生考试。[1]

这个故事有头有尾，不仅写出了任中敏的严酷，而且写出了行政主管的无奈。如果故事只讲到这里，或许我们只看到任中敏严酷的一面。但是，叙述者紧接着写了下面一段：

莫彝庸还说，逃难的时候，我不要我的儿子跟家里走，要他跟汉民中学走，因为我对任中敏是信得过的。[2]

如果说任中敏的严酷令人震惊，那么，任中敏在家长那里得到的

1 潘逸耕：《汉民中学纪实》，中国人民政治协商会议桂林市委员会、文史资料研究委员会编：《桂林文史资料》第 12 辑，1987 年 12 月，第 213　214 页。

2 潘逸耕：《汉民中学纪实》，中国人民政治协商会议桂林市委员会、文史资料研究委员会编：《桂林文史资料》第 12 辑，1987 年 12 月，第 213—214 页。

信任同样令人震惊。信任汉民中学、信任任中敏超过了信任家庭、信任自己，这样的事例在今日还存在吗？

汉民中学的严酷，与其校长任中敏有关。汉民中学留下了太多任中敏校长严酷至不可理喻的故事。但值得说明的是，任中敏不仅责人极严，而且律己亦酷。我在民国时期的《正谊周刊》读到这样一段文字：

> 任校长鉴于去年宿舍被焚及烹饪占去精力与时间，规定凡夫妇均在校担任职务者，非另雇工人，不得自行作饭。故校长太太因未雇得工人，虽患胃病，亦同在大食堂吃糙米饭，真可谓以身作则。

阅读许多有关任中敏办学严酷的故事，我就想，在如今的文化环境下，还会有任中敏这样的人存在吗？当然，即便是在当时，任中敏的办学并非没有受到压力；任中敏的所作所为，也并非全部正确。然而，就任中敏这个人而言，我以为，这一定是一个有信仰、有理想、有远见卓识、才能非凡、有坚定不移的价值观的人，唯其如此，他才能够“虽千万人吾往矣”。

穿山时期的无锡国专

无锡国专全称为无锡国学专修学校，是如今苏州大学的前身。虽然无锡国专是一所私立的专科学校，但它在民国高等教育格局中的声誉，远超过苏州大学在今日中国高等教育格局中的声誉。北京大学教授陈平原认为："无锡国专为二十世纪中国高等教育留下另一种可能性。"

很难用短短的文字评价无锡国专的地位，但只要说到这些人的名字，人们就会知道无锡国专的分量。比如，教师方面，唐文治、朱文熊、陈衍、冯振、钱基博，这五位教师，皆可称国学大师。学生方面，有所谓"唐门五杰"，即王蘧常、唐兰、吴其昌、蒋天枢、钱仲联，也都是中国现代学术史绕不开的人物。国学在很长时间是冷学问，业内情况外行人知之不多。我是学文学出身，本科时即读过马茂元的唐诗研究著作、周振甫的《诗词例话》《文章例话》、冯其庸的红学研究著作、徐兴业的历史长篇小说，但直到很久以后，我才知道这些杰出的学者、作家早年皆毕业于无锡国专。

因不堪日机的轰炸，无锡国专1937年11月开始了迁校的旅程。最初，无锡国专曾在湖南短暂停留上课，不久，因为黄炎培的介绍，广西省政府主席黄旭初诚邀唐文治校长率全校师生转迁桂林。[1]

1　刘桂秋：《无锡国专编年事辑》，中国大百科全书出版社2011年8月版，第279页。

1938年2月19日，无锡国专抵达桂林，先后租借桂林正阳街17号及环湖路18号的民房作为教室，开始了无锡国专历史上的“桂校”时期。[1]

1938年6月，唐文治校长因年老体衰、水土不服，委托教务主任冯振代理校长。唐文治过昭平、梧州，经香港回上海治疗。从此，在广西的无锡国专由冯振主持。由于唐文治在上海又开办了一所无锡国专，所以广西的无锡国专被称为“桂校”。

1938年11月，广州、武汉沦陷，长沙大火几成焦土，桂林的安全受到极大的威胁，冯振率领无锡国专转移到其家乡北流山围乡继续上课。

李立德的《无锡国专迁桂回忆录》中说，1940年暑假后，国专就派人到桂林筹备建校工作。

冯振解释无锡国专复迁桂林的原因：

> 本校自二十七年冬，因桂林疏散人口，迁来北流，租赁民房赓续上课，迄今将及三年。虽正常发展，惟力是视。但以僻处一隅，交通不便，聘请教员、购置图籍、招收新生、增加设备各种俱极困难。不得不在桂林附近谋建校舍，以作永久基础。[2]

根据刘桂秋的说法：

> 从本年（1941年）起，国专桂校在桂林附近谋建新校舍。当时国专桂校向广西省府申请在桂林建校，得到赞同，并拨款一万元支持；同时又得到广西银行和广西合作金库贷款，于本年六月购地于桂林东南、离市区约十里的穿山，七月开始建新校舍。[3]

1 刘桂秋：《无锡国专编年事辑》，中国大百科全书出版社2011年8月版，第282页。
2 刘桂秋：《无锡国专编年事辑》，中国大百科全书出版社2011年8月版，第346页。
3 刘桂秋：《无锡国专编年事辑》，中国大百科全书出版社2011年8月版，第342页。

王桐荪的《冯振心先生和无锡国学专修学校》说：

1941年春在穿山自建校舍，建筑是分期进行的，经前后三年多努力，才全部建成。有礼堂、图书馆、教室、办公室、男女生宿舍、教工宿舍等十六座，一律瓦顶平房，另有运动场等设施，占地约二百亩，可容纳学生五百余人。

穿山在桂林东南，离市区约十余里，漓江的一段分支小东江流经其旁，附近林木茂盛，风景也很秀丽。学校迁去后，开阔道路，种植花树。为纪念在沪上坚持办学的茹经老人——唐校长，特地在穿山山顶建了一座“茹经亭”。[1]

李立德的《无锡国专迁桂回忆录》对穿山校园介绍得更加细致：

学校很宽广，教室十间，学生宿舍三大间，教师宿舍两座，还有办公室、图书馆、茹经亭、运动场等。规模很大，面积共三百多亩，若从前门行至后门，一般都要20分钟。学校周围都用篱笆围起来。国专的房屋的建设是一个木框为廓，四面墙壁是用竹片糊以泥浆，再粉饰石灰。窗门有个框架，没有玻璃，用纱纸涂生桐油以代之。枫庐是教授住宅区，周围的枫树参天，夏日清风习习。住枫庐的老师，都在树下宿舍前面吃饭、聊天、谈学问。校内广阔的空地，普遍种上桉树，每株约两米高。桉树还未长大，学校布置学生间种蔬菜，每人种一畦，有三四平方米宽。同学多数种豆类、瓜类等作物。

学校前面是碧清的漓江，校旁是秀丽的穿山，山光水色，相互掩映，真是一幅美丽的图画。我们这所人才济济的大学就设在

1　王桐荪：《冯振心先生和无锡国学专修学校》，苏州大学（原无锡国专）广西校友会编：《无锡国专在广西》，第148页。

风景秀丽的穿山麓下。[1]

1941 年秋季，无锡国专桂校在桂林穿山开学。

穿山时期的无锡国专有三种学制：一是五年制，初中毕业投考，经过两年预科后才升入三年的专科；一是三年制，招考高中毕业生；一是二年制文书班，高中毕业报考。

王桐荪《冯振心先生和无锡国学专修学校》称：

> 1942 年夏，教育部指示办二年制文书专修班，在全国专科以上学校中首先造就文书专门人才。那时学校有本科三年制和五年制，兼办文书专修班，学生增至二百八十余人，为国专在广西的极盛时期。[2]

所谓全盛时期，应该从质、量、校园建设、办学经费以及影响力多方面看。

就质而言，穿山时期的无锡国专新聘了一批优秀的教师，王桐荪《冯振心先生和无锡国学专修学校》称："除原有教师外，先后聘请梁漱溟（特别讲座）、吴世昌、向培良、李一真、巨赞法师、张世禄、阎宗临、饶宗颐、万仲文、吕逸卿、黄景柏、卜绍周、徐焕、王子畏、陈竺同、蒋庭荣等人来校授课。"

就量而言，王桐荪《冯振心先生和无锡国学专修学校》称："到 1944 年，学校已有十个班级，学生 300 多人。"[3]

校园建设方面，吴湉南认为："可以说，抗战时期，在所有内迁

---

1 李立德：《无锡国专迁桂回忆录》，苏州大学（原无锡国专）广西校友会编：《无锡国专在广西》。

2 王桐荪：《冯振心先生和无锡国学专修学校》，苏州大学（原无锡国专）广西校友会编：《无锡国专在广西》，第 149 页。

3 王桐荪：《冯振心先生和无锡国学专修学校》，苏州大学（原无锡国专）广西校友会编：《无锡国专在广西》，第 149 页。

的学校中，能像国专这样自力更生建设完整校舍的学校，实属凤毛麟角。”[1]

办学经费方面，穿山时期的无锡国专梁漱溟出面请李济深担任董事长，李任仁、黄绍竑、刘侯武、黄星垣、盘珠祁、雷沛鸿、梁漱溟等任校董，组建了校董会。在校董们的帮助下，穿山时期的无锡国专在经费上得到教育部、广西省政府多方面的支持。

影响力方面，这里援引一段文字：

> 1941年和1942年，教育部两次派员亲临桂校视察，亲眼目睹了国专师生在如此艰难的环境下，自己动手种植蔬菜、养猪、铺路、制作简单桌凳和建设家（校）园的情景；目睹了国专学生爬山、跑步、骑马、进行体育锻炼的精神状态；目睹了面黄肌瘦的国专师生沉浸于读书、研究中的情趣与志向……大为感动，称其“互相维系求精神上之满足，孜孜讲学，惟日弗足者，未始非寝馈国学……服膺前哲遗训，有以致之。中国文化之伟大，于是又可获一显证”，并强烈建议教育部加以救济。

1944年9月，因战火逼近桂林，无锡国专再次离桂，踏上流亡之途。大约300亩的校园，不久后毁于兵燹。

行文至此，我驱车至穿山，欲寻找当年无锡国专的踪迹。然而，我问穿山景区多位职员，甚至到穿山村询问了一位满头白发的80多岁的老太太，均不知穿山村历史上曾经有无锡国专的存在，更不知穿山顶上曾经有茹经亭的存在。我记得七八年前赵平先生曾带我到穿山小学，告诉我当年无锡国专曾在此办学，似乎梁漱溟先生亦曾在此居住。进穿山小学需要上一个高坡。几十年了，沧海桑田，地形地貌发生了极大的变化。李应满《诗心——三忆冯振夫子》中说：“四零年，

1　吴湉南：《无锡国专与现代国学教育》，安徽教育出版社2010年5月版，第71页。

国专迁桂林穿山。夫子家住校门旁。枫树伟岸，入秋似醉，益彰夫子之德也。”我专门托人问了穿山小学的校长，回答是校园里没有枫树。300 多亩的无锡国专，究竟在穿山的什么地方？

如今，枫庐已然不在，枫树是否尚存？哪位穿山村的老村民能告诉我无锡国专的准确方位呢？

桂林师范学院的戏剧活动

我曾写过一篇《广西戏剧的滥觞》，里面谈到民国时期广西省立师范专科学校的戏剧活动。

广西省立师范专科学校是如今广西师范大学的前身。1936 年广西省立师范专科学校并入广西大学，1941 年末重新成立广西师范专科学校，1942 年广西省立师范专科学校升格为广西省立桂林师范学院。1943 年省立桂林师范学院升格为国立桂林师范学院。因此，桂林师范学院既是广西省立师范专科学校的后续，也是广西师范大学的前身。

广西省立师范专科学校的戏剧活动有不少文献涉及，但桂林师范学院的戏剧活动却鲜有文献涉及。目前人们撰写有关桂林师范学院的文章，文献依据多是《国立桂林师范学院实录》一书。该书有谢敏、吴天佑的《抗战胜利后桂林师院的新文学活动》，万章利、张耀钦的《桂林师院的文体活动》，马韵玫的《风雨声中弦歌不绝》几篇文章，涉及桂林师范学院的戏剧活动。但这几篇文章都是当事人数十年后的回忆，而且文中涉及的戏剧活动最早的也是 1945 年，对桂林师范学院 1945 年以前的戏剧活动未有涉及。

那么，1941 年 11 月成立的广西师范专科学校，1942 年 4 月 1 日升格的桂林师范学院，其在 1945 年以前是否有戏剧活动呢？

这是我在关注广西师范大学戏剧活动历史时经常想到的一个问题。

2017 年 12 月 16 日，我在查阅有关曾作忠先生的资料时，无意中读到一篇发表于 1946 年的文献《本院剧运的回顾与前瞻》。[1] 该文提供了许多桂林师范学院戏剧活动的信息，令我喜出望外。

该文第二段写道：

> 《孤岛黄昏》这个独幕剧的演出，开创了本院演剧的纪录，揭开了学院剧运的前幕，掀起了静静的师范戏剧的一丝微波，这就是学院剧运发展前的一段最宝贵的孕育时期。

《孤岛黄昏》这个独幕剧作者是谁，内容是什么，尚不得知。但这个独幕剧在桂林师范学院演出的时间则可以推测。文章紧接着写道：

> 隔了一年多，那最伟大的西南首届剧展终于在三十三年二月十五日开幕了，各地的文化人都群集在桂林了，他们为了戏剧宣传工作的扩展，很尽了他们的努力。同时提高了桂林的文化，而最值得我们称颂的，是他们直接或者间接的灌溉，使我们学院这一枝孕育在沃野里的戏剧幼苗逐渐的长成起来了。

这段话表明了两点：一是桂林师范学院最早的话剧演出大约在 1942 年，即西南剧展开幕一年多以前；二是西南剧展对桂林师范学院的话剧活动是一个强有力的推动，它使桂林师范学院的戏剧幼苗成长起来了。

从该文我们还可以发现，1944 年的 4 月 1 日，即桂林师范学院的

1 《本院剧运的回顾与前瞻》，《国立桂林师范学院院刊》1946 年第 1 期。

院庆日，桂林师范学院演出了话剧《两面人》。文章对这个话剧评价很高：

《两面人》的演出，是我们学院剧运走上发展途径的开端。它的演出也是适应抗战的需要，暴露敌后动摇分子的丑态，指责了两面人祝名斋的无耻，诚然是一次火药气的演出，可是在庆祝的空气里，拿它来当着抗战的警钟，岂不是充分的表现了我们是“读书不忘救国”“娱乐不忘抗战”的人们！

1944年的5月12日，桂林师范学院成立了青年剧社，当时参加的同学非常踊跃，全社社员达40人之多。本来打算在暑假做一次巡回演出，可惜，正好遇到湘桂大撤退，桂林师范学院离开了桂林。

值得注意的是，1944年2月15日至5月19日，桂林举办了举世闻名的西南剧展，当时广西的高校只有广西大学参加了西南剧展，桂林师范学院没有参加，但正是在此期间，桂林师范学院演出了《两面人》，成立了青年剧社。显而易见，上文所说西南剧展推动了桂林师范学院的戏剧活动，此言不虚。

因为湘桂大撤退，桂林师范学院先是迁到广西的丹洲，然后经过贵州的剑河，迁到贵州的平越。从丹洲到剑河，正是1944年与1945年的过渡，桂林师范学院在剑河停留了半个多月，过了1945年的元旦。正是在这段时间，桂林师范学院在剑河演出了独幕剧《连升三级》，该文写道：

因为这一出戏剧暴露保长的丑态和出卖壮丁的弊端，所以拿来在剑河演出是很适合的。虽然观众多为苗民，我想，从他们的微笑中可以推测他们的了解这剧的情节的。从一个剑河中学国文教师的谈话里，我欣然以为这一幕剧演出得其所了。他说：“我们那边乡下真有朱保长这一类的人。”

到平越后，1945 年 2 月 1 日，青年剧社召开成立大会。开会时，恰好马场坪劳军队派来专人请求，曾作忠同意青年剧社赴马场坪做劳军演出。青年剧社为劳军专门排练了《胜利第一》。后来劳军演出被取消，但《胜利第一》仍然在学院的舞台演出了。

之后，为欢迎林砺儒教务长等教授到达平越，青年剧社又排练了三幕剧《少年游》，于 1945 年 2 月 28 日进行了演出。根据该文，我们知道：

> 《少年游》是描写敌后大学生与敌伪斗争的情形，说明他们这群在敌伪魔网上蹂躏的志士，是不愿做亡国奴和汉奸，而是渴望投入祖国的怀抱里，呼吸自由的空气。它告诉后方的人民和沦陷区里的人，他们的爱国热忱是不会消灭的，他们是不怕威胁、不受利诱的爱国志士。

1945 年 4 月 1 日，桂林师范学院成立四周年的纪念日，青年剧社演出了五幕喜剧《结婚进行曲》。据该文介绍：

> 它描写黑暗面的封建遗迹，针对着妇女解放暴露了社会的不合理。例如：刘母这种古旧思想人物社会上还是存在的，刘天野这种应付环境的人物社会还没有绝迹，像黄瑛口里叫着争取社会上一切的平等自由，而实际上屈服在环境下的女性也不是没有。虽然在进步社会妇女得了解放的今日，可是在平越一个古老的山城里，这次的演出，也还算是为妇女求解放的第一次“呐喊”了。

当时的桂林师范学院不仅是青年剧社在排演戏剧，其他团体也排演戏剧，比如，1945 年 4 月 2 日，教育学会演出了歌舞剧《沙漠之歌》。该文如此评价这个歌舞剧：

教育学会歌舞剧的演出，这是本院的剧运史上开创了新纪录。短短的两幕剧，可是描写知识青年到边疆去从事抗战宣传工作的内容，也就够丰富了。它虽然是《沙漠之歌》，似不是沙漠地带的人民听了，也会受了感动的。

这天晚上，英文系还演出了英文剧《月亮上升》，也被认为非常精彩。

用该文的话说，当时“剧潮涌起在师院的默流里”，同学们热心于戏剧工作的越来越多，但青年剧社因名额有限，不能容纳更多的人才，于是，为了适应环境的需要，桂林师范学院又成立了师院剧团，全团几乎达到百人。

师院剧团成立之后，应1945级毕业同学的邀请，演出了《金玉满堂》。该剧共演出了三场，收效很大。该文称：

这一次的演出是很有价值的，因为它是揭露了大后方□奸商的情形，发国难财暴发户的下场，使一般的有醒悟有警惕。

桂林师范学院在平越的话剧活动意义超出了校园的范围，影响了地方。据该文说：

本院戏剧工作在平越是很活跃的，它不但鼓起了同学们的努力，而且牵引着平越中学的剧运向前发展，这是值得我们高兴的。平越中学的高中部《野玫瑰》的演出，初中部《离离草》《春寒》《寄生草》的演出，都是由我们的同学负责导演，这显然告诉了我们工作范围的广大，在本院剧运史上写下了空前的最光荣的一页。

抗战胜利后，桂林师范学院从平越回到桂林，国文系增设了戏剧一科，聘请欧阳予倩担任教授。该文因此写道：“欧阳予倩先生不但是我们的‘导演’，而且又是我们的‘导师’了。”

值得注意的是，这篇文章不仅叙述了桂林师范学院的戏剧活动，而且谈到了对戏剧工作的认识，比如，文中这样写道：

> 为了要深一层的了解人生，具体的表现文化，实际的改进社会，戏剧工作确是我们教育大众的有力的工具。

又比如：

> 希望我们从事教育的人，不要把戏剧当作娱乐品或商品看，因为它是教育大众的工具，我们要善用它来提高观众智识的水准，以达成教育大众的任务。我们知道抗战戏剧在战时的贡献很大，而现在是建国的时候了。我们需要的是建国的戏剧，所以在今日民主世界的潮流里我热切的希望我们今后的演出，不再是火药气的，不再是哭诉的，不再是指责的，不再是谩骂的，而是为人生的，为艺术的，为社会的，为世界的！

这篇标题为《本院剧运的回顾与前瞻》的文章发表在《国立桂林师范学院院刊》1946 年第 1 期。该文提到的《连升三级》《沙漠之歌》《金玉满堂》三个剧在万章利、张耀钦的回忆文章《桂林师院的文体活动》亦有提及。

因为写作时间所限，《本院剧运的回顾与前瞻》所回顾的桂林师范学院戏剧演出到 1945 年止，因此，《国立桂林师范学院实录》一书中谢敏、吴天佑的《抗战胜利后桂林师院的新文学活动》，万章利、张耀钦的《桂林师院的文体活动》，马韵玫的《风雨声中弦歌不绝》几篇文章谈到的桂林师范学院的戏剧活动正好是《本院剧运的回顾与前瞻》一文的衔接。

根据万章利、张耀钦《桂林师院的文体活动》一文，1946 年 1 月，桂林师范学院从贵州平越迁回广西桂林，当时学院已经聘请了欧阳予倩在国文系讲授戏剧课。

这一年，桂北地区发生了水灾。为了赈灾，师院剧团请欧阳予倩做导演，排演了曹禺的话剧《雷雨》，在正阳路南强戏院演出了三天，门票收入作为师院对灾区人民的慰问。

1946 年 5 月 4 日，为纪念五四运动，桂林师范学院学生会发起与广西省立艺术馆合作，举办独幕话剧晚会，演出了《凯旋》《艳阳酒家》《十三年》等剧。根据万章利的回忆：

> 《凯旋》一剧，揭露了国民党反动政府消极抗日，猖狂发动内战的嘴脸，李果、覃树冠、黄瑞枝以及欧阳予倩的女儿欧阳敬如（桂中学生）参加演出。《艳阳酒家》则是再现在抗日战争中，流亡青年的悲愤控诉。《十三年》是一对情人，在漫长的 13 年后重逢的故事。《艳阳酒家》一剧万章利参加，艺术馆的演员是鲍方，演出地点在师院附中礼堂（今广西师大南区宿舍）。双方合作演剧，引起校内外人士极大兴趣。场内座无虚席，窗口挤满了观众。

万章利在文章中除提到英语系演出了话剧《寄生草》之外，还提到多幕话剧《心狱》的演出，当时国文系主任谭丕模的女儿谭得俐参加了演出。

马韵玫《风雨声中弦歌不绝》一文写的主要是桂林师范学院南迁南宁之后的戏剧活动。1946 年秋天，桂林师范学院一年级新生到了南宁，开学不久就排演了陈白尘的《岁寒图》，与高年级同学演出的新歌剧《兄妹开荒》、话剧《金玉满堂》相互呼应。

1947 年，桂林师范学院大部分师生都到了南宁。这一年，排演了新歌剧《草原之歌》和独幕剧《墙》，还到市内公演了多幕话剧《日出》。《日出》是桂林（南宁）师范学院第一次到院外举行大型演出。

1948 年至 1949 年，桂林（南宁）师范学院先后演出了《重庆二十四小时》《家》《阿 Q 正传》《火的洗礼》等大型话剧，桂林师范学院附中则演出了于伶的话剧《长夜行》。一些爱好京剧的同学，则演出了京剧《苏三起解》，南宁解放的时候，赶排了反映陕北根据地人民新生活新面貌的大型歌剧《大家喜欢》。

从上面的史实，我们可以看到，桂林师范学院从桂林到南宁，从广西到贵州，一直活跃和坚持着话剧活动，并且，这些话剧活动与国家、与时代都有着密不可分的关联，而对其所在的地方，都产生了或大或小、或近或远、或深或浅的影响。

《大公报》里的桂林师范学院

桂林师范学院是抗战时期广西省政府创办的一所大学，并于创办一年后由广西省立桂林师范学院升级为国立桂林师范学院。当时桂林版《大公报》已经创办，我们可以在桂林版《大公报》上读到不少有关桂林师范学院的消息。

桂林师范学院究竟是哪一天成立？《大公报》（桂林版）有明确记载。1942 年 4 月 1 日的桂林版《大公报》第三版刊登了一则新闻：《桂林师范学院今日成立》。新闻不长，全文如下：

> 本市专访：广西省立桂林师范学院今日成立。据院长曾作忠谈，“本院组织大纲已呈省府，须俟省务会议通过后，始能确定，且师专及教育研究所归并之手续尚未交代清楚，故今日除将师专原有史地、教育、理化三科改系外，并不举行仪式。组织决定后，再补行成立典礼。”又，该院所招附中新生业经放榜，定今晨七时在普陀山院址行开学礼。

这则新闻明确了桂林师范学院的成立时间：1942 年 4 月 1 日。该院院址在普陀山。同时，这则新闻还附带了一个信息，即桂林师范学院附中于这一天召开了开学典礼。

这则新闻所提到的尚未通过的组织大纲几天后有了下文，1942 年 4 月 9 日的桂林版《大公报》题为《省立桂林师范　省委会公布组织大纲》的新闻说：

本市消息：本省省立桂林师范学院组织大纲，昨已经省委会五九〇会议通过，设院长一人，综理一切院务，由省政府请教育部聘任，设教务、训导、总务三处，各处主任一人，主持各处事宜，设教师（分教授、副教授、讲师、助教四种），实习导师及导师，分任实验、指导及训导事宜，分设公民、训育、教育、国文、史地、数学、理化、博物、英语等系，体育、童军、音乐、艺术、劳作等专修科，以上人员均由院长聘任。其他职员除会计人员由省政府任用，军事管理主任教官由广西军管区司令部任用外，其余均由院长任用，雇员若干人由院雇用。学生入学资格，须曾在公立或已立案之私立高级中学或同等学校毕业者。修业年限定为五年，专修科三年。学生一律免收学、膳、宿、杂各费，毕业后，由省政府分发各中等学校服务。

1942 年 4 月 21 日一则题为《桂林师范学院附设教育研究所组织办法已决定》的新闻说：

本市专访：省立桂林师范学院附属师范教育研究所，已经拟具组织办法，请求教厅，内部计分中学教育、师范教育、国民中学研究、图书资料、编译等四室，每部各设主任一人，负责实际研究责任，所长由院长兼任。

这则新闻充分表明，当时的桂林师范学院在教书育人的职能之外，具有科学研究的职能。

1942 年 5 月 17 日一则题为《艺师班奉命结束　本学期停止招生》

的新闻也附带涉及桂林师范学院的信息，新闻说：

本市讯：省立艺术师资训练班成立以来，培植人才甚众，近来复致力于新音乐运动，平时员生刻苦教学，并经常举行音乐演唱会，水平在一般之上，因此颇为社会人士所赞许。闻该班已奉命结束，自本学期即停止招收新生，现有学生七十余人，除本学期将毕业四十人外，其余学生仍继续训练，至明年夏季毕业为止。至将来投考艺术师资之学生，或将于省立桂林师范学院内加设音乐与美术两系。

这则新闻透露一个消息，即当时广西省政府有意在桂林师范学院里设音乐与美术两系。

1942 年 6 月 18 日一则新闻：

桂省立桂林师范学院举办之划船比赛，今日十二时在定桂门举行。

这则新闻颇有意思，它所说的划船比赛，后来广西的大学似乎鲜有举办，其举办地点定桂门，即今桂林漓江西岸滨江路刀锋书店所在位置附近。

这场划船比赛的情况如何呢？1942 年 7 月 6 日的桂林版《大公报》有后续报道：

桂林师范学院主办之划船比赛，经于上月十八日上午十二时开始举行，当日因时间所限，决赛者只童子部及女子部，而男子部仅得预赛，故锦标谁属尚未分晓，嗣以夏雨连绵，河水高涨，以致屡易决赛之期，昨日天气晴朗，始得按时举行，于是漓江之中又呈一番热闹气象，中正大桥复挤成一座人桥，夺得决赛权者原有先锋、电队、柳队、歼敌、飞龙、桂绥独二团甲、桂绥独二团夜校、下准提、师工等九队，除柳队弃权，飞龙迟到外，实际参加决赛者七队。当枪声一响，桨翼齐飞，先锋一路领先，名不虚传，电队急起直追，势亦不弱，桂绥独二团夜校及桂绥独二团甲，亦互争短长，当仁不让。结果先锋第一，电队第二，桂绥独二团夜校第三，成绩三十二分三十三秒，较之预赛成绩之三十一分五秒，稍见逊色，因昨日河水仍涨，水流湍急，下水时又值逆风之故也。

这则消息虽然短，但写得具体生动，描画出一幅当年桂林师范学院划船比赛的精彩画面。

当年桂林师范学院的体育活动还是挺热闹的。1942 年 7 月 17 日的桂林版《大公报》又刊登了蓝田国立师范学院与桂林师范学院进行篮球比赛的消息。比赛时间为 1942 年 7 月 18 日，地点为体育场，桂林师范学院的首场阵容为：中锋郭兆庆，左右锋陈乃真、梁广训，后卫刘静波、徐祖本。这五名篮球队员或许是当年桂林师范学院的明星队员。

同一天的桂林版《大公报》还刊登了桂林师范学院初试放榜的消息。

1942 年 7 月 21 日的桂林版《大公报》刊登了一条较为重磅的消息：省立师范学院将改为国立，广西大学师范专修科并入办理。该消息称：

广西省府因本省缺乏中学师资，前曾请求教部在省内设立国立师范学院，以期大量造就需要人材。顷闻总长陈立夫已来函省主席黄旭初，拟将桂林师范学院改为国立师范学院，扩大原来编制，并将广西大学之师范专修科并入该院上课，详情另行商定。

虽然桂林师范学院已有省立改为国立的计划，但真正落实还需要漫长的时间。在很长时间里，上则消息没有后续报道。

1942年10月16日的桂林版《大公报》刊登消息《桂林师范学院将添建新校舍》：

> 桂林师范学院近拟将该院年来节余经费数十万元在校内加建新舍一座，内设理化生物实验室及仪器室，专供研究科学之用，刻正设计详细图样，约于本年底始能开工。

这则消息表明，桂林师范学院对科学研究日益重视。

1942年11月1日的桂林版《大公报》再次刊登了与国立桂林师范学院相关的消息《桂林师范学院筹备改为国立》：

> 本市消息：教育部决将广西省立桂林师范学院改为国立消息经志月前本报，兹桂省教厅又接白副总长来电令饬该院从速将现有经费开支状况、校舍图书仪器、教职员一览表、学生人数班数等情形详细填就报部，以便拟订改组方案，尽早付诸实施。

1943年1月31日的桂林版《大公报》刊登消息《教育研究所独立办理　雷沛鸿就任所长》，消息称：

> 桂省府为加强全省教育问题之研究工作，曾经省务会议议决，将广西省立教育研究所脱离省立桂林师范学院独立办理，委任雷沛鸿为所长，消息经志本报昨日电，所长已正式就任，办理交接手续。

1943年3月5日的桂林版《大公报》刊登消息《公开爬山比赛后日上午在尧山举行　参加男女共三百余人》，消息称：

本市消息：广西省立桂林师范学院主办之桂林市第二届公开爬山比赛，定后日在尧山举行。是日上午九时三十分在建干路旧干部学校举行开会仪式，会毕即行开始比赛。各组比赛，男子组以干校阅兵台为起点，尧山尖顶为终点，女子组及童子组以尧山脚祝圣庵为起点，天赐田背后山坡为终点。

这样的爬山比赛似乎也失传很多年了。该消息告诉我们，参加这个爬山比赛的，除桂林师范学院之外，还有桂绥独立第二团、女中、汉民中学、德智中学和桂岭师范学校。

1943年3月23日的桂林版《大公报》有一条简讯，称：

桂林师范学院改为国立问题，省府决派院长曾作忠最近赴渝请示。

1943年6月12日的桂林版《大公报》发表题为《桂林师范学院决定改为国立　八月一日起开始实行》的消息，消息称：

本市消息：广西省立桂林师范学院院长曾作忠上月飞渝向教部呈请将该院改为国立事宜，现已公毕，经于前日返桂，据谈：此次到渝向教部商请结果，甚为圆满，已决定于八月一日起正式将本院改为国立，院务仍由本人负责，全年经费照旧为九十六万元，按照规定每独立学院，须设八个学系，惟限于经费，现仍拟照原有国文、英文、理化、教育、史地五系继续办理，下期每系各招学生一班，附属中学则共招八班，至尚有生物、数学、公民训育三系虽有规定开办，惟因该三系学生之出路问题，以过去各大学开办之经验，学者甚少，故甚难招生，是故本院现仍暂不拟开办。至下期增设艺术专修科一事，系受省府委托，以高中毕业资格修业三年为限，该科全年经费约二十九万元，至如何办法，现正与省府当局接商中。

根据此消息，可知桂林师范学院改为国立的时间，为 1943 年 8 月 1 日。

1943 年 8 月 24 日的桂林版《大公报》发表题为《桂林师范决定下学期增设国文理化初级班》的消息，称：

> 本市消息：国立桂林师范学院，因桂省府等要求，下学期起决增设国文、理化两科之初级班（高中毕业肄业三年）若干班，桂省府考送两班，粤、闽两省教厅亦已来电商量选送。该院已复请将考生成绩寄桂审阅，再行决定收容人数。

这应该是国立桂林师范学院的名称第一次正式出现于桂林版《大公报》。

1943 年 11 月 20 日的桂林版《大公报》有一条简讯：

> 桂林师范学院成立法律顾问处、代笔处及问事处。

大学除人才培养和科学研究之外，第三大职能是服务社会。这条简讯意味着当年的桂林师范学院已经具有服务社会的意识和功能。

1943 年 11 月 28 日的桂林版《大公报》有一条简讯：

> 桂林师范学院科学馆已落成。

抗战时期的桂林有科学馆，不知当年桂林师范学院的科学馆是什么模样。

1944 年 1 月 6 日的桂林版《大公报》有一条简讯：

国立桂林师范学院学生温展文、覃保蕃，经录取留美空军与航空机械，定今日启程赴训，该院同学昨夜曾开欢送会。

1944年4月2日的桂林版《大公报》发表题为《桂林师范学院三周年纪念　昨日热烈庆祝》的新闻，称：

本市讯：国立桂林师范学院，昨日举行三周年纪念大会，会场布置于该院操场里，到省府黄主席代表教育厅长黄朴心、两广监察使署代表林光耀及中学师范校长二十余人，各机关代表十余人，该院及附中员生八百余人，典礼于上午九时举行，首由曾院长报告该院三年来经过，略谓：本院之前身为广西省立师范专科学校，三十一年四月一日改组为广西省立桂林师范学院，三十二年八月一日改为国立桂林师范学院，成立时借用东灵街教育研究所之小部为校址，占地不足三亩，其后迁至现址，陆续扩充校舍，院址面积已增至七十余亩，学生由三班增至十八班，又附中十班，共二十八班，三年之中，扩充将及十倍。图书仪器，亦已积极设法充实。继由黄厅长致词，勉师生认清我国现行教育宗旨，并向社会学习，以求改造社会。其后由林光耀等演说，典礼于上午十一时点散会。

又，该院及附中庆祝院庆，有各种活动，各学会出版壁报八九份，并有各种游艺及展览，一日至三日晚，并表演话剧及歌舞三晚。

这则新闻说清了桂林师范学院的变迁和扩展，表明当年的桂林师范学院有校园话剧活动。

1944年5月7日的桂林版《大公报》有一则消息，说到桂林举办全市歌咏比赛，桂林师范学院的周见远荣获大学组第一名。

1944年6月4日的桂林版《大公报》刊登了一则启事，说的是桂

林师范学院发生的一个不幸事件。该启事题为《颜虚心自杀经过》:

不幸得很，本院竟发生了流血惨剧——颜虚心教授自杀。关于这事，相信社会人士，尤其是学术界及颜教授的亲友等，一定是很关心而急欲知道此事的真相，但今天各报对此事的报道，与事实稍有出入。我们对此事是亲眼看见的，故将此事的详细情形，报告于后，以正视听。

昨日（二日）上午第二节课时，颜教授有国文系二年级（以下简称国二）的“历代文选”，本来国二同学早经决定当时去参观大公馆的。且事前曾请准颜教授于当时停上该课。但上课铃响后，颜教授却走进了教室，并分发讲义。

起初，他一句话也不说，只是低头沉思，继又徘徊于讲台上，脸上吐着大粒的汗珠。

“我们随便谈谈罢，本来我是不想说的，但我要留给你们一个印象。”大概又过了半点钟，他才微笑着正式对我们说：“数十年来，我除了念书以外，其他什么事情我都不理，我也不愿意去管，因为我怕扰乱了我的心，我自问从没有对不起任何人，我也不晓得什么是严肃。很多人误会我，我想来想去总是找不到头绪，我究竟为什么会走到这一条路上来，和为什么造成这个对我不了解的环境，一般说来，人们所喜欢或被人当作攻击的原因时，总不外是金钱、荣誉、女人这三种，可是我既没有金钱，又无荣誉，更没有女人，我老是不明白为什么人们总是要攻击我，包围我。”他有时连续讲下去，有时却忽然停了好些时候才说，有时很紧张肃穆，有时却很闲适地微笑，以下他讲了很多话，总括其意思是：

一、再过五十年，绝没有能知道我现在所懂得关于学术方面的东西，就是目前，我也还未发现一个能真正懂得我写出来的东西的人。我早想再写一部书，可是在日前没有可以供我写作的环境。

二、我除了做学术研究外，不晓得再有什么，更不会反对什么。

三、我对于学生不注重形式上的训练，只希望在授课当中，使各生能得到真正的利益。

四、我所讲的话，总是根据书本来的，例如讲孔子，是完全根据《孔子世家》的，从没有故意骂过人，奇怪得很，人家却以为是在骂谁，甚至说我对青年怎样怎样，……

他演讲历三小时之久，不时征求同学们的意见，当时曾有数位同学针对他的话提出了很多的意见，并说："人与人之间，是不会永远隔着鸿沟的，正义始终是会在人间相通的，请颜教授为学术前途珍重，为中国的青年珍重！"

这样不免为亲者所痛，仇者所快！这样不免太便宜了那些坏人。他自语似地说："老实说，我从小起，一直到现在止，从没有一时半会停止过研究学问。"

下课的铃声刚响过，他突然从衣袋里取出一把五寸长的小刀，迅速而用力地向右颈部割了两刀，当时同学们惊得从书桌上跳过去拯救，可是已经来不及了，他马上跌倒在讲台上了，血流如注，全室大噪起来，马上震动全院，女同学们都大哭起来，男同学们除了派人报告医务室叫护士来施药外，并在很短的时间内，十几位同学便搭好了床，将颜教授抬到省立医学院去救治。经过了三点钟之久，我们曾极力恳求医生开刀并缝伤口，可是回答过来总是"无办法"，"最低限度要等三点钟以上"，好容易等到开了刀，又说没有床位，不能收留了，于是我们又不得不将受伤了已经好几点钟之久，而刚刚缝好伤口的满身血浆的颜教授抬到省立桂林医院去，到了那里之后，幸得我们学校当局及几位颜先生的好友极力设法，事情很顺利地进行。事情发生之后，由医学院到省立医院的几个过程中，同学们从没有离开过受伤的颜先生一刻，林励（砺）儒、韦振鹏等先生曾亲临商学院探视，他们都感到非常的难过。

颜先生的伤口长约三寸，深寸许，据医生说当无危险。现在我们许多同学除了每天轮流向颜先生作精神慰问外，并已发动捐款，因颜先生一向是经济困乏，在南美古巴的哥哥既无款寄回来，在坪石的两个侄儿又曾于上月底来信催他寄款接济，并谓如再无款接济，则有断饮之忧。他的母亲又病在故乡，所以我们虽然穷，也万分愿意尽我们的力量为颜先生捐款，尤其是在这个时候。

颜教授是王国维与梁启超二位先生的得意门生，也是系主任吴世昌的挚友，秉性和平，富正义感，生活严肃，爱好学术研究。这次的自杀，委实出于我们的意料之外，我们根据他这次的谈话以及他一向的为人，绝不会出于一时的精神错乱，一定有他不可言喻的苦衷所致，不过，我们没法知道罢了。

（国立桂林师范学院国文学会启）

此事发生于1944年上半年。查阅国立桂林师范学院1949级毕业同学录的《国立桂林师范学院教授名录》，竟无颜虚心教授大名，估计1945年以后颜虚心教授已经离开桂林师范学院。上则启事称颜虚心为王国维和梁启超的得意门生。根据其谈话内容，应该也是对学术钻研极深者，但目前我尚未读到有关其人的更多文章。

1944年6月，豫湘桂战役已经打到湖南，桂林已经处于风声鹤唳的状态，这个月的桂林版《大公报》时有桂林师范学院捐款劳军的消息。

1944年6月4日的桂林版《大公报》刊登了题为《桂各机关学校积极准备疏散　省府于必要时先迁宜山　西大师范学院均迁融县》的消息，专门提到桂林师范学院将迁到融县的计划。

1944年6月14日的桂林版《大公报》的简讯中提到萨孟武在桂林师范学院做了《宪政与宪法》的演讲。

上述是桂林版《大公报》刊登的有关桂林师范学院的有关消息，随着日军兵临城下，桂林版《大公报》停刊，桂林师范学院的消息不再出现于这份在桂林乃至全国有重大影响的报纸。

西南剧展与桂林师院

1944年2月15日至5月19日在桂林举办的西南剧展被认为是中国戏剧史上的空前盛举。根据桂林市博物馆编印的《西南第一届戏剧展览会文物史料选辑》，可知当时共有29个戏剧团队参加了演出。

这29个戏剧团队中，有三个来自大学，分别是中山大学剧团、广西大学青年剧社和广东省立艺术专科学校。

中山大学剧团为西南剧展奉献的是英语话剧《皮革马林》，广东省立艺术专科学校演出了《油漆未干》和《百胜将军》两部粤语话剧，广西大学青年剧社演出的是话剧《日出》。

直接派了剧团到桂林参加西南剧展的，除了上述三所大学外，根据唐国英编写的《西南剧展纪事》（收入漓江出版社1984年版的《西南剧展》上册），可知还有一所大学，即江西的中正大学也派有剧社参加西南剧展。当时江西省派出了两个代表团参加西南剧展，一个是特派平剧代表团，另一个是特派话剧代表团，江西中正大学中原剧社就是江西特派代表团的组成单位之一。

值得指出的是，虽然当时桂林除了广西大学之外，还有一所国立的大学桂林师范学院，但桂林师范学院并没有派剧团参加西南剧展。

虽然桂林师范学院没有剧团参加西南剧展的演出，但并不意味着桂林帅范学院与西南剧展没有关系。事实上，当时桂林师范学院的教师参与了对西南剧展的评论。

当时桂林师范学院国文系有一对教授夫妇，即穆木天和彭慧。当时穆木天在桂林师范学院讲授西洋文学史等课程，彭慧讲授文学概论等课程。西南剧展开幕的当天，也就是1944年2月15日，当时桂林四大报之一的《力报》就推出了这对教授夫妇的文章——穆木天的《我的欢喜和我的希望》，彭慧的《"班门弄斧"》。

作为教授，穆木天在《我的欢喜和我的希望》中主要表达的是对戏剧教育的认识，他说：

> 值得注意的，就是新的戏剧，从少数人的娱乐品，渐渐地变成了多数人的娱乐品，从少数人的教育工具，渐渐地变成了多数人的教育工具。今年的戏剧节，正是反映着戏剧教育的严肃的意义。

这里的戏剧节，指的正是西南剧展。穆木天接着说：

> 戏剧的教育力量，获得了较多数人的了解，这不能不算中国的新文化运动以来的一个很大的进步。这样，今年的戏剧展览会，也就是我们的新文化运动中的一个伟大的路碑。

他甚至提出：

> 横在我们戏剧工作者的前边的一个重要的课题，就是怎样用最精良的技术，去发挥戏剧的最大的教育效果。实在说，戏剧展览会中的表演，不只是要教育观众，而且要教育戏剧工作者。我的最大的希望，就是要今年的戏剧展览会能够完成这二重的教育的意义。

彭慧的《"班门弄斧"》主要表达的是对中国抗战以来的戏剧运动，对西南剧展的肯定评价。文章是这样结尾的：

> 在中国的社会，过去一般人对剧人的不尊重的腐旧的观念下，中国的剧运能有今日的发展，能打出今日的地位，居然能有大展览的今天，这不能不说是难能可贵的了。
>
> 所以，今日的戏剧展览，应该是历年来中国戏剧运动的光荣的夸耀！

西南剧展举办期间，穆木天也发表了观后感。他的《指头傀儡戏观后》发表在1944年3月21日的《力报》，评论的是温涛的傀儡戏，他认为这是西南剧展最精彩的节目之一。他对《三只小花狗》那个节目特别欣赏，描述道：

> 自然，它最初引起人注意的，是它的精妙的技巧。那一种用指头摆弄出的各种动作，鲜艳的服饰，对于观众发生了很大的吸引力。随着剧情的发展，你就一步一步地进到了一个仙境里边。你陶醉，你忘掉了一切丑恶现实，可是到了末尾，它却给了你一个现实的正确认识。

穆木天和彭慧是桂林师范学院的教师，同时又是诗人、作家、翻译家，不以文艺评论为主。相比之下，桂林师范学院另一位教师林焕平，他主要从事文学评论，是文学评论家，因此，西南剧展为他提供了非常好的评论对象。漓江出版社出版的《西南剧展》一书，选入了他四篇有关西南剧展的评论，分别为《〈旧家〉寸评》《茶花女——时代的祭品并及创作的问题》《从〈茶花女〉到〈大雷雨〉》《〈皮革马林〉和〈恋爱与道德〉》。

《旧家》是西南剧展创办人欧阳予倩专门为西南剧展创作的五幕

《旧家》老剧照

《旧家》新剧照（2014）

话剧，于1944年2月20日至23日由广西省立艺术馆话剧实验剧团在艺术馆礼堂演出。2月29日，林焕平在《力报》上发表了关于《旧家》的评论《〈旧家〉寸评》。文章首先肯定了《旧家》的现实意义："暴露旧家庭的没落，及这旧家庭中的儿子周继先走私漏税之终于破产，对于抗战，当有它的现实意义。"但文章紧接着提出了对这个话剧的一系列疑问，比如：旧家破产的历史的必然原因在哪里？露丝这个人物何以能够深入并且拆散这个家庭？五儿子周传先创办的农场是否真能代表中国社会的出路？老三周裕先成为疯子的原因是什么？有怎样的意义？老大与露丝的恋爱及其表达爱情的方式是否符合这一人物的性格？

2014年，广西师范大学新西南剧展重排了欧阳予倩的话剧《旧家》。我们在重排重演这个话剧的时候，深感林焕平的这些疑问确有价值。

1944年2月24日至28日，凯声剧团在国民戏院演出了法国话剧《茶花女》。3月25日，林焕平在《广西日报》发表关于《茶花女》的评论《茶花女——时代的祭品并及创作的问题》。

林焕平认为，《茶花女》表现了贵族的婚姻道德观与近代新兴社会道德观的冲突，主人公马格里特最后成了这一冲突的牺牲品。

值得注意的是，林焕平在这篇剧评中提出了主题的积极性与深广性问题。他认为，艺术的感人力量，主要在乎主题的积极性和深广性。积极性是指主题的斗争性、革命性。深广性指的是通过小的事件，反映大的世界。林焕平认为："这小的事件，第一，必须和社会的最尖锐的现实联系起来；第二，必须和时代的主要思潮结合起来；第三，必须和广大的人民福利一致起来。换言之，必须代表真理、光明和正义，最勇敢地向腐败、罪恶和黑暗搏击，才能够反映出大的世界来，即是说，才能够表现出主题的积极性和深广性来。"

基于这样的思考，林焕平认为："曹禺著的《雷雨》，巴金原著、曹禺改编的《家》，和欧阳予倩的《旧家》，同是表现中国的旧家庭的崩溃，但在唤起观众的共鸣，即感人的力量上说，《雷雨》大过《家》，《家》又大过《旧家》。”他联系莎士比亚的戏剧，得出结论：“自古以来有名的作品，没有一个不表现着天地人间最尖刻、最深入的斗争。”

1944年3月4日，新中国剧社在国民戏院演出俄国话剧《大雷雨》。3月25日，林焕平在《力报》发表《从〈茶花女〉到〈大雷雨〉》。

林焕平对比这两个话剧，认为，在《茶花女》，马格里特“爱自由，爱人权，却在争不到这些权力（利）的时候就倒下去了”。相比之下，“《大雷雨》也是在资本主义上升期，代表新思想的青年们在自由的憧憬之下，向封建束缚的反抗”。正因此，他认为，“面对我国的现实，《大雷雨》的意义也就大过《茶花女》了”。

有意思的是，作为一个文艺评论家，林焕平不仅重视剧情，而且关注演出的表演，他专门谈论了茶花女马格里特饰演者叶仲寅的表演：

> 从个别演员说，饰茶花女马格里特的叶仲寅可算成功的。
>
> 我阅学生周记，有一位说自从他看过《天国春秋》以后，他至今还憎恨着叶仲寅，因为她在那个戏里饰着一个罪恶的女人的角色，太使人憎恨。到他看见了《茶花女》，发见了以前那个悍妇，竟变成了一个这样富有人性的青年女子，于是他不但不憎恨她，而且开始爱她了。这是大学生一种直觉，但从这种直觉中，倒也可以看到叶仲寅的演技已到了纯熟之境了。不过在这个戏里，她也仍有瑕疵：第一，她饰的是名妓，妓女有她一套素质，不管她人性如何高贵总不能免。但在这次演出中，她却似乎变成了一个贵妇人了。第二，通过全剧，她的情感似乎过于平板了些。不管她如何患脑肺病，生涯怎样可悲，总不会每一秒钟都是愁容满面。第三，她的步态有时似乎嫌之过于做作了些。第四，

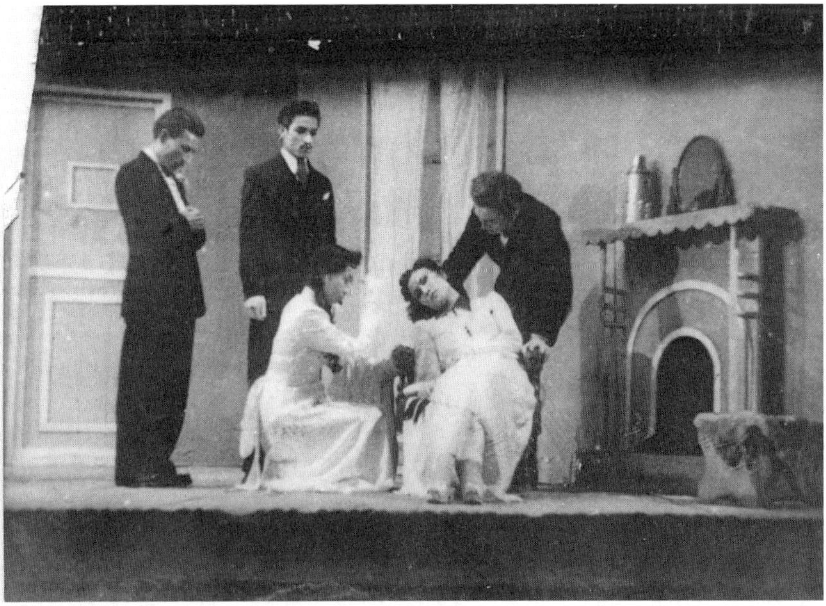

由凯声剧团在西南剧展中演出的《茶花女》剧照

西南剧展中演出的《大雷雨》剧照

化装似仍嫌不够年轻。第五，服装不大合身，两肩耸得真像元帅的肩章了。

从上述文字，可以看出，当时林焕平的学生，即桂林师范学院的学生，也很关心西南剧展，做了西南剧展的观众，还把观后感写成了周记。

1944 年 3 月 31 日，衡阳社会剧团在国民戏院演出英国话剧《恋爱与道德》。4 月 1 日，中山大学剧团在艺术馆礼堂用英语演出希腊古典剧《皮革马林》。

4 月 17 日，林焕平在《扫荡报》发表对这两台话剧的评论《〈皮革马林〉和〈恋爱与道德〉》。

林焕平指出："《皮革马林》把一夫一妻制绝对化，把贞操绝对化，使爱自由的茄丽蒂亚幻灭，便是把自由恋爱、自由结婚、婚后如果感情破裂也有离婚的自由权等近代新道德，全部推翻了。"他甚至认为："抗战的目的是打倒日本帝国主义及汉奸与封建残余，然后把国家建设成现代化。那么，凡是与封建思想有血脉相通（不论其程度多少）的意识，不但不宜把它传播而且应该扫除，就成为现实所要求的了。从这样的意义说来，《皮革马林》是否可排入演出节目，就大有商榷之必要了。"

总体上看，林焕平的评论，属于现实主义的评论，如果加入现代主义或后现代主义的审美视角，结论可能又有不同。当然，在西南剧展的那个年代，林焕平的发言自有其合理性。

就我所接触到的史料，西南剧展之前，桂林师范学院的戏剧活动并不兴盛。发表于 1946 年的《本院剧运的回顾与前瞻》一文有这样两段话：

《孤岛黄昏》这个独幕剧的演出，开创了本院演剧的纪录，揭开了学院剧运的前幕，掀起了静静的师范戏剧的一丝微波，这就是学院剧运发展前的一段最宝贵的孕育时期。

隔了一年多，那最伟大的西南首届剧展终于在三十三年二月十五日开幕了，各地的文化人都群集在桂林了，他们为了戏剧宣传工作的扩展，很尽了他们的努力。同时提高了桂林的文化，而最值得我们称颂的，是他们直接或者间接的灌溉，使我们学院这一枝孕育在沃野里的戏剧幼苗逐渐的长成起来了。[1]

这两段文字表明，在西南剧展之前，桂林师范学院只有零星的戏剧活动，西南剧展，催生或者繁荣了桂林师范学院的戏剧运动。该文同样如此认为，文章说："《两面人》的演出，是我们学院剧运走上发展途径的开端。"

正是在西南剧展期间，1944 年 4 月 1 日，桂林师范学院的院庆日，演出了戏剧《两面人》。这个戏连续演了两个晚上，第一晚招待学院师生，第二晚招待校外来宾。据《本院剧运的回顾与前瞻》一文说：观众非常多。

欧阳予倩之所以创办西南剧展，最直接的原因是借广西省立艺术馆新建馆落成的机会，大家庆贺庆贺；稍深层的原因则是借此机会将全面抗战七年来西南戏剧工作者的建树做一个展览；更深层的原因则是希望通过展览"使戏剧成为教育，成为学术，成为富于营养性的精神的粮食，成为化除一切腐旧的不良习惯的药石"。这些内容均见欧阳予倩《关于西南第一届戏剧展览会》一文。[2]

因为西南剧展，戏剧运动在桂林师范学院犹如星星之火，瞬间燎原。1944 年 5 月 12 日，仍然在西南剧展期间，桂林师范学院成立了一个戏剧教育的团体——青年剧社，这似乎是在呼应欧阳予倩的希望。本来桂林师范学院青年剧社打算在暑假做巡回演出，可惜遇上湘

---

1 《本院剧运的回顾与前瞻》,《国立桂林师范学院院刊》1946 年第 1 期。

2 欧阳予倩：《关于西南第一届戏剧展览会》，丘振声、吴辰海、唐国英编选：《西南剧展》上册，漓江出版社 1984 年 2 月版，第 42 页。

桂大撤退，计划未能实现。

然而，戏剧的良种既然已经播撒，其成长亦将“不择地出”。1944年至1945年，桂林师范学院即使在流亡丹洲、平越的旅途中，仍然继续其戏剧运动，于1945年2月1日召开了青年剧社成立大会，排演了独幕剧《胜利第一》、三幕剧《少年游》以及英语剧《月亮上升》等剧目。

桂林光复之后，桂林师范学院重返桂林。或许是西南剧展的影响，也或许是学生戏剧运动的热情，促使桂林师范学院国文系主任谭丕模于1946年1月聘请欧阳予倩任教，讲授戏剧课程，指导戏剧运动，欧阳予倩“使戏剧成为教育”的希望得以落到实处。

综上所述，一方面，西南剧展催生了桂林师范学院的戏剧运动，让桂林师范学院的教师获得了一个进行戏剧评论的平台；另一方面，桂林师范学院又让西南剧展“使戏剧成为教育”的愿望变成了现实。

寻找桂林文化城留下的大学

1949 年出版的第一部《桂林市年鉴》收录有《桂林光复特记》一文，文中称：桂林光复后，据驻桂美新闻处发表言论称中国无任何一城较此次桂林所遭劫祸更甚者……今日之桂林实已为一死城……日军横暴破坏之程度，甚于南京，可与考文特里、鹿特丹及里狄相比。

如此重创，为战后人们寻访文化城遗踪，造成了几乎无法克服的困难。

即便如此，多年来，当我进行桂林文化城研究时，仍然固执地希望找到那些继续存在着的文化城的余脉。

我想到的是大学。

当人们说到桂林文化城的时候，更喜欢说“出版城”“戏剧城”，从来没有人说过“大学城”。

然而，当我们梳理广西现代高等教育史的时候，或许可以发现，广西现代高等教育最辉煌的时期，正是抗战桂林文化城时期。

1932 年，广西省立师范专科学校在晚清重臣岑春煊数年前赠送给广西省政府的雁山公园成立。广西省立师范专科学校，是桂林现代高等师范教育的开端。当时正值东北三省沦陷一年之后，全国抗战呼声连绵不断。新成立的广西省立师范专科学校，从外省引进了诸如杨东莼、薛暮桥、陈望道、马哲民、熊得山、夏征农、祝秀侠等一批名家大师，这其实也是现代哲学、现代法学、现代文学、现代戏剧、现代教育学、现代政治学、现代社会学、现代语言学进入广西的肇始。如今广西高等教育的人文社会科学，都可以从这里找到活水源头。

1936年，因预测全面抗战即将爆发，广西省政府将邻近沿海的广西大学从梧州蝶山迁至桂林雁山，并将省立师范专科学校并为广西大学文法学院，广西大学从理、工、农三个学院扩充为理、工、农、医、文法五大学院，学校规模和学科内涵都得到极大的拓展。全面抗战开始两年之后，许多外省青年流亡桂林，广西大学的学生来源和师资来源急剧扩大，其原来的省立性质已经无法容纳广西大学的发展。1939年8月22日，国民政府行政院第420次院会通过决议，将省立广西大学自本年下学期起改为国立广西大学。9月5日，教育部颁发《广西省立广西大学改为国立广西大学办法》，任命马君武为国立广西大学校长。10月10日，广西大学举行国立和欢迎马校长回校典礼，李宗仁、黄旭初、雷沛鸿等广西军政和教育行政首脑出席了大会。

1941年，华盛顿大学心理学博士、西南联大教授、灵川人曾作忠应邀回桂林讲学。讲学之际，曾作忠向广西省政府建议，应利用文化人云集桂林的机会，创建本科性质的师范学院。广西省政府主席黄旭初采纳了曾作忠的建议，决定重建广西省立师范专科学校。1941年11月，广西省立师范专科学校正式成立，以桂林六合路江苏省立教育学院旧址为校址，开设教育、史地、理化三科，曾作忠出任校长，林砺儒出任教务长。1942年4月，广西师范专科学校与广西教育研究所合并，改称广西省立桂林师范学院。这是广西第一所本科高等师范学校，设教育、国文、史地、理化和英语五个系，还开办了附属中学。

1942年8月1日，广西省立桂林师范学院升级为国立桂林师范学院。抗战时期全国共有38所国立大学和学院，广西大学和桂林师范学院名列其中。如今，73所教育部直属高校，广西无一所高校名列其中；39所国家985大学，广西高校同样榜上无名；116所211大学，广西仅广西大学一所高校名列其中。抚今追昔，在感叹抗战时期广西为中国高等教育做出的巨大贡献时，也感喟当下广西高等教育边缘化的局面。

广西医学院1934年11月成立于南宁，1940年迁至桂林，以七星岩前的栖霞寺为院址。1942年出版的《桂政纪实》记载："该院学生，学风醇厚，勤于学业，教育部曾派督学视察，对于管教及教学实习设备等，颇为嘉许。"

广西大学是目前广西唯一进入211工程的大学；广西省立师范专科学校和桂林师范学院皆为如今广西师范大学的前身；广西医学院是如今广西医科大学的前身。广西大学综合性大学的规模，广西师范大学人文学科的底蕴，广西医科大学的专业品质，无不是在抗战时期所奠定。

1935年底，画家徐悲鸿到广西从事美术创作，曾向广西省政府提出创办桂林美术学院。广西省政府采纳了他的建议，在独秀峰西面建成两层楼房，准备作为桂林美术学院的校址。1936年7月，音乐家满谦子担任省教育厅艺术专科视察员，负责检查全省中小学音乐教育情况，发现当时桂林小学音乐教师、美术教师都不是专业出身。他认为，"为适应抗日宣传，造就小学音乐、美术师资人才"，成立专门的艺术师资培训机构显得异常重要和迫切。经过他与徐悲鸿先生的积极倡导、筹建，1938年4至5月，借已经建成的桂林美术学院校舍，举办广西省会国民基础学校艺术师资训练班。

《桂政纪实》对这段历史有所记载：

> 二十四年，广西即有筹设"美术学院"之动议；迨二十五年，省政府迁桂后，进行商讨，更为积极；二十六年，即于桂林中山公园内，建筑"美术学院"；虽因抗战军兴，未能按照原定计划全部完成，而鉴于抗战时期，需要艺术教育之迫切，乃利用其已成部分，对于艺术教育工作人员，施以进修之训练。二十七年，开办"省会国民基础学校艺术师资训练班"及"中等学校艺

术教师暑期讲习班”，以加强各级学校之艺术教育工作。二十八年，复筹设“音乐戏剧馆”，并继续办理“艺术师资训练班”。二十九年，以艺术教育原包括美术、音乐、戏剧三部分，不必分立，遂将音乐戏剧馆改组为“广西省立艺术馆”，其组织，分美术、音乐、戏剧三部，于是年三月成立，开始工作。

1941 年 8 月，画家龙月庐、张家瑶、关山月、林半觉、马万里、帅础坚、尹瘦石、阳太阳等十余人在桂林发起创办了私立桂林美术专科学校。该校设校董会，李济深任董事长。1942 年，学校迁入桂林定桂门陈文恭公祠堂，改名为私立桂林榕门美术专科学校，马万里出任校长。

1946 年 1 月，广西省政府将私立桂林榕门美专与艺术师资训练班合并为广西省立艺术专科学校，以艺术师资训练班所在地王城正阳楼为校址，马卫之、满谦子、阳太阳先后出任校长。广西省立艺术专科学校，即如今广西艺术学院的前身。

据王明光的论文，抗战期间桂林文化城还有如下专科院校：私立西南商业专科学校，其成立于 1941 年，校址在丽泽门外九岗岭；桂林淮南俄文专修学校，成立于 1938 年，校址附设在东华门兰井巷一所小学内；初阳美术学院，1942 年夏成立，由著名画家阳太阳创办，院址设在建干路一座两层楼房里。可惜的是，这些大专院校如今皆已不存。

除这些广西本土大专院校之外，桂林文化城还有从江苏迁来的江苏教育学院和私立无锡国专。战后，这两所大学都迁回了江苏。

严格意义上，抗战时期在桂林创办的大学，如今尚留在桂林的，唯有广西师范大学硕果仅存。

广西师范大学最初的模样

广西师范大学有一个特别之处，就是其王城校区为著名的旅游景区。

如今人们发现许多大学校园本身就是好风景区，比如武汉大学、厦门大学、北京大学、西南大学，当然也如广西师范大学。但广西师范大学王城校区作为著名的旅游景区，与许多美丽的大学校园有点区别，它不仅自然风景优美，人文积淀丰厚，而且是经过专门机构评审的国家 5A 级景区。

广西师范大学王城校区是著名的靖江王城和靖江王府，坐落在桂林城市中心。整个校园是典型的中国南方王家园林，有城门、府门，有山、有水，有天然植物、有人文建筑，整个园区有贯穿南北的中轴线，全部建筑形成东西对称，是桂林国际旅游名城重要的旅游景区之一，如今每年都有以十万计、百万计的旅游者到广西师范大学王城校区参观。

其实，广西师范大学的特别之处不仅在于其王城校区为国家 5A 级景区，而且在于其创办之初的校址也是著名的旅游胜地，即桂林雁山区雁山镇的雁山园。

广西师范大学最初的学校选址并不是桂林雁山园，而是南宁邕江畔的一块空地（后来是广西军区所在地）。广西师范大学落户桂林还得感谢教育家唐现之。作为广西师范大学前身广西省立师范专科学校的筹备人，唐现之是陶行知的追随者，他心目中广西省立师范专科学校的模范是陶行知创办的晓庄试验乡村师范。他对师专校址选在南宁不甚满意而建议学校北迁。于是，广西省立师范专科学校终于落户桂林西林公园。

雁山园有过多个名字，如雁山别墅、良丰花园、西林公园等。雁山别墅容易理解，因为别墅建筑在雁山。良丰花园的良丰亦是地名，良丰圩这个地名如今仍然存在。西林公园的西林既是地名又是人名，指的是广西百色西林人两广总督岑春煊，亦称岑西林。雁山别墅最初是雁山唐氏的庄园，后来岑西林获得了产权，遂名西林别墅，岑西林将别墅送给了广西省政府，建为西林公园。由于唐现之的建议，广西省立师范专科学校在西林公园创建，西林公园遂变成了广西省立师范专科学校。

如此看来，广西师范大学真是与风景名胜有缘。如今的广西师范大学王城校区是明代王家园林，当初创建的广西省立师范专科学校是清代私家园林。这两个园林都是中国南方园林的典范，靖江王城中的广西贡院、雁山园中的藏书楼涵通楼皆为广西重要的文化地标。

如今靖江王府和雁山园皆为国家级旅游景区，前者是5A级景区，后者是4A级景区。广西师范大学不仅与风景名胜有缘，而且与旅游景区有缘。

今天的广西师范大学有三个校区：秀峰区的王城校区、七星区的育才校区和雁山区的雁山校区。王城校区有历史文化旅游学校坐落其间；育才校区有职业技术师范学院坐落其间；雁山校区为新建校区，坐落于雁山北面、雁山区政府南面、桂阳公路西面、漓江学院东面。

雁山园在雁山校区东南方向，直线距离可能不到一公里。作为广西师范大学最初的创建校址，如今的雁山园隐藏在雁山镇的田野和山林之中，仿佛回归了其作为私家园林的本色。雁山园偶有客人探访，但与中国高度商业化的“熙熙攘攘”的中国旅游景区相对照，雁山园真正是“谈笑有鸿儒，往来无白丁”，“山水有清音，园林无俗情”。

今天广西师范大学的模样如何很容易看到。80多年前广西师范大学的模样如何？这需要到雁山园做一番探访。不过，虽然雁山园基本保留了当年的格局，但80多年的岁月，必然会为这片“世外桃源”增加些东西，也减少些东西。因此，要真正了解广西师范大学最初的模样，除了实地考察雁山园，还有必要借助当年参观者的记录文字，以形成我们头脑中的想象。所以，我不妨提供一些当年的文献资料，以帮助读者建构广西师范大学初创时期的想象。

广西省立师范专科学校的创建是当时广西的一件大事。1932年5月，广东方面一个称为“五五旅行团”的专家团队到广西考察，尚在筹建中的广西省立师范专科学校亦在其考察之列。考察者专门写到了学校的校园：

> 此校现已筹备完竣，决于本年暑假招收新生。校址设在桂林之良丰花园。此园离桂林四十里，地址宽敞，风景幽雅，可以说是南中国唯一美丽的花园，现在以之开办师专真是再相宜不过。[1]

“南中国唯一美丽的花园”，这是对雁山园的评价，当然也是对正在筹建中的广西省立师范专科学校校园的评价。

1934年1月，旅行家田曙岚来到桂林，其《广西旅行记》中留下了这样一段文字：

> 午饭后，径至十字街师专驻桂办事处，往谒纯暖叔，时暖叔正在办公室中，猝见余至，甚为惊喜；盖彼此已远别数载矣！稍顷，族兄良骥亦来，嗣进晚餐。[2]

1　五五旅行团：《桂游半月记》，国光印书局1932年8月版，第72—73页。
2　田曙岚：《广西旅行记》，辽宁教育出版社2013年4月版，第262页。

这段文字告诉我们一个信息，当年地处良丰（雁山）的广西省立师范专科学校在桂林市中心十字街有一个办事处。这段文字中的纯暖叔可能姓田，应该是当时师专的职员。良骥也应该姓田，即田良骥，数年后任职桂林县县长。田曙岚访问师专办事处的时间是 1 月 4 日。1 月 9 日，时任广西省立师范专科学校校长杨东莼偕秘书钟纬组、教员朱少希专程从良丰到桂林拜访田曙岚。1 月 10 日，田曙岚又接到杨东莼信函，约他到广西省立师范专科学校讲演并游览。田曙岚“以师专乃广西省最高学府之一，且其校舍建于良丰第一胜景西林公园中，为考察当地文化及欣赏佳景起见，故甚乐往，当即复刺，允如期莅校”。[1]

> 一月十二日，下午四时，登师专校车，向良丰进发，因连日天雨，道途泞滑，车行不甚稳，颇抱杞忧。凭窗外视，天降微雪，但未及地，即融成雨，回顾尧山，山巅略有积雪，皑皑有光。抵良丰，车稍憩，再行三、四里，即抵西林公园，由程君璞如引至罗君季虚处。程罗二君，亦余之旧友也，相见之下，互吐别情。旋杨、钟、朱三君亦至。晚饭后，与罗君围炉谈到深夜始寝。[2]

上面这段文字，表明当时师专也有校车，只是不知这校车究竟是泛指的学校的汽车，还是特指的学校专门用于师生往返学校和桂林的车。田曙岚是湖南人，上段文字称师专多位教职员为其旧友，可见当年师专中湖南教职员确实不少。

田曙岚对当时广西省立师范专科学校的校园环境和校舍有所描述：

1　田曙岚：《广西旅行记》，辽宁教育出版社 2013 年 4 月版，第 265 页。
2　田曙岚：《广西旅行记》，辽宁教育出版社 2013 年 4 月版，第 265—266 页。

一月十三日，早饭后，钟君偕余游西林公园。园之前有一小溪，水深多潭，时有游鳞浮沉其间。右侧有山，其下有洞，洞中岩石，秀丽结构奇伟，经此可通山后。园中各种建筑，大部式样古雅，一小部，则系中西合璧；参差其内，别饶佳趣。景色清雅，令人胸怀舒畅，如入世外桃源。继入校舍参观，至澡堂，堂仿东洋式，布置颇精。其余寝室、教室、礼堂以及消费社等，余均巡礼一番，可称空气新鲜，光线充足，设备颇为完善。[1]

上面文字谈到雁山园内建筑大部古雅，用今天的话说就是中国古代传统建筑；小部中西合璧，可见少数建筑受到西方建筑的影响；曾经有日本风格的澡堂，不知是否因为时任校长杨东莼曾经留学日本所受的影响。

1932 年 6 月至 7 月，广东基督教青年会旅行团第二次游览广西，大约是 6 月 29 日游览了西林公园，留下一段文字：

五点到良丰，有西林公园，为当地名胜，园本属唐氏，后让于岑春煊，岑旋送于省政府，今则为师范专门学校。予等到时，先谒校主人，有某教员导游，园有茶亭、乌鱼亭，中有池，池心有亭台，长桥画栏，掩遇波光，其亭台为学校所有，分为图书阅报及各种办事室，园内有雁山，岩洞幽深，可以避暑。[2]

1934 年 5 月，香港中华书局经理郑健庐游览广西，著《桂游一月记》，对西林公园和广西师专记录甚详：

余等即赴良丰。此园为前清咸丰年间唐子实所建，其后人

1 田曙岚：《广西旅行记》，辽宁教育出版社 2013 年 4 月版，第 266 页。
2 卢湘父：《桂游鸿雪》，广东基督教青年会会友事业特刊，1934 年，第 17—18 页。

以赠岑西林。岑又以归公。改为公园。近公路之后门，有“西林公园”四字。今省立师范专科学校设于园内。园周约十里，山水悉围于内，峰峦耸翠，岩洞通幽，山石玲珑，长廊曲折，曲桥流水，石径长松，小阁窗明，高楼帘卷，其结构颇似颐和园。而突泉一曲，喷云卷雪，势如怒潮，尤为奇观。虽亭馆失修，然建筑之精，隐约犹见，若依其遗构，加以经营，足为八桂之冠也。[1]

上段文字写的是雁山园的风景之美，称其结构颇似颐和园，认为如果能善加经营，该园足为“八桂之冠”。作者对当时的广西师专亦有专门描述：

师范专科设于良丰花园，谢秘书介见校长罗尔菜，适韦景光亦在座，晤叙甚欢。查该校自民国二十一年三月筹备，八月开学，至二十二年二月始告完成。桂省近年极力发展乡村小学教育，故须养成多量师范人才，盖从前师范学校或高中师范科毕业者，人数无多，支配不敷，且未受过改造乡村社会发展小学教育之训练，多少不愿深入乡村任事者，故为适应目前社会之需要，经在各县成立乡村师范学校。然欲训练办乡村教育之人才，故特新办师范专科学校。现有师范专科四班（高中毕业后投考），乡村师范二班（初中毕业后投考），学生二百二十五人，教员十五人，全属专任。男生占多数，女生仅八人，均寄宿校内。教员外省为多，眷属亦住校内。全年经费约十一万元。罗校长导观校内各处，有讲堂、饭堂、寝室、图书馆、仪器室、标本室、学习室、体育场、军训处、制仪器处、制标本处、农业馆、校长办公处、教员住宅等，设备完善。园内稻田，亦由学生实习。前门有校警守卫，悬木牌二方：一为“广西省立师范专科学校”，一为

1　郑健庐：《桂游一月记》，中华书局1934年版，第97—98页。

“附设乡村师范部”。至图书馆藏书共一万五千余册，杂志亦数百种，学生借书，以社会科学者为多，惜线装古书殊不多见。学生勤朴耐劳，无颓废浪漫奢侈之习气。亦可嘉也。[1]

1934年5月，广西省立师范专科学校正好经历了校长更迭，杨东莼去职，罗尔棻接任。郑健庐造访师专之时，罗尔棻正好是新官上任。

1936年，著名的《旅行杂志》刊登过一篇署名俞心敬的文章《雁山纪游》。当时俞心敬在桂林邮局供职，对桂林山水多有游览，雁山园也是他的游览对象。《雁山纪游》对雁山园和广西省立师范专科学校的记录很详细：

别墅为清季巨宦唐子实营构，东西二雁山盘踞园中，相思江支流四周萦绕，楼亭台阁皆出画意，为临桂有数名园。清末，唐姓举赠粤督西林岑公，后西林又慨归省有，因名西林公园。省立师范专科就园设庠序，以故楼台修缮一新。校中教员，半聘自外省，江浙籍尤占多数。旧同学陈君邦彦，去秋来此执教。入园投刺访问同乡，日曜停课，教师多赴桂垣休沐。陈君以夫人患臂创，独留校未出，当蒙导游全园，不至在暗中摸索。

进内园门，临前为梅厅，厅下辟作膳堂，旁为厨房，经行朱桂曲径下，以达涵通楼，全园最精建筑也。门窗以贵木制成，各雕商彝夏鼎之属，多标识器名，种类繁赜，目不暇给。楼上为校办公室，下为会客室，巡览一周，西行跨九曲桥，抵湖心亭，现为音乐绘画二室，有学生引吭歌武家坡，佐以弦索，入桂来初次入耳之半调也。凭栏稍憩，有双鹅戏水，因生客至，长鸣数声，响传空谷间，遂嘱映相者绕出湖前，写一影，底片后为车夫

---

1 郑健庐：《桂游一月记》，中华书局1934年版，第98页。

潜视漏光，懊丧不已。出湖心亭，环湖而南，参观藏书楼，楼为新建。据陈君云，石块采自园中雁山，砖瓦就地雇工烧造，成本低，质料坚，他处自可效法。楼上书册放置整齐，阅书桌光可鉴人，学生数十辈，把卷不辍，窗外花香鸟语，幽闲有致，诚揣摩良地。遵原路返，参观学生宿舍，桂省学校励行军事化，起卧均依军角，床前陈刀枪，寒气逼人。出宿舍，绕出园之西隅，循雁山之背，此地篁竿榕影，夹径成趣。山上多桂木，木多木槿，多红豆树，列植交萦。树荚江名，随处动人心脉，羁客对此，其何以堪！前行数十步，山崖间一窍通明，若耳之附颅。洞外修竹掩映，虬木蓊葱，景最不俗，因摄一片，亦为御者毁去。穿岩北出，得一亭曰“乌鱼”，凭崖清构，憩眺最胜。其前临湖，曲栏穿梭，向所从出入也。岩下复引水为池，一亭踞其西岸，曰“拱亭”。池侧乱石层层，浪纹花萼，腾簇眩目，与同寅步入亭中，或凭于栏，或蹲于石，摄景一幅，后亦失去，至今胜景徒萦脑际，憾事也。钟鸣十下，陈君导至宿所，余等遂出果腹，饭毕，坐谈良久，已，游园之北部，宿舍右旁一溪贯南北，遵坟而北，数步，石梁架空，东堍为病院，此处摄一影，病院迤东，为东雁山，树木郁葱，但乏筑凿。山左为别墅正门，悬联曰：

春秋多佳日，园林无俗情。

集陶句稍嫌熟。门前潴水为巨池，可以方泳，越出池前，南望园门，隐约在苍松绿榕间，门以内，二雁山东西掩映，亭亭作搔首态，水陆胜观，一时兼尽，同人等盘桓不能引去，最后取一影，亦为机师毁去，最所痛疾。[1]

1 俞心敬：《雁山纪游》，《旅行杂志》1936年第10卷第2号。

这段文字透露了不少信息。一是当时师专教员中“江浙籍尤占多数”，显然，俞心敬游览雁山园的时间，正是陈此生担任广西师专教务主任的时候，陈此生聘请了多位江浙籍的教员，如陈望道、沈西苓等人；二是这段文字对园中建筑的地理方位记录详细，对今天我们想象当年广西师专的样貌颇有帮助；三是通常我们都认为雁山在桂阳公路西侧，雁山园中两山各有其名，但该文称园中两山为东西两雁山，不知是否有所依凭?

上述几篇文章，作者皆以游客或考察者身份游览雁山园和广西省立师范专科学校，立场较为客观，对当时广西师专的样貌观察或详或略，皆留下了一份观察记录。阅读这些80多年前的记录，有助于我们建立对于广西师范大学初创时期的想象，抑或有助于今日广西师范大学的建设与发展。

桂林抗战摩崖

几年前，我就与桂林石刻研究专家谭发胜先生约定，向他请教桂林抗战摩崖石刻的情况。几年间，我曾经数次与发胜先生预约时间，但都由于各种原因未能成行。因复旦大学中国现代文学专业博士研究生黄相宜女士为撰写抗战桂林文化城的博士论文到桂林实地考察，我又一次约谭发胜先生，终于成行。

2018 年 2 月 12 日上午，我们跟随发胜先生从桂林城北的回龙山开始了抗战摩崖石刻寻访之旅。

回龙山地处中山北路，发胜先生告诉我们，回龙山有几个岩洞，其中一个岩洞附近有摩崖石刻“看牛岩”三字。而“看牛岩”石刻附近，还有一段有关“看牛岩”的石刻文字，与“看牛岩”石刻皆为抗战时期的石刻。

如今的“看牛岩”已经完全被民房遮挡，这些民房大都老旧，且皆关着门。我们试图从后面的一个社区进入，但无路可行。周折了一些时间，又回到距离“看牛岩”最近的路边，恰好看到有一家民房开门，询问主人此地是否为“看牛岩”，主人称是，我们说想看看岩洞的石刻。主人遂从屋里取出钥匙，带我们走向一个铁门，打开铁门往里走，果然看到一个岩洞。岩洞如今的功能似乎是作为酒的窖藏之所，散发着甜酒的香味。在铁门里面，我们四处寻找，很快看到“看牛岩”石刻，字体端正有力，刚健朴实。我们还想找与“看牛岩”有关的另一块石刻，但或许是因为周围遮挡的房屋太多，未能找到。

为写博士论文，相宜阅读了大量抗战时期桂林岩洞教育的文字，看到“看牛岩”石刻之后，她恍然记起曾在史料中读到过“看牛岩”这个岩洞名，通过手机搜索保存的资料，果然发现：看牛岩正是当年陶行知在桂林提倡岩洞教育的十多个岩洞之一。

从回龙山往南行，经过观音山——似乎也称观音阁山，继续向南，就到了鹦鹉山。在鹦鹉山北面，还有一座小山，发胜先生告诉我们，这座小山称“教化岩”。教化岩亦是抗战时期岩洞教育的岩洞之一。因为赶时间，我们没有到教化岩现场踏勘。

鹦鹉山北面，同样被街边民房遮挡。发胜先生告诉我们，鹦鹉山上有一个岩洞，是抗战时期中央银行的金库。我们试图从民房群里找到上山之路，但民房大都关着门，我们不得其路而上。

转到鹦鹉山南面，在民房之间有一个上山路口，路口有文物单位建立的石碑，说明鹦鹉山抗战时期的功用。上山之路有文物部门的铁门阻挡，我们没有预约，无法上山踏勘。

离开鹦鹉山，在中山北路向东看，可以清楚地看到叠彩山仙鹤洞，发胜先生告诉我们该洞抗战时期是电报局。在中山北路向西看，远处有骝马山，发胜先生告诉我们当年的骝马山上有警报器，在宋代烽火台旁。

我们跟随发胜先生登叠彩山，先到风洞。风洞南洞口东外侧，有两块摩崖石刻，标题有“重游叠彩”文字，正文有“桂林沦陷”文字，可知是抗战胜利后所刻，可惜的是大多数文字看不清楚。

风洞南洞口西内侧，有马相伯像。在上叠彩山之前，发胜先生告诉我们叠彩山有马相伯像，相宜颇为兴奋，因为马相伯是复旦大学的创办人，抗战期间曾在桂林生活。

1937 年上海沦陷，日本侵略军逼近南京，在李宗仁的诚挚邀请下，97 岁的马相伯移居桂林，在叠彩山风洞前的景风阁住了一年。

1939年，马相伯在越南谅山去世。1940年，建筑师林乐义绘像，教育家林素园题词，兴安刘保虚刻石，马相伯像成为叠彩山重要摩崖石刻。凌世君、闭俊奋编著《叠彩公园》一书称："风洞南口的马相伯遗像，石版凸镌的版画形式，刀法细腻，形象逼真。马相伯像旁边是林素园的《马相伯夫子像赞》：'人赤貌慈，人瑞人师，形神宛在，坚弥高弥。'"

在叠彩山马相伯摩崖石刻像面前，复旦学子黄相宜，自有与众多游客不同的感受。我们听从她的提议，在风洞口合影。

离开风洞，发胜先生带我们经过板栗园上仙鹤洞。

仙鹤洞洞口上方是林素园的摩崖石刻"振翮鸣皋"。翮，翅膀意，振翮，振翅高飞之意。皋，水边高地，仙鹤洞正是漓江边的高地，鸣皋，发声于水边高地之意。振翮鸣皋，合起来当为振翅飞翔，高处呐喊的意思。联系马相伯那句名言："我只是一只狗，只会叫，叫了一百年，还没有把中国叫醒！"林素园这个题刻当是唤醒国人，振兴中华之意。

仙鹤洞口下方是梁式恒的摩崖石刻"仙洞云深"。"仙洞云深"下面有一段文字，在发胜先生的帮助下，我把这段文字做了记录：

> 民纪廿六年秋卢沟桥事起，我国抗战时（式恒）适掌此邦电政，因将电报电话设备权移于此，所以利通讯，策安全也。事竣，爰勒四字藉留鸿爪。
>
> 番禺梁式恒书并撰

经百度搜索，可知梁式恒为番禺人，抗日战争期间，曾任第四战区司令部少将电信联络专员、第四战区少将参事、广西绥靖公署顾问。

我生于桂林，长于桂林，无数次登临叠彩山，高中期间还写过叠彩山游记，但从来没有上过仙鹤洞，更不知仙鹤洞有这样几块重要的抗战石刻，承蒙发胜先生指引，看到如此珍贵的文物，真是喜出望外。

接着到伏波山还珠洞看那块“还我河山”的摩崖石刻。我印象中几年前曾经看过这块摩崖石刻，好像刻在伏波山较高的岩壁上，没想到其实是在接近地面的岩壁上，字也比记忆中的要小很多，可见记忆是多么不可靠。

伏波山之后，我们到了七星公园，先是到七星岩。抗战时期七星岩是桂林人跑警报最著名的岩洞，当年的七星岩洞口前面有不少茶座，文化人喜欢在这里聚集交流信息。田汉话剧《秋声赋》中有一幕就是以七星岩前的茶座为背景。相宜的博士论文亦有专节讨论《秋声赋》。

从七星岩我们贴着普陀山绕行，经过复仇岩、吊箩岩，发胜先生告诉我们“复仇岩”“吊箩岩”等摩崖石刻与“看牛岩”的风格完全一致，可以推断是同一时期同一群人刻制的。最后到了曾公岩，看到了张壮飞石刻，内容为：

> 西历1939年抗日负伤留桂纪念：
>
> 男儿卫国沙场死，马革裹尸骨也香。
>
> 张壮飞　题

我们到曾公岩，本是为了看新安旅行团的“敌人在轰炸，我们在上课”这个标语壁书。据说标语就在洞口处，可惜铁门把守，我们无法进入。我在图书上和博物馆中多次看到过新安旅行团的这个标语，也多次到曾公岩寻访，但至今未见真容。

桂林的抗战石刻还有不少，据我所知，桂林主峰独秀峰有广为人知的摩崖石刻“卓然独立天地间”，桂林城徽象山亦有尺度较大的摩崖石刻“西南保障”。这些石刻都镌刻于抗战时期，“卓然独立天地间”通过对独秀峰形状的描摹，喻示桂林城卓然独立的抗战精神，

张壮飞抗战石刻

“西南保障”则是对桂林抗战时期军事地位的写照。据发胜先生介绍，南溪山、宝积山也有抗战主题的石刻，由于体力和时间的原因，这天我们无法一一寻访，只好另寻佳日。

写这篇文章的时候，我请相宜给我发来她收集的提到“看牛岩”的资料。那是谷斯范1939年写的一篇文章，标题为《岩洞里的教育》，文章中说道：

> 桂林有十八个大岩洞：看牛岩、教化岩、木龙小洞、对化崖、老人山、郭家后岩、骝马山、九岗观、岑公崖、还珠洞、七星岩、七星后岩、龙隐洞、老君洞、象鼻山、福水岩、牯牛山、白龙洞。那些岩洞，现在都变为战时民众学校，如南京迁来的汉民中学，无锡迁来的江苏教育学院，此外由上海迁来的中华职业教育社等校的师生，和隶属于军事委员会的几个宣传突击队——新安旅行团、孩子剧团、电影放映队等担任教师。[1]

这些岩洞，有的我知道，有的我一无所知。我推测，这些岩洞，要么像七星岩，成了收费始能进入的景点；要么像看牛岩，被遮蔽在拥挤的民房后面无法接近；要么像七星后岩（即曾公岩），被草率地关闭，长久无人问津；甚至可能还有一些岩洞，已经毁损消失。

无论是抗战主题的摩崖石刻，还是曾经做过战时民众学校的岩洞，在我看来，都是桂林文化的珍贵遗产。桂林这几年经常提到一句话：挖掘文化的价值，发现文化的力量。我觉得说得挺好。不过，知易行难。面对那些被遗弃的抗战摩崖石刻，面对那些荒芜的曾经作为战时民众学校的岩洞，我感觉到现状离目标还很远。

1　谷斯范：《岩洞里的教育》，《大风》1939年第77期。

独秀峰岩石上的抗战石刻："卓然独立天地间"

寻访抗战文化地标

大约两年前，我在桂林三多路口无意中看见了生活书店的文化地标，颇有一种欣慰之情。

何以欣慰？是因为我在主持《桂林市文化发展“十二五”规划》的时候，明确提出了“设置文化地标”的任务。《规划》说：

> 分期分批对已有标识和尚未标识的历史文化遗址遗迹（包括已经消亡的历史遗址）设置说明标志，可以按抗战文化遗址、民国文化遗址、清代文化遗址、明代文化遗址、宋代文化遗址、唐代文化遗址、当代文化遗址等系列分期分批进行。在市区广场、街道、景区建设一批有重要历史文化价值的雕塑。

生活书店即如今生活·读书·新知三联书店的前身之一，是抗战时期桂林文化城著名的书店之一。如今的生活书店文化地标，正建立在当年生活书店的原址上。看着生活书店文化地标，我感到这个集思广益，让我和规划团队费了许多心力的文化规划正在逐步得到落实，那些被战火毁灭的文化正在以另一种方式复活。

后来我陆续看到象山公园大门附近的国防艺术社文化地标、七星公园月牙楼前田汉故居、丽君路柳亚子故居、太平路救亡日报社旧址夏衍文化地标、七星幼儿园巴金故居、解放桥东南面新安旅行团文化地标。这些文化地标，使我能够直观地理解抗战桂林文化城的历史风貌。

复旦大学博士研究生黄相宜女士为撰写以抗战桂林文化城为题的博士论文到桂林进行实地调查，作为向导，我想到的第一个方案就是寻访那一系列抗战文化地标。承蒙抗战文化地标设计者黄熙先生关照，将他设计的一整套抗战文化地标图片和地理位置悉数发给了我。如此，我可以按图索骥，逐一寻访桂林抗战文化地标。

相宜本是广西人，从小生活在南宁，2015 年，她在《南方文坛》杂志上读到了一组有关桂林抗战文化城的文章，始知她母亲读大学的城市除了山水之外还有过如此风华壮怀的一面，遂生出了以抗战桂林文化城为博士论文选题的想法，并得到她的导师陈思和教授的赞赏。在哈佛大学访学期间，她也曾试图改换选题，与王德威教授商议，王德威教授更欣赏她的桂林文化城选题。于是，她只好“自古华山一条路”，专心致志做桂林文化城研究了。

相宜博士论文的一个主要目标是要建构抗战桂林文化城的文化空间，因此，实地调查对她来说相当重要。当她告诉我她的想法，我觉得真是因缘际会，桂林近两年制作的二十来个抗战文化地标恰好为她观察和理解抗战时期桂林文化城的文化空间提供了直观的形象。而我也正好借此机会，将这二十来个抗战文化地标做一个完整的了解。

2018 年 2 月 10 日下午，相宜一抵桂林，我们即赴八路军桂林办事处纪念馆参观。观看了许多有关桂林文化城的图片后，我们从象山开始了抗战文化地标的寻访。

坐落在象山公园外面，掩映在桂树林中的国防艺术社地标，讲述的是抗战时期国防艺术社的故事。国防艺术社是全面抗战早期特别活跃的一个文艺机构，是第五路军司令部政训处直辖的组织。全面抗战初期，国防艺术社开展的文艺活动堪称有声有色、轰轰烈烈。仅举一例，即它参与主办的抗战歌咏团，于 1938 年 1 月 8 日举行了著名的

“火炬公唱大会”。据《抗战中广西的动态》记载：“那天参加公唱的有一万人以上，平均每六人执火炬一枝，据说当时的情形热烈极了，几乎整个桂林都给埋在火炬之光与救亡歌声之中了！”[1]

离开国防艺术社文化地标，相宜到榕湖饭店办理了住宿手续，之后我们到了榕湖小学门外的国新社文化地标。

国新社全称为国际新闻社，刘尊棋写过一篇《“国新社”始末》，回忆了国新社创建的全过程，大致为在武汉提出创意，在长沙开始筹备，最后于1938年11月在桂林环湖路正式成立。

国新社的创建人范长江在《关于国际新闻社的情况》一文中专门谈到“国新社”为什么选定桂林作总社的社址而没有去重庆的问题。他说：“这主要是政治上的考虑。……桂林是当时西南文化中心，桂系对于抗日文化事业采取不干涉政策，并多少给一些便利，他们允许‘八路军桂林办事处’的存在，允许李克农的活动，也允许进步文化界的活动，以此来增加他们对抗蒋介石的资本。这当然是暂时的，但我们就利用这个矛盾，进行我们的工作，把‘国新社’的总社设在桂林。我们在桂林的两年中（1939—1940），桂系对于我们的发稿内容从来没有过问过，我们完全可以按照自己的主张大量发行我们的稿件。还有一个原因是李济深，他那时表面上是蒋介石的‘桂林行营’的‘主任’，暗中和李克农和我们都有来往，对我们的活动，完全放任不管，并暗中帮一些忙。”

根据刘尊棋的说法：“在抗战期间，全国新闻舆论在国民党中央社的垄断和封锁下，在新华社还不能公开发稿以前和不能发稿的地区，‘国新社’成了全国唯一的窗口和喉舌。”

离开国新社文化地标，我们到解放西路桂林中学内寻访学生军文化地标。学生军是抗战期间广西创造的一种抗战组织，据《抗战中广西的动态》记载，学生军创建的宗旨是：

1　一凡编：《抗战中广西的动态》，上海抗战编辑社1938年4月版，第66—67页。

为策动群众，参加实际救亡运动，完成救亡使命起见，特组织学生军，随军出发，担任战地警卫，宣传，防奸，救护，慰劳等工作。

又据当时出版的《广西学生军纪实》一书郑昌藩的序言，可知在广西，学生军的成立颇有渊源。郑昌藩说：

过去青年学生，有组织的从事革命运动，在广西，本军的成立，并非创举。“六一”运动时有过学生军的组织，“七七”抗战之冬又组织了学生军，他们远征到湘鄂豫皖诸省，为抗战建国的工作，艰苦奋斗着。还远在辛亥革命的时代，我们的长官白副总长和本军的领导者夏总司令，也曾参加过学生军，为革命出征到汉口。不过，像本军负有“打”“叫”“裹”三位一体的任务，军政并重的伟大革命青年集团之组织，不仅在本省很特殊，即在全国也是仅有的。

从桂林中学出来，我们置身解放西路，这条路抗战时期名桂西路，是著名的书店街，是桂林文化城时期最集中、最密集、最多元的所在。相宜远在上海之时，从文献中就充满了对书店街的憧憬，身临其境，在当年已然存在的广西省立艺术馆和桂林中学之前，辨识已经流逝的文化空间，自有特殊的况味。我们向东前行，不久即到太平路与解放西路的交会处。当年的《救亡日报》旧址仍然坐落在这里，近两年新制作的夏衍文化地标，亦置身于如今粽子大王和海天肠粉店两家桂林小吃名店之间。

夏衍是抗战桂林文化城的重要人物。在桂林，夏衍表面上做的是《救亡日报》总编辑的工作，实际上他还从事带有隐蔽战线性质的统战工作。他在《懒寻旧梦录》中称“办报是和恩来同志交付给我们的统战工作分不开的”。2013年，我在策划新西南剧展的时候，阅读了夏衍的两个剧本《芳草天涯》和《法西斯细菌》。这两个剧本都涉及文化人在桂林的生活。我们曾组织广西师范大学职业技术师范学院的学生排练《芳草天涯》，可惜因为时间和精力有限，终于没有完成排练。不过，《芳草天涯》和《法西斯细菌》确实是夏衍较好的剧作，值得我们重排与重演。

从解放西路转到中山中路，桂林电影院马路对面有乐群社文化地标。据程思远《政海秘辛》一书的回忆，乐群社最初创办于南宁陆氏花园（南宁共和路原广西政协所在地），取"独乐乐，何如众乐乐"之意。南宁乐群社建成后，效果颇好，于是桂林、柳州、梧州等地皆设立了乐群社。按程思远的说法："桂林乐群社设备之好，首推第一。抗战期间，桂林一度成为文人荟萃的一座城市。乐群社的草地会，为各界人士品茗会友的地方，每当华灯初上，群贤毕集，座无虚席，盛况空前。"[1] 乐群社文化地标的位置在如今中山中路西侧，是我印象中20世纪60—80年代人民电影院门口的位置。从乐群社文化地标往北走不远，即东西走向的乐群路，乐群路与解放西路之间，即乐群市场。显然，今天的乐群路、乐群市场与抗战时期的乐群社有某种地缘关系。

看过乐群社文化地标，时间已经不早，我们结束了这一天的抗战文化地标寻访活动。

第二天，我们第一站到观漪桥西南端观看茅盾故居。太平洋战争发生后，茅盾从香港流亡桂林，在桂林居住了大约9个月的时间。其回忆录专门有一章《桂林春秋》，对他在桂林居住的地方有详细的描写：

> 桂林的房子十分紧张，德沚奔波了一个星期仍无结果。朋友中间（尤其"老桂林"）也有住得宽敞的，但我不想作寄居客。

1　程思远：《政海秘辛》，北方文艺出版社2011年9月版，第88—89页。

最后，还是邵荃麟把他的一间厨房让了出来，我们才算有了个栖身之处。我原来不认识邵荃麟，是叶以群介绍我们认识的，以群并告诉我，邵荃麟是共产党在桂林文化战线的负责人。以群在桂林没有停留多久就去重庆了。

邵荃麟住在西门外丽君路南一巷一座新盖的二层楼房内，楼房分前后两栋，前楼为上房，上下有八大间，后楼为下房，只有四小间，两楼中间是个天井。这楼是文化供应社的宿舍，楼内除了邵荃麟，还住着宋云彬、金仲华以及一个姓王的出版商。宋云彬一家和出版商及其外室占了前楼楼上的四大间，楼下四间为库房，堆满了纸张和书籍。金仲华兄妹和邵荃麟夫妇在后楼的楼上各住一间，楼下两间便是他们的厨房。现在邵荃麟把他的厨房让给了我，自己就与金仲华合用一间厨房。厨房很小，大约八九平米，只能放一张双人床和一张桌子。德沚买了点简单的竹制家具，我们便将就着住下了。

茅盾虽然只在桂林生活了不到一年，却写了不少作品，其中最重要的当推长篇小说《霜叶红似二月花》和纪实文学《劫后拾遗》，以及《雨天杂写》系列随笔。

如今的茅盾故居与丽君路尚有一段距离，应该不是茅盾当年居住的原址。据说这种方位的移动是为了人们观瞻的方便。果真如此的话，应该有较详细的情况说明。

从茅盾故居过马路，沿着桂湖稍走一小段路，即到达骝马山登山路口桂林保卫战文化地标。

桂林保卫战是1944年豫湘桂战役中桂柳会战的一个组成部分。由于复杂的政治军事原因，保卫战仅仅持续了十来天，桂林即沦陷。不过，担负守城任务的国民政府的将士，确有非常惨烈的抵抗经历。多位文艺家试图创作以桂林保卫战为题材的文艺作品。我曾经读过剧作家张仁胜的电视连续剧剧本《桂林城》，写得跌宕起伏，令人动容。

2015 年，桂林戏剧创作研究院排演了张仁胜以桂林保卫战为题材的桂林方言话剧《龙隐居》，颇受观众好评。

看过桂林保卫战文化地标之后，我们驱车到了解放桥东南侧的新安旅行团文化地标。

说起新安旅行团，首先要说到新安小学。根据艾林撰写的《新安旅行团在桂林》，新安小学是教育家陶行知在江苏淮安创办的一所新型小学，实行的是半工半读、互教互学的办学模式。1935 年，新安小学的 12 个学生组成了新安旅行团，在汪达之的带领下，走上了宣传抗日的征途。1938 年底，新安旅行团抵达桂林，最初住在体育场的舞台上，1939 年初，搬到东江七星后岩的庆林观（原来的动物园附近）。

在桂林，新安旅行团响应陶行知提出的“岩洞教育”建议，组织了“岩洞教育服务团”，到各岩洞开展抗日救亡宣传工作。他们在七星岩的岩壁上，写上了耀眼的标语：“岩洞就是学校”，“警报是我们的上课钟”，“敌人在轰炸，我们在上课”。最后一条标语，至今还能在七星后岩（曾公岩）的洞口内侧岩壁上看到。相宜这次到桂林，很希望亲眼看到这条标语，遗憾的是第二天我们到曾公岩的时候，铁将军把门，标语被锁在了铁门里面无法看到。

从新安旅行团文化地标沿漓江北行，至帝苑酒店，可看到新中国剧社文化地标。

新中国剧社是原国防艺术社社长、桂林人李文钊创办的。1941 年李文钊脱离国防艺术社，自主创办新中国剧社。

田汉有一篇《新中国剧社的苦斗与西南剧运》，写到李文钊创办新中国剧社的艰难：

> 新中国剧社社址却在靠近大菜园的福隆街一个十路的陋巷里。李文钊先生也会见了，当初大人先生们给他经济支持的诺言都不能履行，他得独自挑起“新中国”的担子，实在已经十分竭

蹶。城内的房产已经变卖了，他于今也住在对河建干路一座有楼的木房子里。为着支持“新中国”的伙食，据说他连太太的金镯子也押掉了。……当时我住在花桥边靠月牙山一条嚣杂的街上，只能靠晚上在菜油灯下工作。他们晓得我的脾气，派石联星大姊在我那儿坐索，稿成了她点起“巴巴灯”冒着深秋的夜风，经七星岩，经漓水支流上的木桥带回到福隆街去，立即写腊纸、油印，时常通夜不眠。

李文钊靠变卖家庭房产、抵押太太首饰维持新中国剧社的运转，但最后仍然难以为继，只好放弃他作为新中国剧社社长的身份。后来田汉的话剧《秋声赋》演出大获成功，新中国剧社终于从困顿走向坦途。

上面抄录的文字不仅说到新中国剧社，而且说到田汉在桂林花桥边靠月牙山街上的故居。如今月牙楼对面的一片梅林间设立了田汉故居文化地标，地标上镌刻了田汉话剧《秋声赋》的开幕词。

2014 年，广西师范大学新西南剧展的核心剧目《秋声赋》相继在桂林的广西师范大学、广西省立艺术馆，南宁的锦宴剧院，上海的上海交通大学演出，大获成功，由此可见田汉话剧的魅力。

从田汉故居，经栖霞寺，出七星公园六合路门，步行一小段路即到七星幼儿园。七星幼儿园围墙上树立了巴金故居文化地标。

在《桂林的受难》一文中，巴金写到了他在桂林的“家”：

在桂林我住在漓江的东岸，这是那位年长朋友的寄寓。我受到他的好心的款待。他使我住在这里不像一个客人。于是我渐渐地爱起这个小小的“家”来。我爱木板的小房间，我爱镂花的糊纸窗户，我爱生满青苔的天井，我爱后面那个可以做马厩的院子。我常常打开后门走出去，跨进菜园，只看见一片绿色，七星岩屏障似地立在前面。

在这篇文章中，巴金具体写了发生在桂林的四次轰炸，写出了桂林的受难，结尾处，巴金说：

> 从这个城市你们会想到其他许多中国的城市。它们全在受难。不过它们咬紧牙关在受难，它们是不会屈服的。在那些城市的面貌上我看不见一点阴影。在那些地方我过的并不是悲观绝望的日子。甚至在它们的受难中我还看见中国城市的欢笑。中国的城市是炸不怕的。我将来再告诉你们桂林的欢笑。的确，我想写一本书来记录中国的城市的欢笑。

看过六合路巴金故居文化地标，我们沿普陀山与灵剑溪之间的道路往东南行，经过祝圣寺，到了吊箩山。在徐铸成的回忆录里，这里似乎是叫星子岩，当年桂林版《大公报》即设立在此，有文物单位设立的石碑标识。至此，我们这一天的寻访活动结束。

总的来说，这批抗战文化地标的设计还是颇具匠心的，对抗战历史以及具体对象的理解都比较到位，形象造型亦有可圈可点之处。不过，有少数文化地标因为身居闹市，周边环境比较芜杂；有少数文化地标与共享单车停放点比邻而居。有时候参观者想在这些文化地标面前留影，很容易被行人或者其他物品影响。这些文化地标的设计花了设计者不少的心血和制作者不菲的资金，但在周围环境的净化方面似乎缺乏考虑。如果能够留出一定的专属空间，让那些淹没在芜杂环境中的文化地标凸现出来，或许会有更好的文化效果，更能够令市民和旅游者对桂林的那段抗战历史肃然起敬。

第一张桂林版《大公报》

第一张桂林版《大公报》1941年3月15日在桂林出版。

当天报纸第二版发表社评《敬告读者》，开篇写道："本报在桂林筹备数月份，今日开始发行，谨略述所怀，敬告读者。"

文章回顾了《大公报》的创办经历：

本报自在天津创办，三十余年，一贯为商办性质。自民国十五年由同人接办改组，适当国民革命军羊城出师，进攻赣鄂，本报处封建军阀最后壁垒之地，同情革命，鼓吹统一，反动侧目，屡蹈艰危。迨东北易帜，全国腾欢，强邻忌恨，日祸愈炽，本报位在国防前线，见闻较切，感触弥多，尝于彼邦国策，尽量暴露，对各方当轴，致进危辞，无如寇患已深，挽救无力，"九一八"之炮声一响，东三省相继沦胥，而本报在东北之数万读者，由是亦与同人隔绝。尔后热河、察哈尔、江北、绥远事变迭起，暴敌贪欲无厌，华北情势益恶，而本报在天津之处境乃愈苦。不得已，于二十五年扩充营业，分设上海，实以备华北非常之变。果也，越年而有"七七"之事，平津陷落，本报义不苟全，将津版自动停刊，宁牺牲其三十年之基业而无悔无怨。自是津版改在汉口发行，仍与沪版相呼应。嗣后国军退出上海，沪版随即迁港。敌人进据武汉，汉版……（此处文字缺失）影响远东，德日提携，酝酿变化，而香港又成前哨。

上述引文，叙述《大公报》因战争而发生的迁移历程。天津版《大公报》是从天津到武汉再到重庆。上海版《大公报》乃先从上海到香港。

本报迁港，原不过借地办报，同人身在域外，心驰祖国，华侨生活，本非所愿，今实逼此，自不得不策划内迁，回到祖国怀抱，而环顾国内，惟桂省绾毂东南西南，交通利便，政治安定，且苏浙湘赣闽粤各省，向为本报普遍行销之地，近年港渝两版，限于地理，到达内地，或嫌寄递濡滞，或感报费过昂，爱读诸君，每以为苦，今若分设桂林，正可就近服务，便利各方，缘是种种，因决发刊本报，而港版则仍照常维持，非至最后，决不撤退。秉承本省黄主席，本市陈市长以次各方当道，社会领袖，同业友好，奖掖提携，鼓励赞助，故克于数月中间，勉具规模，出而问世。

此段文字，说的是桂林版《大公报》的来历。我们可以看出，从文脉上，桂林版《大公报》应该属于上海版、香港版《大公报》这一脉络。在述说来龙去脉之后，桂林版《大公报》社评申明了该报立场，大意有三：一是对党系之斗争不感兴趣，认为国人应该统一意志；二是抗战建国皆是长远之事，应谋改造国人心理，变化社会风气，建构清明政治、公平经济；三是强调桂林版《大公报》虽然系营业性质，但并不孜孜于求利，而怀文章报国之志，如果立论有桀违错误的地方，望各界指示。

这一天的桂林版《大公报》共四版。第一版和第四版全部都是广告。能招揽如此多的广告，可见当年桂林版《大公报》的影响力。

第一版整版广告，除两三个医药类、金融类广告外，其余全是文化类广告：如科学书店和国防书店的广告，科学书店在当时的八桂路14号，国防书店在中南路101号；如中华书局发行的字典辞典广告，商务印书馆王云五主编的时代知识小册的丛书广告，还有一个广东发行的军政类杂志《新军》的广告。有趣的是，还有新民牌自来水笔广告，如今的人大都已经不用自来水笔。在这些广告旁边，值得注意的还有一个话剧广告，是广西大学青年剧社演出的五幕话剧《雾重庆》。该剧的演出顾问是欧阳予倩，编剧是宋之的，导演是吴剑声。奇怪的是，广告上还有这样的文字：

演出　雷沛鸿　程思远　韦赞唐　李运华

乍一看，很容易误认为这是演员表，然而，这四个人皆是当时广西赫赫有名的人物，怎么可能是演员呢？再看第三版，有一则关于《雾重庆》的简讯，里面罗列了演员表。既如此，那广告中的雷沛鸿等四人的所谓“演出”，究竟是什么意思？是将在演出中出场讲话，抑或是该剧的监制？难以判断。

这场话剧的演出时间是当月的27、28、29、30日四天，地点在广西剧场，票价分别是一、二、三元，该剧的广告词是：

天然之雾，人为之雾，雾迷了各人自己；
生活之鞭，时代之鞭，鞭策了你我大家。

这张桂林版《大公报》的第三版，还刊登了一篇比较重要的文化特写，即《关山月名画〈漓江百里图〉今午起举行展览》。这篇特写首先告诉我们：“国画家关山月氏，今天下午二时至四时，和明天（十六日）十点至下午六时，假座桂东路广西建设研究会会议厅举行个展。”文章中说：

《漓江百里图》是他（关山月）最近的精心的作品，题材是从漓江桥起，沿着漓江向下，直到阳朔为止。图长八丈多。在两个月的短期间完成这个巨大的作品，我们不能不佩服他优秀而熟练的技能。记得读历史时宋朝有一个名画家夏珪，作了一幅《长江万里图》曾经轰动过当时的人，《漓江百里图》想来也会引起大家的注意罢。

文章告诉我们，关山月的这个个展，除《漓江百里图》外，还有《月牙山的全景》《訾洲晚霞》《衡阳炸后》《桃花江》等作品。

该特写还简要地概括了关山月作画的特点：（一）作风独特。从他所有的作品，我们可以看到他对于国画和西画的精心的修养。（二）能以简单的笔法表现复杂的内容。如画到几个渔船夫拉缆时，那几个船夫虽然只是简单的两三笔，但已足够表现船夫们是正在用尽全身的气力拉。（三）朴质。他喜欢用几种简单的颜色，把作品表现得清雅素约，使人看看发生快感。

第四版广告内容丰富，除金融、医药类广告外，还有香烟、饭店广告。这一天在桂林版《大公报》做广告的饭店即美丽川菜馆。从广告得知，这是一家历史悠久的纯粹川菜馆，地点在桂西路中。不知如今桂林的美丽川与当年的美丽川菜馆有什么渊源。

另外，还值得一提的是，在美丽川菜馆的广告旁边，还有一家好莱坞摄影室的广告。广告称这是桂林第一家日夜美术照相，地址在中南路。我记得陈丹燕的作品中写到她父亲曾经在桂林的照相馆工作过，时间正好是抗战期间，不知是不是这家照相馆。陈丹燕的父亲是平乐人，后来从桂林去了延安，从事的是隐蔽战线的工作，希望以后有机会读到陈丹燕关于其父亲的解密文章。

这一天的桂林版《大公报》，因为是第一天发行，所以在四个版面的上方，都标出“第一张”字样，以表示这是第一张桂林版《大公报》。

桂林三宝的N种说法

如今，说起“桂林三宝”，人们都会有一个标准答案：豆腐乳、辣椒酱、三花酒。甚至，连这三种特产的生产厂家都有专门规定。

然而，时光如果倒退七八十年，情况并不是这样。

在抗战时期的各种出版物中，我读到过“桂林三宝”的多种版本。

比如，在戏剧家熊佛西笔下，“桂林三宝”是马蹄、豆腐乳、三花酒。

又比如，在小说家叶圣陶笔下，“桂林三宝”是“乳腐、月牙山豆腐及女伶小金凤”。

叶圣陶关于“桂林三宝”的说法，出自其《旅桂日记》。有趣的是，叶圣陶的《旅桂日记》写到“桂林三宝”那一段的时候，留下了编者的一个注释，称“桂林三宝”另有一说，指的是“豆腐乳、七星岩、小金凤”。

熊佛西、叶圣陶都是名家大师，此外，我还读过三篇以“桂林三宝”命名的文章。

一篇是吾庐的《桂林三宝》。吾庐的“桂林三宝”一是小金凤，二是蒜蓉辣椒，三是豆腐乳。

第二篇是吴瑜的《桂林三宝》。吴瑜这篇文章，专门说到“桂林三宝”是言人人殊，一般是指马蹄、三花酒和米粉，但他也提到，也有人说是辣椒酱、腐乳等。

第三篇《桂林三宝》是未署名的小短文，它说到的“桂林三宝”是马蹄、米粉和三花酒。

以上“桂林三宝”的六个版本，共涉及八种桂林特产。其中，豆腐乳出现五次，三花酒出现三次，小金凤出现三次，马蹄出现两次，辣椒酱出现两次，米粉出现两次，此外，月牙山豆腐和七星岩各出现一次。

以上八种桂林特产，豆腐乳、辣椒酱、三花酒是当下标准版的所谓“桂林三宝”，米粉更是当下桂林人激情捍卫的桂林名吃，不必本书加以介绍。这里想解说的是曾经名列“桂林三宝”的小金凤、马蹄、月牙山豆腐和七星岩四种桂林特产。

小金凤，指的是桂剧演员尹羲。

尹羲是抗战时期桂剧四大名旦之首。桂剧四大名旦分别是小金凤（尹羲）、如意珠（谢一君）、金小梅（李慧中）、小飞燕（方昭媛）。尹羲在桂林文化城名气之大，或为我们今人难以想象。叶圣陶日记说的尹羲嫁人不复唱戏的事情，许多文章中都留下了记载。如 1943 年 2 月发表于《力报》的黑汉文章《桂林的桂剧》专门提到“现在尹李二角已经嫁人而辍演”。徐铸成在《忆桂剧》一文中开门见山地说：

> 1942 年我到桂林不久，就有朋友对我谈桂剧名演员小金凤的表演艺术，也谈起小金凤和马君武的故事，最后不胜惋惜地说：她现在已退出舞台。可惜你来迟一年，看不到这种好戏了。[1]

当然，更多的文化人得以在桂林文化城一睹小金凤的风采，宋云彬就曾在其《桂林日记》中留下了他看小金凤演出的多次记录。比

---

1 徐铸成：《报海旧闻》，生活·读书·新知三联书店 2010 年 1 月版，第 362 页。

如，1939年2月20日的日记中说：“夜，李哲曦约观桂戏，旦小金凤、正旦金小梅表演甚佳。余评小金凤乐而不淫，金小梅哀而不怨，盖深得诗旨云。”1939年3月26日日记中记录：“赴作之寓，同往观桂戏。小金凤演《桂枝写状》，灵珑活泼，可爱也。”这些都是观戏人当时的感受，真实鲜活，现场感强，保留了当时的文化体温，可以看出当时小金凤受欢迎的程度。

在吾庐的《桂林三宝》一文中，作者如此说：“小金凤是桂剧花旦，马君武生时大捧特捧，至成为社会名流，马寻且秘藏为姬，而王孙公子大官追逐之如故，遂成为桂林三宝之首。”

这段文字有点八卦意味，类似张爱玲所说的“流言”，其真伪没有必要考证，但可以确证的是，小金凤在当时的桂林，名气之大，粉丝之多，非同寻常。

在熊佛西和吴瑜笔下，马蹄都被列为“桂林三宝”之首。熊佛西是这样说的：

> 桂林的荸荠，却有它的好处：第一便是它很“清渣”，所谓“清渣”，便是一个荸荠放在口中，只须轻咀嚼，一会儿便浆水四溢，滓渣全无。桂林的荸荠便有如此好处，不但如此，它还大而且硕，令人生爱。

吴瑜如此说：

> 讲到“三宝”，最著名的当推马蹄，桂林马蹄又肥又嫩，怪不得各地小贩卖马蹄时都大呼“桂林马蹄”。在花桥的桥脚下，是马蹄的市场，那里马蹄堆积如山，蔚为奇观。

熊佛西的文章还告诉我们，桂林马蹄最重要的产地是城东的魏家渡，出产最多，也最为著名。如今城市扩大，魏家渡已经进入城区，估计种植面积已经大为减少，不知当地是否还出产马蹄。

月牙山豆腐指的是月牙山素菜馆烹制的煮豆腐。叶圣陶对月牙山豆腐的评价是“的确滑嫩鲜美”。

熊佛西虽然没有把月牙山豆腐列入“桂林三宝”，但他对这道名菜也很推崇，他这样写道：

> 月牙山的豆腐也很值得介绍，据该山住持巨赞法师云，月牙豆腐所以精美，完全由于做法不同。我们很希望法师大发慈悲，将制作月牙豆腐的秘诀公诸于世，使芸芸众生都能享受豆腐的美味，法师功德无量矣！

著名报人徐铸成当年从香港到桂林，第二天游览七星岩和月牙山，数十年后写回忆录，月牙山豆腐仍留下深刻美好的印象：

> 在山顶一个小庙里，品尝了有名的月牙山豆腐，真是名不虚传。汤不过是蘑菇竹笋等佐料，豆腐却煮得实在好，咬一口，里面全像蜂巢一样，而依然鲜嫩无比。我一连吃了两碗……

如今，月牙山豆腐隐然不现，真希望有一天，月牙山豆腐重现月牙山。

七星岩入选“桂林三宝”亦有道理。如今桂林有许多可供游览的溶洞，如芦笛岩、冠岩、银子岩、丰鱼岩等，但是，抗战时期的桂林，可供游览的溶洞只有一个七星岩。在许多当时游人的文字中，都可以读到有关七星岩的记述。七星岩是当时旅游者必游的，也是唯一的桂林溶洞。今天我们说到七星岩名字的由来，大都认同普陀四峰、月牙三峰合为七峰的说法。《粤北纪行·桂林游记合编》一书却提到七星岩名字的另外一个来由：“（七星岩里）一石如圆穹，上有七孔，二大五小，名曰日月五星，此岩亦因此而得名。”在此录以备考。

今天的“桂林三宝”皆为食品，抗战时期的“桂林三宝”除了食品还有人物和风景，我以为后者更显示出当时人们自由的心态和不羁的想象。说到这里，我还想列举一种“桂林三宝”的版本，这是吴瑜在他的《桂林三宝》一文中提出的，是哪“桂林三宝”呢？吴瑜的说法是：自由、朴素和蓬勃的文化事业。他认为这是号称文化城的桂林的“三宝”。尽管吴瑜称这是他私下的观点，我却愿意诚恳地认同。

昨日之人

广西之朝气

1936年出版的《广西一览》中有一张照片给我留下了很深的印象。这幅照片的近景是邕江，中景是广西省政府礼堂和主席办公厅，远景是朝阳映照下的霞光和彩云。整个照片为圆形，让人产生旭日东升的联想。

照片命名为“广西之朝气”。

广西之朝气。

多么好的命名！我上百度查阅朝气的含义：朝气，指早晨清新的空气，也比喻军队初来时的士气，后用以指精神振作、力求进取的气概。

朝气，这是那个年代许多人对广西的评价。

在我所读到的文献中，最早用“朝气”评价广西的是被称为“中华民国宪法之父”的张君劢的演讲。张君劢，哲学家，早期新儒家代表人物之一，中国民主社会党领袖。1933年，张君劢在广西省行政演讲会上做了一个题为《历史上中华民族中坚分子之推移与西南之责任》的演讲。演讲中他说道：

> 我到广西没有几天，观察接触的各方面不多，但觉得广西地位及其性质上约有五大特点：一、广西省在中原文化史上为后

起；二、广西人富于自信力；三、广西人有勇气；四、广西人诚朴，故易一心一德；五、广西人能刻苦耐劳，故合于革新时代所需要之清教徒的精神。此五大特点之中，其第一点，换一句话来说，可名曰“少不更事”；惟其少不更事，故能有朝气，故愿意有所作为。试一思之，五六十岁的人，阅历已多，饱经世变，则其前进之兴奋，决不能与二三十岁的青年相比；个人如此，地方的人民亦然。吾来此后，常闻此间以广西人文化落后为耻！文化有好的方面与坏的方面：科学发达，理智发达是好的；因此而有“文敝”的病，则是坏的；广西人因文化落后而保留许多好性质，是一件不可忽略的事情。试想七国争雄的时候，当时诸侯皆以“夷狄遇秦摈斥之不与同中国之会盟”，然卒灭六国者，非楚非齐，乃秦国耳。罗马所以灭希腊，日耳曼民族又灭罗马，皆可以同类而并观。惟其为粗悍乃有朝气，乃有自信力，乃有勇气，而所向无敌；文化落后的缺点，固当矫正，然其优点，不可不图保存。[1]

张君劢是文化哲学家，他在这里所说的朝气，是文化意义上的朝气。在他看来，广西在文化上是落后与朝气并存，相当于战国时代的秦国，或者古代欧洲的罗马和日耳曼民族。

1933 年 11 月，南洋华侨中的传奇人物，著名华侨企业家、报业家和慈善家胡文虎的代表曾晓峰评价广西：

自民国廿年桂政统一以来，励精图治，整顿官常，贪污之习既除，廉俭之风弥长；军政党教，一律穿灰衣服、布鞋；并禁烟

1　张君劢：《历史上中华民族中坚分子之推移与西南之责任》，《再生》1933 年第 11 期，收入黄伟林等编：《抗战桂林文化城史料汇编·广西人文卷》，广西桂学研究会，2015 年，第 12 页。

赌，故广西公务人员办事，另有一种朝气。[1]

曾晓峰是商界人物，他所说的朝气，指的是广西政界和公务员工作作风的朝气。

1934年9月，教育家、藏书家侯鸿鉴考察西南诸省之后，对广西做出了如此的评价：

> 此次奉派赴西南各省考察结果，以广西办事，事事最有朝气：每晨五时，天明炮一放，全民震动，士农工商军政各界均起，此为第一端可为全国模范省。军训之认真，各界之受训练，教育精神，足以振聩发聋；全学界皆奋发，而中等学校之青年，尤为气足神旺，此为第二端可以为模范省。交通便利，建设伟大，盗匪敛迹，行旅称便，此为第三端可以为模范省，在上者简单朴实，勤苦耐劳，一命令之下颁，能深入民团，全省一致之精神，实为各省所不及，此为第四端可以为模范省。……[2]

在侯鸿鉴看来，朝气是广西之所以成为模范省的关键。

1935年11月4日，著名画家徐悲鸿在南宁广西省党部扩大纪念周发表演讲。他说：

> 此次来桂，踏入桂境，已深觉广西民众学生，民团军训之朝气蓬勃，精神振奋，对于复兴民族，实有把握！[3]

---

1 节录1933年11月15日南宁《民国日报》，转引自赖彦于主编：《广西一览》，广西人民出版社2010年8月版，第588页。

2 节录1934年9月24日南宁《民国日报》，转引自赖彦于主编：《广西一览》，广西人民出版社2010年8月版，第582页。

3 徐悲鸿1935年11月4日在南宁广西省党部扩大纪念周的演讲。转引自赖彦于主编：《广西一览》，广西人民出版社2010年8月版，第583页。

1935年1月，《大公报》总经理胡政之做两粤之游，住广东四日，旅行广西各地者十日，撰《粤桂写影》一文，连载于1935年2月19日至23日的《大公报》。文章说：

> 从广东到广西，最易叫人感觉到的便是广东富而广西贫，广东大而广西小，他们因为贫，所以上下一致，埋头苦干，因为小，所以官民合衷，情感融合，又因为自知其为贫而小，所以当局的人们，非常虚衷谦抑，很欢迎外省人士的合作与批评，办事虽然带一点“土气”，然而诚实有朝气，是在任何地方没有如此普遍的。

> 此处我所愿特别指出者，第一是在上的人以身作则，不言而行的美德。他们不但自己努力向上，为民表率，并且设法表扬若干本省的先辈名人，把像片悬挂各公共场所，引起一般民众崇拜名贤爱国爱乡的心理，这都是振作群众精神的一种方法；第二便是弥漫社会的一团朝气。例如他们因为要训练民团，于是严格施行公务员的军训，省政府厅长委员年在四十五岁以上的人们，照章本可豁免，但是他们仍然自愿与青年们同样出操，以资民众矜式。又如在他处地方，天甫微明，一定行人稀少，广西却是上午五时，便已行人载途。广西政界虽然薪俸很薄，但因应酬甚少，无有浪费，家家都有贫而乐的气象，尤其在旧历新年中间，虽在深山穷谷，到处都有熙来攘往的光景。

“诚实有朝气”，是胡政之对广西当局人士的评价；“弥漫社会的一团朝气”，是胡政之对广西社会环境的评价。

还有一位笔名菊子的作者，在广西游历了九个月，走了许多地方之后而由衷感叹：

由黄沙河起，到梧州为止，为时仅短短的九个月，虽然所看到的，只有其万一，然而深觉得广西是一个有朝气的省份……[1]

政治家、商人、教育家、画家、报人以及不那么知名的作者，各种不同类型的人物来到广西，感受广西洋溢的精神氛围，体验广西内在的精神气质，他们不约而同地用了“朝气”这个词以称颂广西。

朝气，是一种精神状态、精神气质、精神面貌，总之是一种精神性的存在。然而，在当时，人们所感受到的广西的朝气，却可以用某种物化的事实加以印证，那就是广西人的早起。

1934年夏天，香港中华书局郑健庐在广西做了一个月的旅行，著有《桂游一月记》。他对广西人的早起现象尤为关注，专门有两段文字记录：

廿四日黎明即起，开窗眺望，江岸行人，往来如鲫，工作甚忙，盖每晨五时，天明炮一放，全城震动，士农工商军政各界均起，此真可为全国模范者也。[2]

三日晨光熹微，已闻马路上队伍步伐声，盖号炮初鸣，全城波动，师部军队也，民团后备队也，高初中军训也，干部大队也，公务人员也，咸须早起，接受军训。耳之所接，军歌乐号；目之所视，长枪大矛。各呈奇观，令人赞叹。[3]

郑健庐看到的是1934年的广西。值得注意的是，广西人的早起现象并非昙花一现，直到1938年，陈畸的《记桂林之行》也记录了广西人的早起：

---

1 菊子：《漫谈广西》，《帆声》1945年第7期。

2 郑健庐：《桂游一月记》，中华书局1934年版，第26页。

3 郑健庐：《桂游一月记》，中华书局1934年版，第105页。

早起在广西差不多是极其普遍的：我们在柳州五点钟就可以听到“早炮”，天还没有亮就有一队一队的民团后备队在马路或近郊操演，政府机关里的男女职员，七点半钟以前就得开始在办公室工作的了。[1]

朝气，早晨清新的空气。早起，始能领受早晨清新的空气。早起，自然成为朝气精神的行为表现。

朝气不仅与早起有关，而且与年轻相联。青年人天生有朝气，就像毛泽东所说：“你们青年人朝气蓬勃，正在兴旺时期，好像早晨八九点钟的太阳。希望寄托在你们身上。”当年外省人到广西，对广西青年人的朝气尤其有体会。1938 年 5 月 3 日，《资本论》第一个中译本的译者陈豹隐在广西省政府大礼堂做题为《对于广西的观察及希望》的演讲，他对广西的一个观察结果就是：

广西中等以下的学校学生，比较有朝气。举例来说，在武鸣我们去参加村公所，那里附有国基小学，我们到的时候，已是四五点钟，没有见先生，但那些小学生，还是静肃的在课堂里自习，这在别的省份，是不容易见到的。[2]

寄希望于青年，这是具有领袖气质的人物的普遍想法。1935 年 11 月 18 日，徐悲鸿在南宁中学做题为《自卫与立志》的演讲，这样说道：

我们中国，除了广西的青年，是生气勃勃随着领袖的指导正向前迈进外，其他在黄河长江流域的青年差不多都是暮气沉沉

1 陈畸：《记桂林之行》，《旅行杂志》1938 年第 5 期。
2 陈豹隐：《对于广西的观察及希望》，收入《莅桂名人演讲集》，广西省政府编译委员会印行，1940 年 2 月，第 83 页。

的，一点前进的精神都没有，所以我很希望广西的青年，还要加紧的向前迈进，以为全国青年的楷模。[1]

显然，当年的广西、当年的广西青年都充满朝气，与其他许多地方的沉沉暮气形成了鲜明对比。《孙子兵法》有言："朝气锐，昼气惰，暮气归。"朝气，意味着活力，意味着生机，意味着勇往直前的气势。我以为，这其实也是当年广西精神的一种表现。抗战时期，广西为什么能够在惧战的气氛中凛然提出"焦土抗战"？就是因为充盈着这锐不可当、勇往直前的朝气。时可移，势会易，但广西之朝气，广西人朝气蓬勃的精神却应该不抛弃、不放弃。

1 徐悲鸿：《自卫与立志》，收入《莅桂名人演讲集》，广西省政府编译委员会印行，1940年2月，第157—158页。

广西人的抗战基因

广西人是有抗战基因的。

早在明朝嘉靖年间，倭寇不断骚扰东南沿海。明王朝多次派兵抵抗，皆败。嘉靖三十三年（1554），倭寇大举进犯江浙沿海地区，明王朝数千里海疆同时告急。嘉靖三十四年（1555），明朝征调英勇善战的“广西狼兵”到江浙抗敌。

“广西狼兵”，是明代广西土司地区的地方武装，主要分布在南丹、庆远、那地、东兰州以及思恩、田州等如今的河池、百色地区。狼兵有自己独特的战法，以七人为一伍，形成一个个独立合作的团队，有极强的战斗力。“广西狼兵”与浙江义乌兵、福建藤牌军、关宁铁骑并称四大精锐，为保护明王朝的稳定安宁做出了极大贡献。

到江浙抗击倭寇的“广西狼兵”由一个广西女将率领，她就是著名的壮族女性瓦氏夫人。瓦氏夫人率领“广西狼兵”进行了著名的漕泾镇战役、金山卫战役和王江泾战役，歼灭倭寇4000多人，取得抗倭前所未有的胜利。

明朝万历年间，女真崛起。万历四十六年（1618），努尔哈赤发兵攻明，数年时间，消灭明军数十万，攻占抚顺、开原、铁岭、沈阳、辽阳，直逼山海关。明军连战皆败。山海关若失，清兵即可长驱直入北京。

1622年，北京戒严，明朝举国惶惶不可终日。

这时候，在朝廷任职的广西藤县进士袁崇焕忽然“失联”，不久，他重新出现在北京。原来，“失联”期间，他单人匹马巡视关内外。回京后，他报告上司山海关敌情，宣称“予我军马钱谷，我一人足守此”。

临危受命，袁崇焕认为“广西狼兵”雄于天下，冲锋陷阵，恬不畏死，遂从广西调来六千“狼兵”。他高筑城，收失地，与清兵正面作战，创造了宁远大捷、宁锦大捷、保卫京师大捷三次大捷，直接导致了努尔哈赤的死亡，打破了清兵“女真不满万，满万不可敌”的神话。

曾经写过上千万字武侠小说、上千万字新闻评论的金庸，一生只写过一个人物的传记，那就是《袁崇焕评传》。在《袁崇焕评传》中，金庸写道：

> 努尔哈赤与袁崇焕正面交锋之时，满清的兵势正处于巅峰状态，而明朝的政治与军事也正处于腐败绝顶的状态。
>
> 以这样一个文弱书生，在这样不利的局面之下，而去和一个纵横无敌的大英雄对抗，居然把努尔哈赤打死了，打三场大战，胜了三场，袁崇焕的英雄气概，在整个人类历史中都是十分罕有的。

遗憾的是，后来崇祯皇帝错杀了袁崇焕，“自崇焕死，边事益无人，明亡征决矣”。

袁崇焕曾游桂林并作诗题咏独秀峰：

> 玉笋瑶簪里，兹山独出群。
> 南天撑一柱，其上有青云。

独秀峰有南天一柱之称。读其诗想其人，袁崇焕的确堪称来自南天的中流砥柱，其人格操守亦不愧“卓然独立天地间”。

自1840年以后，中国经历了中英鸦片战争、第二次鸦片战争、中法战争、中日甲午战争和八国联军战争。五次战争中，只有在中法战争，取得了镇南关大捷，给法国陆军造成重大伤亡，导致法国茹费理内阁垮台。

1883年12月爆发的中法战争分两个阶段、两个战场进行。第一阶段从1883年12月至1884年5月，战争在越南北部进行。第二阶段从1884年6月至1885年6月，战争在中越边境、福建沿海和台湾进行。

1885年1月，法军主力7000人向广西边境大举进犯，中国守军临阵逃跑，法军攻陷镇南关，广西危在旦夕。

两广总督张之洞力荐原广西提督冯子材迅速建军，重新出关抗击法军。

冯子材，钦州人，当时年近七十，已退职，临危受命，偕儿子相荣、相华及部将杨瑞山等，开赴镇南关，至前线，被推为前敌主帅，与时任广西提督苏元春协同作战。

1885年3月23日，3000名法军分三路进攻镇南关。冯子材在关前隘布下战阵，正面迎敌，击退法军。24日，法军再次来犯，以重炮轰击关前隘长墙，为法军进攻开路。冯子材“以帕裹首，赤足草鞋”，持矛大呼：“法再入关，有何面目见粤民？何以生为？”身先士卒，跃出长墙，与敌肉搏，大败法军于镇南关。文献记载当时战场情况：

> 法人前后受敌，乃败走。南方卑湿，春草方生。洋人革履滑，辄颠入草中。迫追兵又不得正路，穷急哀呼相闻。我军战胜，气益猛，乘日光穷追，斩馘法人数千级。法人被杀急，则投枪降，去帽为叩首状，以手捍颈。军士恨法人甚，卒杀不止。

26日，冯子材率军反攻，收复文渊、谅山、谷松、观音桥、长庆府，重伤法军指挥官尼格里，将法军驱逐到朗甲以南。

镇南关大捷，“法人自谓入中国以来，从未受此大创”，被认为是中国“中西战争第一大捷”，成为中法战争扭转战局的决定性一战，为中法和谈及中越划界提供了前提条件。

从瓦氏夫人到袁崇焕再到冯子材，我们可以感受到广西人身体深处有着某种“不抛弃、不放弃”的抗战基因。他们从来不会抛弃处于绝境中的国家，他们不会放弃任何可能胜利的机会。镇南关大捷不到半个世纪，随着九一八事变等系列事件的发生，中国又一次面临亡国的威胁。在“恐日症”全面流行的情势下，马君武、李宗仁、白崇禧等广西桂林的文人、武将个个发出抗战强音，桂林城、广西人又一次站到了中国抗战的最前沿。

广西司机的硬性

称呼是一个挺麻烦的事情，因为称呼造成的纠纷不胜枚举。比如，如今很少有人知道，曾经有一段时间，在广西，称司机为车夫被认为是侮辱性的称呼，当乘客称司机车夫的时候，竟会引起司机的暴怒，还往往以乘客蒙受损失结束。

空口无凭，在此引用《申报月刊》第4卷第10号钱华《广西人的特性》中的几则故事为证：

> 有一次南宁军官学校的教育长某君坐总部汽车到郊外公干，冲口而出的叫了一声汽车夫。司机人立时刹车，请他下来。某君勃然大怒，掏出手枪厉声道："不开就打死你。"司机人挺起胸脯亦大声回答道："打死我也是不开。"结果还是某君软化，说了许多好话，总算勉强开到了目的地。

> 国联交通部长哈斯前次偕同国联秘书吴秀峰到广西去视察，坐汽车到武鸣参观民团。中途车开到半山，吴秀峰问道："汽车夫，这是什么山？"碰到这位司机人又是一位霹雳火，把车停住，猛挥一拳，喝道："我把你送下山坡去！"吴氏大吃一惊，连忙避过拳风，含笑请他解释，始知触怒理由，四顾荒山，又无

人烟，只得连连鞠躬道歉，方获渡过难关。

有一位广州市政府秘书利君带了夫人黄女士和黄女士的妹子以会员资格来桂游览。到了南宁，利君夫妇住第一招待所，利君的小姨被派住乐群社，比较更优待一点。不料到乐群社以后，又说仍该住在第一招待所。所以就派一辆汽车送黄小姐回招待所。中途黄小姐也无意的叫了一声汽车夫，便硬逼她下车，还说：“你是一位女子，我不难为你，请你自己走路吧。”黄小姐木立路旁，眼看汽车驶去，人地生疏，又不认得路途，两行苦泪便夺眶而出。幸亏不久招待员坐车过路，连忙把小姐接上车来，百般安慰，此事遂轰传全城。

当时广西司机为什么不许别人称之为车夫，文章亦有说明：

广西南宁、梧州、桂林等处本来也有人力车，当局说是车夫拉人工作有背人道主义，一度禁止。现在虽然开放，但广西人去拉人力车的却是绝对少数，情愿去开垦、做苦工，不愿意沿街求乞，和戴上含有奴隶性的车夫名词。广西开汽车的差不多都受过初级中学教育，待遇方面每月从五六十元到百元左右，在广西已经算很好的了。一方面受人力车夫恶名词影响，同时又有相当智识，所以在年前他们召集一个全体大会，议决任何乘客绝对不许用汽车夫名词，一律改叫司机。因为司机含有技术性的，根本不是人家的奴才。他们的制裁方法，和平一点的，立刻停止服务，随便什么时候，或汽车开驶到任何地方，坐汽车的叫声汽车夫，便请他下车，意思就是我不情愿做你的汽车夫，请你另找别位；激烈一点的，便挥拳相向，你侮辱我，我就来一下子武力抵抗。

从这段文字，我们可以看出这样几点：其一，当时的广西政府已经向广西民众输入了人道主义意识，人力车夫这一职业一度被认为有悖人道主义而禁止；其二，广西民众尚不习惯从事付出体力的服务行业，这种习惯与人道主义意识结合，“车夫”遂成为具有奴隶含义的名词；其三，当时广西的司机受过中学教育，由于当时广西受过中学教育的人数极少，可能不及如今受过大学教育的人数，因此司机属于较高文化程度阶层，而且当时广西的汽车数量极少，车夫收入是比较高的。

如此高的文化程度，如此高的收入，竟然会因为一个“汽车夫”的称呼而不惜与乘客发生冲突。而且，在这种冲突中，短期吃亏的是乘客，长期吃亏的是广西司机，比如，上面国联秘书与司机发生冲突那个案例，结果是当局知道此事后，把这位司机捕来，拘留了三个月。

虽然是如此严峻的处罚，但广西司机仍然我行我素，讲述上面三个故事的作者是以这些故事作为广西人“服软不服硬的硬性”的证明，但读故事的我却感受到其中的弦外之音。

如今我们很难体会“车夫”这个名词当时在广西司机心里引起的反感程度。值得注意的是，这种反感首先来自当时广西政府的人道主义启蒙。也就是说，当时受过初中以上教育的广西人，他们接受了人道主义的观念，并将其化入内心情感，非如此，他们不会对“车夫”一词如此敏感和反感。

然而，这篇文章也告诉我们，当时乘客在广西使用“车夫”一词，其实并没有携带侮辱性的内涵，而且，“车夫”一词，在当时中国许多地方，是一个颇为流行并为公众广泛接受的称呼。比如，该文就专门提到：“汽车司机人的称呼问题。在平津通常叫开车的，有时候呼汽车夫，江浙通称汽车夫；香港广东因为英语色彩浓厚的缘故，简称车夫。但广西人却认车夫这个名词是含有重大侮辱性的，誓死不承认，于是乎闹出许多笑话。”

广西人的“硬性”在当时是一个正面的评价。这种“硬性”进而被提炼成“苦干硬干”的精神并被广泛认同。这可能与那个时代国人“抗日”的情绪有关，毕竟，“抗日”是需要“硬性”，也需要“苦干硬干”的。

但广西人的这种“硬性”并非没有可争议之处。邵雨湘的《粤桂纪游》中就有这样一段文字：

> 桂省汽车驾驶人，必称之曰司机，不得呼车夫；设有呼之者，必怒目相向，发生冲突，亦所不惜，绝不肯丝毫含糊。据云驾驶人中颇多中学毕业生，以身份关系，如称车夫，毋乃自卑，争回人格，不得不尔。实则乃囿于习惯，胸襟仍有所未展，盖其职务为驾驶汽车，名车夫，名司机，其于职务固未尝或变，既不贱视此驾驶技术于前，而必斤斤此一名而争于后，心理毋乃矛盾？当以百业同等，自食其力为至荣，服务公众为人类最高义务，虽粪夫可也，车夫何伤哉？[1]

这段文字中的“胸襟仍有所未展”一句，我觉得是邵雨湘对广西人性格评价中值得高度重视的地方。结合钱华和邵雨湘的两篇文章，我以为，广西人的“硬性”也有其负面的因素，这个负面因素就是“胸襟仍有所未展”。钱华文章中专门说到北京、天津、江苏、浙江、广东、香港等地视“车夫”称呼为平常，这些都是发达地区，为什么广西偏偏视“车夫”称呼为侮辱呢？虽然广西司机不接受“车夫”称呼这一行为出于“平等”的要求，有人道主义观念支撑，但广西司机或许因为长期囿于广西一隅，对外部世界缺乏了解，“胸襟仍有所未展”，容易偏执地理解问题，如把“车夫”这个称呼定性为侮辱性名词。殊不知，这个名词只是一个职业称呼，并不关涉平等意识和人道主义观念。况且，人的观念意识与人的见识视野有关，见多识广自然

1　邵雨湘：《粤桂纪游》，《旅行杂志》1936 年 10—11 月号。

不容易固执己见，墨守成规。想想看，如果广西司机不仅接受过初中以上教育，而且走南闯北，旅行过中国沿海许多地区，他是否还会因为“车夫”的称呼而耿耿于怀，对乘客以老拳相向？因此，广西人的“硬性”固然有其朴实坚毅的一面，也有其不够灵活通脱的一面。为了一个有歧义的称呼，广西司机动辄以“拒载”，甚或以拳头相威胁，实在是小题大做，更有违职业道德。如此看来，即便是当时人们普遍称道的广西人的“硬性”，其实也有值得我们反省深思的一面。的确，我们应该超越表面的语词之争，“胸怀祖国，放眼世界”。而作为广西人，哪怕在接受别人的推崇赞扬之时，也应该冷静想想，自己的行为、心态是否真正符合现代文明？是否能够在与他人“不同”之时，仍然能保证“和而不同”？

台儿庄上空的八桂雄鹰

李宗仁回忆台儿庄战役时说："台儿庄捷报传出之后，举国若狂。京、沪沦陷之后，笼罩全国的悲观空气，至此一扫而空，抗战前途露出一线新曙光。"白崇禧亦有对当时情形的回忆："台儿庄大捷之消息传遍国内外，……武汉行都狂热庆祝，据报载游行人数超过十万以上，并用卡车载李宗仁长官与白崇禧之巨幅相片为先导。"

李宗仁、白崇禧皆是北伐名将，经台儿庄一役后更是声名大振，定格为抗战中的英雄。

2015年7月7日，我从桂林启程赴江苏常州，由常州至山东枣庄，再由枣庄到台儿庄。8日，我参观位于当年台儿庄火车站的李宗仁史料馆。台儿庄人民没有忘记这位桂林籍的台儿庄战役指挥官。9日，我走进台儿庄大战纪念馆。在纪念馆很醒目的位置，我看见了一张曾经多次见过的照片，即空军上尉何信那张戴着头盔、穿着毛皮冬衣的照片。照片里的何信高大、威武、英俊，如果生活在今天，他或许是时尚青年眼里的高富帅。

这张照片的下面，有一段文字介绍：

何信，中国空军第三大队第八中队副中队长。1938年3月25日率战机14架在临城、枣庄一带上空，与敌机空战后，返航途中，遭敌机的突然袭击。何信胸部连中三弹，他强忍剧痛，以其精湛的技术，将敌首机击落，因弹药用尽，他便以全速撞向另一架敌机，敌机猝不及防，也被撞毁。何信与莫休、李鹰勋、梁某等三位飞行员一起殉国。

后来我在广西各界抗敌后援会发行、1938年5月14日出版的《克敌周刊》第10期上看到，上段文字中的李鹰勋应为李膺勋，梁某实为梁志航。

长期以来，人们说到台儿庄战役，总会说到李宗仁、白崇禧，说到此役中功勋卓著的庞炳勋、张自忠、王铭章、池峰城等将领，而往往忽略了数量庞大的下级军官和普通战士。一将功成万骨枯，战争造就了将军的声名，而将成千上万浴血奋战的下级军官和普通战士变成了被历史遗忘的人。

正因此，当我在台儿庄大战纪念馆那些彪炳史册的将帅的照片之外，看到何信的照片，并看到与何信有关的影像资料时，心中涌起特别的感动。

何信，桂林人，1913年生，家住通泉巷。12岁肄业于桂山中学，后考入位于桂林靖江王城的广西省立第二师范学校。在同学心目中，何信面孔黝黑，身体健壮，有天生的军人气概。果然，几年后何信考入第四集团军所办的柳州军校无线电班，穿上了军服。1932年，广西设立航空学校，何信应试入选，成为真正的军人。何信在航空学校当学生时，常患胃病。白崇禧因为何信生病曾打电报给有关人员，称：良好的飞行员，系国家之干城，应该好好爱护他。何信听说此事，倍受鼓舞，深深感激。

在柳州航空学校，何信每次考试都是冠军成绩。毕业后，他以最优成绩被保送日本留学，成为广西历史上首批留日飞行员。在日本明野航空学校，何信仍以优异成绩闻名。据称，在一次高空射击考试中，他的命中程度竟打破日本最高纪录，教官和同学以及日本航空界为之震惊。台儿庄大捷不久后出版的《广西空军》一书，写到何信时，称："何君在平时练习射击，对地面固定靶的射击，几乎百发百中，对空中靶的射击，发射十颗子弹便有十七八个孔——靶系布制的圆袋，所以射中子弹一粒有两个孔，同学们因此给何君以射手大王的诨号。"

许多人谈论台儿庄战役，视角多关注陆军。《中国空军》对台儿庄战役中的广西空军给予了极高的评价："广西空军参加鲁南战斗，……紧紧把握着第五战区津浦北线战场的领空，给予敌人以莫大的打击。台儿庄之歼灭战，多得力于广西空军的'垂直包围'，功绩之伟大，不让陆军。"

何信与敌机空中激战的情景为当时当地百姓所目击。《克敌周刊》如此记载："临枣一役，以我机十四架，与敌机十七架战斗，击落其七，安然返航。不图于回抵马牧集上空，猝与敌机廿余架遭遇，发生激战，历时既久，油弹俱穷，复能奋其余勇，乘机向敌猛扑，卒将敌机击落，随与偕亡，此次杀敌情形，当地人士，目所共见，痛其壮烈牺牲，哭声为之震地云。"

1938 年 5 月 3 日，桂林的天空和大地被头天夜晚的暴雨洗得格外清明。这天，春光明媚，第五路军与广西政府在桂林南门外老车站（据说即今桂林南站）设立祭坛，为何信及其战友莫休、李膺勋、梁志航举行公祭。当时南门外老车站搭建了一座巨大的祭棚，祭棚里安放着四烈士的遗榇和灵位，四烈士的遗像，栩栩如生地挂在灵前，四围放有党政军各界赠送的挽联和花圈。其中，最醒目的是李宗仁、白崇禧赠送的挽联：

凌空抗战效命前驱置身于硝烟战火之中秉大无畏精神竟扫敌氛标伟绩；

视死如归英风宛在浩气与河岳日星并永痛说多年袍泽怆怀忠烈系哀思。

另外，何信母亲靳永芳的挽联尤令人痛惜：

危险早在意中差儿幸志竟成尽孝尽忠总算不负我生平愿了；
修短虽由数定只恨敌氛尚炽为国为民惜未能留汝缓死须臾。

何信，广西桂林人。莫休，广西阳朔人。李膺勋，广西陆川人。梁志航，广西宾阳人。我常常想，当年桂林能够成为凝聚整个中华民族抗敌意志的文化城，固然因为有李宗仁、白崇禧这些能够号令千军万马的将帅的感召，但也不能缺少像何信、莫休、李膺勋、梁志航这些数量庞大的桂军战士的激励。何信那种在战斗中驾驶雄鹰撞向敌机与敌同归于尽的勇气，真正显示出八桂将士为国家为民族视死如归的意志。文化城啊文化城，如果没有八桂将帅运筹帷幄、决胜千里的战略，如果没有八桂战士喋血沙场、气吞山河的献身，又怎么能够让来自全国各地成千上万文化人心安桂林、众志成城？

文化人涌入桂林的第一波高潮

1938 年 10 月，广州和武汉相继沦陷，造成了文化人涌入桂林的第一轮高潮。

1938 年 10 月 20 日，于广州沦陷前十多个小时，文化生活出版社总编辑巴金与未婚妻萧珊及友人林憾庐撤出广州，11 月上旬抵达桂林。

同一天的上午，《救亡日报》总编辑夏衍还在广州为第二天的《救亡日报》写社论。中午，一切消息断绝。下午传来消息，日军离广州已经只有几十里。夏衍召集《救亡日报》编辑部会议，决定在 21 日之后暂行停刊。夏衍黯然写了一篇社论：《忍着眼泪和广州的市民暂别》。21 日凌晨，夏衍与《救亡日报》全社 12 位同人，只拿了些日用必需的东西，向西出发，离开广州。11 月 7 日，抵达桂林。

广州沦陷前夕，在国民政府第四战区长官部政治部三组任职的司马文森随四战区长官部撤往粤北山区，1939 年 5 月抵达桂林。

1937 年 7 月 6 日傍晚，在武汉从事抗战文艺活动的诗人艾青还在武昌近郊漫步，并写了一首描绘傍晚郊野宁静风光的小诗《黄昏》。随着战火向武昌迫近，7 月下旬，艾青不得不与妻子张竹如离开武汉，到了湖南衡山。10 月或 11 月的某一天，艾青由衡山到了桂林。

1938 年夏秋之际，战火迫近武汉，活跃于武汉的国际宣传委员会总干事、中华全国文艺界抗敌协会常务理事盛成在宋埠与李宗仁商议把国际宣传委员会一分为二：一部分由王炳南带到重庆，一部分由盛成带到桂林。10月底，盛成到湖南把家人接到桂林。在桂林，盛成拜见了广西省主席黄旭初。黄旭初让盛成与国际宣传委员会的人担任广西省政府参议，每月薪金100元，并每月给国际宣传委员会划拨100元。盛成在漓江东岩施家园租房居住，很多年以后，他做他的口述回忆时，还清楚地记得他住所的方位："在望城岗下面，象鼻山的对面，南岸是穿山，北面是龙隐岩。宋朝的'平蛮碑'和'党人碑'就在岩内。岩旁边是月牙山，山里有一个庙，我的朋友巨赞就住在山里。"[1]

1938年10月24日晚，武汉沦陷前夕，国民政府军事委员会政治部第三厅厅长郭沫若乘船离开汉口,10月30日抵达长沙。11月10日，岳阳失守，长沙危在旦夕。11月12日，长沙大火。郭沫若发现大火燃起后从火中冲出来，撤至衡阳。12月2日，郭沫若乘火车离开衡阳，12月3日抵达桂林。

国民政府军事委员会政治部第三厅第五处处长胡愈之是与郭沫若一起撤离武汉的，抵达长沙后，他向政治部副主任周恩来提出了辞职。周恩来同意了胡愈之的辞职，并建议他到桂林做李宗仁、白崇禧的统战工作，同时把桂林的抗日文化活动开展起来。胡愈之接受了周恩来的安排，于11月中旬抵达桂林。

1938年9月，范长江在武汉筹备成立国际新闻社。10月，国际新闻社在长沙成立。11月，国际新闻社从长沙迁至桂林。

这些到桂林的著名文化人并不是只身前来，与他们同来的常常是一个文化团队抑或一个文化机构。

巴金到达桂林后，暂住七星岩后缪崇群家。[2] 这是抗战期间巴金第一次到桂林。很快，巴金创建了文化生活出版社桂林分社，社址在东

---

1 《盛成回忆录》，山西人民出版社2012年6月版，第114—115页。

2 苏关鑫、雷锐、黄绍清、肖昭蕙：《旅桂作家》，广西人民出版社1989年12月版，第1页。

江福隆街32-6号，1943年迁至中北路西一里6号。1938年10月25日，巴金为他从广州带来的《文丛》第二卷第四期写了卷首语。在文章中，巴金写道："这本小小刊物的印成，虽然对抗战的伟业并无什么贡献，但是它也可以作为对敌人暴力的一个答复，我们的文化是什么暴力所不能摧毁。"[1]除了编印《文丛》，巴金还编发了艾芜《逃荒》、罗淑《地上的一角》、朱雯《逾越节》等书稿，这些书稿第二年相继由文化生活出版社在桂林出版。

《救亡日报》1937年8月24日创刊于上海，是上海文化界救亡协会的机关报，11月因上海沦陷而停刊。1938年1月1日在广州复刊。10月，又因广州沦陷而迁至桂林。

与夏衍一起到达桂林的有林林、彭启一、高灏、高汾等《救亡日报》12位同人。到达桂林后，夏衍当晚即到桂北路206号八路军办事处找李克农汇报工作。11月9日，夏衍只身赴长沙向周恩来以及《救亡日报》社长郭沫若请示工作。从长沙回到桂林后不久，夏衍又前往香港通过廖承志筹募《救亡日报》的复刊经费。廖承志从海外华侨捐赠的经费中，给《救亡日报》拨了1500元港币。与此同时，广西当局也答应补助200元作为开办费用。1939年1月10日，《救亡日报》终于在桂林复刊。[2]

根据华嘉的回忆，《救亡日报》在桂林分三个地方办公：社址在桂西路的太平路12号，营业部在太平路东口即桂西路26号，编辑部和印刷厂在郊外的白面山。在华嘉的记忆中，太平路的《救亡日报》社址"在当时还算是像个样子的，门前有个围墙，围墙内有个院子，建筑物是挺坚实的木楼，还有一排附属的平房。这个社址没有搬过家，一直都在那里。在1939年和1940年，这里成了文化人经常来往

1 孙晶：《巴金与现代出版》，复旦大学出版社2012年1月版，第122页。
2 潘其旭、王斌、杨益群、顾绍柏编选：《桂林文化城纪事》，漓江出版社1984年11月版，第218页。

的公开地方”。[1]

如今，《救亡日报》社址仍坐落在太平路南段东侧。由于太平路与城市中心乐群菜市场相邻，道路拥挤嘈杂，来往行人和买卖者众多，因此，人们不太容易发现街道边上还有这样一个国家级重点文物保护单位。不过，如今的《救亡日报》社遗址像桂林尚存的为数不多的民国建筑一样，是战后重建的。那是因为1944年的桂柳会战中，桂林整个城市惨遭浩劫，《救亡日报》社址也不例外。

国际新闻社先于社长范长江到达桂林。根据唐海的回忆，其社址在环湖北路，只有几间破旧的平房用来办公。夏衍在纪念范长江的文章中说：“在桂林时胡愈老（胡愈之）等有个聚餐会，长江、刘思慕、姜君辰和我一些人都参加，国新社要发什么稿，每次聚餐会一谈，哪一件事要写一篇文章，就拿起笔写。当时写稿最快的是两个人，一个是范长江，一个是刘思慕。刘思慕只要你和他一讲写个什么问题，出个题目给他，一个钟头之后，他就可以交卷；范长江也很快。”[2]

文化人涌入桂林之后，并非一盘散沙，他们很快以各种名目组织起来。比如，1938年11月30日，由广州、武汉等地撤退至桂林的文艺工作者，在月牙山倚虹楼举行临时座谈会，到会的有夏衍、巴金、周钢鸣、林林、高兰、林憾庐、谷斯范、艾青、王莹、杨朔、特伟、白薇、李辉英、张周、田一之、陈紫秋、董每戡、丽尼、王语今、欧阳凡海等20余人，决定在桂林成立中华全国文艺界抗敌协会桂林分会，并推举巴金、夏衍等负责筹备工作。

---

1 潘其旭、王斌、杨益群、顾绍柏编选：《桂林文化城纪事》，漓江出版社1984年11月版，第253页。

2 胡愈之、夏衍等：《不尽长江滚滚来——范长江纪念文集》，群言出版社2004年9月版，第22页。

文化人云集桂林的三次高峰

1931 年 9 月 18 日至 1945 年 9 月 3 日，中华民族的抗日战争整整持续了 14 年。恰恰在这段时间，战争的背景以及当时桂系在建设广西方面的励精图治，造就了广西文学一个空前的繁荣，这个空前的文学繁荣主要由当时的桂林文化城所呈现。

用文学史家吴福辉的话说："桂林的地位自然不全在风光的旖旎，而是它正处于抗战政治、文化的缓冲地带。""从文学家创作环境看，昆明和桂林的区别是昆明有余裕来沉思、体验战事，桂林却距战火不即不离，好似迫在眼前，又可从容构想。"正是这种特殊的情势，造就了桂林与文学的因缘，处在连接西南、东南的交通结点上，桂林"成了南北文化流动的理想集散地"。

在这不算短暂的 14 年里，相继出现过三次作家集结桂林的高峰期。

第一次是广西师专成立之后。

1933 年 8 月，广西师专校长杨东莼聘请在上海写作的新文学作家沈起予到广西师专任教。沈起予可能是抗战时期第一个来桂林的新文学作家。1935 年广西师专又聘请了以陈望道为首的来自上海的新文学作家团队。这个团队包括陈望道的弟弟陈致道，学生夏征农、祝秀侠和杨潮四人。不久，陈望道又邀请著名戏剧家沈西苓到广西师专担任教职。

沈起予、陈望道、夏征农、祝秀侠、杨潮、沈西苓是抗战期间到桂林的第一个文学团队，他们主要依托广西师专从事文学活动。他们对桂林文坛的贡献主要在三个方面：一是系统化地带来了新文学理念和新文学实践，二是培养了一批桂林本土的新文学作家，三是奠定了桂林现代话剧运动的基础。

1936 年 6 月，以陈望道为首的上海左翼文学团队先后离开了桂林，但他们播下的新文学种子已经在桂林落地生根。

第二次是广州、武汉沦陷之后。

1938 年 10 月广州、武汉沦陷之后，桂林成为与重庆、延安鼎足而三的抗战文化中心。是时，欧阳予倩、盛成、孙陵、胡危舟、夏衍、巴金、艾青、郭沫若、王鲁彦、艾芜、田汉、司马文森等人分别从上海、武汉、广州、长沙、衡山等城市抵达桂林，直接导致了作家向桂林集结的第二次高峰。

第二次作家集结桂林期间的一个重要事件，是中华全国文艺界抗敌协会桂林分会的成立。

1938 年 6 月，文艺茶话会在月牙山倚虹楼举行，决定筹组中华全国文艺界抗敌协会桂林分会，推举欧阳予倩、李文钊、韦容生、满谦子、张安治五人负责筹备。11 月，文艺家们还是在月牙山倚虹楼举行临时座谈会，决定成立桂林分会，推举巴金、夏衍等负责筹备工作。12 月，桂林战时文艺工作者联谊会成立，李文钊为临时主席，李文钊、艾青、阳太阳、黄药眠、欧阳凡海、林林、周钢鸣七人为理事。1939 年 2 月，姚蓬子代表总会致信冯乃超、夏衍和巴金，催问桂林分会筹备情况，并说："桂林作家云集，且为西南文化中心之一，文协分会必须迅速建立起来。"7 月，姚蓬子途经桂林，召集桂林文艺界座谈会，正式成立了桂林分会筹备委员会。9 月，《救亡日报》刊登启事，征集会员。10 月 2 日，文协桂林分会在桂东路广西建设研究会礼堂召开成立大会。10 月 4 日，第一次理事会推选欧阳予倩、李文钊、

文协桂林分会成员合影

陈此生、王鲁彦、林林、黄药眠、焦菊隐、艾芜、钟期森九人为常务理事。

文协桂林分会成立后，规模逐年扩大，直到 1944 年 9 月，日军逼近桂林，当局要求全体居民撤离，文协桂林分会始告结束。对于文协桂林分会的作用，徐迟有过一个评价："文协是全国组织，头脑设在重庆……桂林分会应是心脏的地位，仅次于作为头脑的重庆总会。"

第三次是太平洋战争爆发，香港沦陷之后。

1941 年 12 月，太平洋战争爆发，25 日，香港陷落。林焕平、茅盾、胡风、端木蕻良、何香凝、柳亚子等纷纷从香港逃出，历经艰险抵达桂林。香港沦陷导致又一次作家向桂林集结的高峰。

第三次作家集结桂林，将桂林的抗战文化推向了高潮，成就了一批名篇佳作，完成了桂林文化城的文学定格。

抗战 14 年，一批又一批来自全国各地的知名作家云集桂林，用他们的文学作品建构了一道壮烈的抗战风景线，诠释着中国抗战文化中心的精神内涵。他们的作品不仅丰富了中国现代文学的内容，而且为广西本土作家提供了与各地作家交流的绝好机会，有力地促进了广西本土文学从旧文学向新文学的转型，还为八桂大地留下了一笔丰厚而宝贵的文学财富。这笔文学财富，既有人们耳熟能详的如艾青的诗歌《我爱这土地》、茅盾的长篇小说《霜叶红似二月花》等，也有并不广为人知的如端木蕻良的短篇小说《初吻》等。当然，对于桂林人而言，最珍贵的肯定是大量桂林生活题材的作品，如艾青的长诗《火把》、骆宾基的短篇小说《北望园的春天》、陈残云的中篇小说《风砂的城》、巴金的长篇小说《火》、司马文森的长篇小说《雨季》和《人的希望》、夏衍的话剧《法西斯细菌》和《芳草天涯》、田汉的话剧《秋声赋》、欧阳予倩的话剧《旧家》，还有不可胜数的纪实性作品，等等。随着时间的推移，这些作品的珍贵性将日益凸显。

民国时期的广西师范大学文学院人物考录

一、民国时期广西师范大学历史总述

广西师范大学是一所有 90 多年历史的大学，文学院是广西师范大学最早的系科之一。近年来，我对民国广西文献略有涉猎，对广西师范大学的历史略有了解。2016 年 11 月，广西师大文学院院长陈小燕教授为申报一级学科博士点，委托我整理一份民国时期广西师范大学文学院的教师名单，我因此检索各种文献，寻找那些民国时期曾经在广西师范大学工作过的语言文学教师的踪迹。

寻找民国时期曾经在广西师范大学工作过的语言文学教师的踪迹，首先要厘清民国时期广西师范大学的历史。

根据黄荫荣、李冠英主编的《广西师范大学史稿》，我们知道民国时期广西师范大学有三个发展时期。

广西师范大学最早的前身是 1932 年 10 月成立的省立广西师范专科学校，该校办学 4 年即遭停办。这是广西师范大学第一个发展时期，时间是 1932 年 10 月至 1936 年 6 月，可简称为广西师专时期。

1941 年 12 月，广西省政府重新设置广西省立桂林师范专科学校。1942 年 4 月，广西省立桂林师范专科学校更名为桂林师范学院。1943

年 8 月，省立桂林师范学院升级为国立桂林师范学院。这是广西师范大学第二个发展时期，时间是 1941 年 12 月至 1946 年 6 月，可简称为桂林师院时期。

1946 年 2、3 月，教育部责令桂林师范学院搬迁至南宁，并将桂林师范学院更名为南宁师范学院。1946 年秋季，南宁师范学院一年级新生开始在南宁上课。直到 1950 年 3 月，教育部批准国立南宁师范学院并入广西大学。这是广西师范大学第三个发展时期，时间是 1946 年 9 月至 1950 年 3 月，可简称为南宁师院时期。

值得注意的是，虽然广西师专已经于 1936 年 6 月停办，但停办后的广西师专可谓名亡实存，并入了广西大学。这是广西师范大学的“体外寄生”时期，它像“草蛇灰线”若隐若现于广西大学的文法学院、文史地专修科和师范专修科几个机构之中。这个时期从 1936 年 7 月至 1941 年 12 月，正好与重建的广西师专相衔接。

厘清了民国时期广西师范大学的历史，才可能厘清民国时期广西师范大学文学院的历史。

通常认为文学院是广西师范大学最早的院系。这个看法不一定符合事实。

从 1932 年至 1936 年，广西师专共招收了 4 届学生。最初，广西师专的学生并无专业之分。根据《桂政纪实》的记载：

> 该校共计招生四次，第一届学生一百二十人，原分三班，后改为两班，二十一年秋入学，照章二十三年夏结业，因奉令调邕训练半年，乃于二十四年春正式毕业，分发第四集团军政训处及各中等学校服务。第二届学生六十二人，于二十二年秋入学，分为两班，于二十五年结业。第三届招史地组一班，于二十三年秋入学。第四届招文学组一班，于二十四年秋入学。二十五年八月，省令该两组拨入广西大学肄业，分文学、社会学两专修科，于二十六年九月同时结业，计：文学专修科六十人，社会学专修

科二十九人。该两科毕业生，除因病者外悉数参加广西学生军，出发前线工作。[1]

对照上面《桂政纪实》的记载，我们梳理一下，广西师专1932年开始招生，第一届（1932年）招两个班，即一班和二班；第二届（1933年）招两个班，即三班和四班。第一、二两届四个班未分专业。第三届（1934年）招一个班，为五班，即史地专业；第四届（1935年）招一个班，为六班，即文学专业。

我们知道，广西师专是为培养中学师资成立的。中学不仅需要文科师资，也需要理科师资。那么，为什么广西师专只设文史地文科专业而不设数理化理科专业呢？这是因为，据《桂政纪实》记载："二十四年（即1935年），省令西大设置理科，师专则办文科，遂将第三届改为史地组，第四届为文学组。"[2]

由此可见，广西师专第一个专业应该是史地专业，招生于1934年。文学专业是广西师专第二个专业，招生于1935年。

学生分专业并不等于学校分院系。迄今为止，我尚未看到民国时期广西师专院系设置的资料。不过，上述《桂政纪实》的文字表明，广西师专文学和史地两组专业学生拨入广西大学后，分别成为文学和社会学两个专修科。

1936年6月以前的广西大学只有理学院、工学院和农学院三个学院。1936年4月，广西省政府制订《广西高等教育整理方案》；6月，根据此方案改组广西大学；7月，改组就绪。这次改组的一个重要内容，就是成立了文法学院。而文法学院正是在停办了的广西师专的基础上成立的。广西大学文法学院设文学、社会学、法律学等三系及银行专修科，并附设乡村师范班。[3]其中的文学系和社会学系的学生恰好

1　广西省政府十年建设编纂委员会编印：《桂政纪实》第4编第5章，第257页。

2　广西省政府十年建设编纂委员会编印：《桂政纪实》第4编第5章，第257页。

3　参见广西省政府十年建设编纂委员会编印：《桂政纪实》第4编第5章，第247—248页。

来自广西师专文学和史地两个专业。

据《广西大学校志（1928—1988）》，1936年6月广西师专改并为广西大学文法学院[1]，文法学院聘请的文学系主任为陈望道，社会学系主任为施复亮。[2]

从上述材料可以看出，广西师范大学第一个专业是史地专业，第二个专业为文学专业，最早的院系设置不在广西师专，而在广西大学。文法学院是广西大学最早的文科学院，文学和社会学是广西大学最早的文科系。我们通常所说，陈望道是广西师范大学第一任中文系主任，准确地说，陈望道是广西大学第一任文学系主任。只是因为广西大学文法学院是由广西师专并入成立，文学系学生来自广西师专文学组，陈望道也是从广西师专转入广西大学，广西大学与广西师范大学有着“剪不断，理还乱”的关系，因此，人们很容易将广西大学文学系理解为广西师范大学最早的文学系。

这里，我愿意将广西大学文法学院、文史地专修科和师范专修科理解为广西师范大学的“寄生”时期，如此，广西大学文法学院文学系才能够顺理成章地理解为广西师范大学最早的中文系 / 文学院。

下面我们按不同历史时期，看看民国时期广西师范大学有哪些语言文学专业的教师。

二、广西省立师范专科学校时期

广西省立师范专科学校虽然只办了4年，但是，它也经历了多个阶段。

第一个阶段为唐现之阶段。唐现之是广西师专的筹建人，他在筹建广西师专时，为学校聘任了一些教师。其中，属于语言文学学科的

---

1 《广西大学校志（1928—1988）》，第2页。

2 《广西大学校志（1928—1988）》，第70页。

有教文选的罗干青老师。[1]罗干青可能是广西师专第一任文学教师。[2]罗干青先生何许人也，恕我无知，无法提供太多信息，有资料显示他做过农史学家梁家勉的老师。

第二个阶段为杨东莼阶段，时间是1932年10月至1934年5月。据《杨东莼大传》，杨东莼担任广西师专校长期间，聘请梁存真担任广西师专图书馆馆长，讲授古代文学；聘请沈起予讲授文学概论；据李殷青《红色教授朱克靖》一文，杨东莼还聘请了朱少希到师专任教，教的也是文选。杨东莼是共产党员，他聘请的教师多有左翼色彩，甚至与共产党有各种各样的关系。

沈起予是重庆人，毕业于日本京都帝国大学，左联成员，有多部小说和学术著作出版，文学史对其研究尚少。2010年，我们在做独秀作家群的发掘和梳理时，对他有所了解。

梁存真是广西博白人，曾与语言学家王力同学，在广州求学时曾受业于鲁迅，被列入"博白四大才子"。

朱少希是湖南醴陵人，1916年曾与汪泽楷创办开元小学，1922年曾组织马克思主义学习小组，1929年在上海加入中国共产党，后脱党。1949年以后在旧戏改编上有一定成就。他将南戏《幽闺记》中的《拜月亭》和《抢伞》改编为湘剧《拜月记》。继与谭君实合作，将《拜月记》改写为电影剧本，由上海天马电影制片厂摄制，获文化部奖金300元。

第三个阶段可称为后杨东莼阶段。1934年5月杨东莼离开之后，师专校长相继由罗尔棻和郭任吾接任。据陈此生所作《自述》，1934年底，广西师专聘请陈此生任教务主任，并委托他物色几个好教授。[3]

1　路璋：《我所知道广西师专的一些情况》，魏华龄、何砺锋主编：《三十年代广西师专》，漓江出版社1992年7月版，第78页。

2　路璠、何砺锋：《三十年代的广西师专综述》，魏华龄、何砺锋主编：《三十年代广西师专》，漓江出版社1992年7月版，第7页。

3　《陈此生诗文选》，广西人民出版社1996年12月版，第12页。

陈此生的夫人盛此君在《忆师专》一文中说："1935 年夏，此生出任师专教务主任，由他聘请的教授有陈望道、邓初民、施复亮、熊得山、马哲民、胡伊默等，先后到了师专。跟着此生又和陈望道向上海'左联'的朋友相邀，不久左翼作家杨潮和著名导演沈西苓也结伴而来。"[1] 前述广西师专是 1935 年秋季开始招收文学专业。此一时期正好是陈此生任教务主任时期。上述陈此生聘任的人中，属于语言文学类的教授有陈望道，陈望道邀请的杨潮和沈西苓也有作家和导演身份。与陈望道一起到广西师专任教的还有陈望道的弟弟陈致道和学生夏征农、祝秀侠。其中，夏征农、祝秀侠也有作家身份。

陈望道，修辞学家、语言学家，《共产党宣言》第一个中文本译者，曾任复旦大学文学院院长、复旦大学校长。

沈西苓，电影艺术家、戏剧艺术家，电影代表作《十字街头》。

夏征农，左联成员，文学家，《辞海》主编，曾任复旦大学党委书记。

杨潮，笔名羊枣，著名记者、国际问题专家。

祝秀侠，左联成员，作家，曾任复旦大学中文系教授，曾在澳门创办越海学院，赴台后曾任"教育部"特别编纂。

三、"寄生"广西大学时期

如上所述，广西师专于 1936 年 6 月停办，并入广西大学。广西大学增设文法学院，文法学院设文学系、社会学系。

1937 年 9 月，广西省政府令广西大学文法学院文学系、社会学系改为专修科，并提前毕业。[2] 至此，文学系在广西大学文法学院中消失。

---

1 盛此君：《忆师专》，魏华龄、何砺锋主编：《三十年代广西师专》，漓江出版社 1992 年 7 月版，第 111 页。

2 《广西大学校志（1928—1988）》，第 71 页。

11月，广西大学文法学院增设文史地专修科。[1]1938年2月以后，文史地专修科主任为王力。[2]1939年1月，焦菊隐受聘文史地专修科主任。[3]1941年4月，广西大学文法学院改为法商学院。

1941年5月，广西省政府咨请教育部，自是年秋季起，于国立广西大学增设师范学院，以造就中等学校师资，使广西之中等学校师资问题藉以根本解决。同时，并函西大赞助此举。旋于8月得西大复函，谓已奉教育部指令，“准在西大设立师范专修科，以培养初中及简师之师资，并指定先设国文、理化二科，修业年限定为三年，学生概由本省保送”。于10月20日起，同时在南宁、梧州、桂林、玉林、浔州、百色、柳州、平乐各中学，举行入学考试，取录各生之来省舟车费，概由省政府支给。该科设于大埠圩唐氏宗祠内。[4]

广西大学增设师范专修科的时候，聘请陈剑翛为法商学院院长兼师范专修科主任。

综上所述，1937年至1941年，陈望道、王力、焦菊隐等人曾先后在广西大学文法学院文学系、文史地专修科担任中国语言文学专业教授。

王力，语言学家，曾任北京大学中文系教授。

焦菊隐，戏剧家，曾任北京师范大学文学院教授，北京人民艺术剧院总导演。

四、桂林师范学院时期

几乎与广西大学增设师范专修科同时，广西省政府认为此举仍不能解决师资大量缺乏的问题，决定设置省立师范专修学校。于是，

---

1 《广西大学校志（1928—1988）》，第71页。
2 《广西大学校志（1928—1988）》，第71页。
3 《广西大学校志（1928—1988）》，第72页。
4 广西省政府十年建设编纂委员会编印：《桂政纪实》第4编第5章，第263—264页。

1941 年 9 月 30 日，派员筹备，于 11 月 1 日成立筹备处，借桂林东灵街 2 号广西教育研究所旧址办公。1942 年 1 月，始正式上课。暂以教育研究所旧址为教室、办公室及女生宿舍，男生宿舍则借用六合路前江苏教育学院之宿舍两座。[1]

广西省立桂林师范专科学校有教育科、史地科和理化科三个专业，无文学专业。但教育、史地、理化三科的学生都必修国文、外国文等课程。[2]

1942 年 4 月，省立广西师范专科学校升级为广西省立桂林师范学院，按师院体制，教育、史地、理化三科改为教育、史地、理化三系，增设国文、英语两系，开办附属中学。[3] 此为广西师范大学有国文系（后称中文系，如今称文学院）之始，第一任国文系主任张世禄。学校从东灵街迁至六合路。

据吴令华《一年半的教学生涯——记吴世昌教授在桂林师院》，1943 年春天吴世昌到桂林接替张世禄，任桂林师范学院国文系主任。[4]

据《谭丕模生平年表》，1945 年 2 月，曾作忠院长邀请谭丕模任桂林师范学院国文系主任。[5]

据《国立桂林师范学院实录》附录《国立桂林师范学院教授名录》，通过不完全的甄别，桂林师范学院时期国文系教授、副教授主要有：张世禄、吴世昌、宋云彬、穆木天、谭丕模、王西彦、方管（舒芜）、彭慧、林焕平、欧阳予倩、曹伯韩、张毕来、高天行。

这个名单实际上包括了南宁师范学院时期的教授。综合史料可以确定，桂林师范学院时期，有张世禄、吴世昌、宋云彬、穆木天、彭

---

1 广西省政府十年建设编纂委员会编印：《桂政纪实》第 4 编第 5 章，第 265 页。

2 广西省政府十年建设编纂委员会编印：《桂政纪实》第 4 编第 5 章，第 266 页。

3 曾孝威：《曾作忠先生桂林师院主事年表》，张谷、魏华龄主编：《国立桂林师范学院实录》，漓江出版社 1997 年 12 月版，第 37 页。

4 吴令华：《一年半的教学生涯——记吴世昌教授在桂林师院》，张谷、魏华龄主编：《国立桂林师范学院实录》，漓江出版社 1997 年 12 月版，第 76 页。

5 谭得伶编：《文学史家谭丕模》，北京师范大学出版社 1999 年 6 月版，第 315 页。

慧、谭丕模、欧阳予倩、林焕平、曹伯韩等人。其中，穆木天、彭慧夫妇 1943 年已经在桂林师范学院国文系任教，欧阳予倩、曹伯韩、宋云彬由谭丕模于 1946 年初聘请到国文系任教。另外，谭丕模还聘请了郭任吾到国文系任教。[1]

张世禄，语言学家，曾任南京大学、复旦大学教授。

吴世昌，红学家、词学家，曾任中国社会科学院文学研究所研究员。

宋云彬，文史学者，杂文家，曾任浙江省文史馆馆长、文联主席。

穆木天，诗人、翻译家，曾任东北师范大学、北京师范大学教授。

彭慧，作家，著有长篇小说《不尽长江滚滚来》等，曾任北京师范大学教授。

林焕平，文学评论家，曾任大夏大学、桂林师范学院、广西大学、广西师范大学教授。

谭丕模，文学史家，曾任湖南大学、北京师范大学教授。

欧阳予倩，戏剧家，曾任中国文联副主席、中央戏剧学院院长。

曹伯韩，语言学家，有《语法初步》《通俗社会科学二十讲》等著作。

张毕来，文学家，曾任东北大学、东北师范大学教授兼中文系主任，华东师范大学教授。

五、南宁师范学院时期

1946 年秋，桂林师范学院奉命迁至南宁，开始了南宁师范学院时期。

1　谭得伶编：《文学史家谭丕模》，北京师范大学出版社 1999 年 6 月版，第 315 页。

南宁师范学院为桂林师范学院的延续，谭丕模、张毕来继续任教南宁师范学院，谭丕模还聘请了舒芜、王西彦、高天行到南宁师范学院国文系任教。

又据冯振《自传年表》，1949 年暑假，冯振应南宁师范学院聘请，到南宁师范学院任教。[1]

舒芜，文学理论家，曾长期任人民文学出版社、《中国社会科学》杂志社编审。

王西彦，作家，有长篇小说《古屋》《野村恋人》《寻梦者》多部，曾任武汉大学、浙江大学教授，中国作家协会上海分会副主席。

高天行，作家，20 世纪 40 年代曾以长篇小说《新生代》蜚声文坛。

六、结论

综上所述，我们可以得出如下结论：

一、广西师范大学文学专业设置于 1935 年，即广西省立师范专科学校的文学专业。

二、如果把“寄生”广西大学时期也作为广西师范大学历史的一部分，那么，广西师范大学第一任中文系主任是广西大学文法学院文学系主任陈望道；如果将“寄生”广西大学时期排除在广西师范大学历史之外，那么，广西师范大学第一任中文系主任则是桂林师范学院国文系主任张世禄。

三、陈望道之后，王力和焦菊隐先后曾任广西大学文史地专修科主任。

四、张世禄之后，民国时期广西师范大学中文系主任相继为桂林师范学院国文系主任吴世昌、桂林师范学院国文系主任谭丕模、南宁

1 党玉敏、王杰主编：《冯振纪念文集》，广西师范大学出版社 2000 年 12 月版，第 537 页。

师范学院国文系主任谭丕模。

五、民国时期广西师范大学的中国语言文学专业教授有：

广西省立师范专科学校时期：罗干青、沈起予、梁存真、朱少希、陈望道、杨潮、沈西苓、夏征农、祝秀侠。

“寄生”广西大学时期：陈望道、王力、焦菊隐。

桂林师范学院时期：张世禄、吴世昌、宋云彬、穆木天、谭丕模、彭慧、欧阳予倩、林焕平、曹伯韩、郭晋稀、周鼐。

南宁师范学院时期：谭丕模、张毕来、舒芜、王西彦、高天行、冯振。

这些人大都是中国现代文坛、中国现代学术史上的重要人物，广西师范大学只是他们人生历程中不长的一段，后来他们多在北京大学、复旦大学、北京师范大学等大学任教。

最后需要说明的是，由于资料有限，这是一个不完全的名单。

体育家李宗仁

体育家李宗仁，读者或许以为我把名字写错了，也或许以为另外有一个李宗仁。所以，我首先要说明，名字没有写错，这位李宗仁就是那位指挥台儿庄战役的抗战名将李宗仁。

说李宗仁是军事家，无人有异议；说李宗仁是体育家，令人疑惑。难道李宗仁参加过奥运会，或者世界杯？没有。那么，“体育家”是不是一个比喻，将军事家李宗仁比喻为体育家？

也不是。这个标题中的体育家李宗仁不是比喻，而是陈述。虽然李宗仁从来没有参加过奥运会、世界杯这些运动会，但是，李宗仁有非常高超的体育才能，曾经是一名非常优秀的体育老师。

这个说法不是戏说，不是野史，而有事实为依据。

《李宗仁回忆录》有详细记述：

> 我们的术科课程并不十分注重，每天只有一小时的时间，初期训练包括徒手与持枪的制式教练，逐渐到班、排、连的密集队伍教练。此外尚有器械体操和劈刺等课目。
>
> 我当时身体非常健壮，锻炼又勤，所以器械操中的双杠、单杠、木马等有风险的玩意儿，都可作极精彩的表演，一般同学跟我比起来，实逊色多了。至于劈刺，尤为我的拿手本领。在比赛

中，许多比我高大而结实的同学，都非我的敌手。第一是因为我的技巧纯熟，以前李植甫先生在我村教武术时，我虽未正式学过，但平时所得，亦颇能得其三昧。第二则是我的动作敏捷勇猛，一交手就取攻势，每使对方胆怯，因此我在同学中有个诨名叫做"李猛仔"，这就由劈刺比赛得来。[1]

上述两段文字说的是李宗仁在桂林陆军小学术科学习的情况，后来陆军小学改为陆军速成学堂，李宗仁回到陆军速成学堂步科学习。陆军速成学堂有马术一科，李宗仁学得极好：

我因身体健壮，胆大敏捷，所以在同学中，我的马术实首屈一指。我能够当马疾驰时，据鞍跃上跃下，往复十余次而不倦。这一项马术，全凭身体灵活，臂力过人，才能胜任。当我作这种表演时，师友均叹为，我亦颇以此自豪。[2]

以上几段文字足以说明李宗仁体育才能之高超，下面，我们看看李宗仁作为体育教师的成绩：

桂林许多新式学校，教授的都是新式课程，因而师资便有供不应求之势，而其中最感缺乏的便是军事和体育教员。我国的传统，读书人都文弱不堪，手无缚鸡之力。一旦要找一个能担任各种军事教育和体育运动的人，实非易事。这些学校虽先后请过几位军训和体操教员，结果不是他们的学术科不行，为学生所不满，就是教导无方，或人缘不好，而自动或被迫离职，故各样当

1 李宗仁口述，唐德刚撰写：《李宗仁回忆录》下册，华东师范大学出版社 1995 年 12 月版，第 34 页。

2 李宗仁口述，唐德刚撰写：《李宗仁回忆录》下册，华东师范大学出版社 1995 年 12 月版，第 50 页。

局为这项课程，颇感头痛。所以当我的朋友们知道我赋闲乡居时，他们便认为我是这项职务最适当的人选，而向各校推荐。民国四年的春天，省立模范小学首先送来了聘书，我当然也乐于接受，就摒挡一切，到了桂林，做了省立小学高级班的军训教官兼体操教员。军训是我的本行，器械操更是我的拿手本领，时常在操场上作惊险的表演给学生们看。他们对我那种马戏班里式的技术，佩服得五体投地。加以我的人缘一向是好的，校方同事对我均极推重。所以我就职不久，便声誉雀（鹊）起，全桂林的学校都知道了。不久，县立桂山中学也送来了聘书，要我去兼课，我推辞不了，也就兼了。所幸这两校距离不远，而同事和学生都对我极好。学生们敬我如父兄，学校当局则视我若瑰宝，优礼有加。合计两校给我的薪金，比上尉官俸还多四十元，在那里确实是个很可观的数目。[1]

以上事实足以证明李宗仁既有高超的体育才能，又是优秀的体育教师。李宗仁在体育事业上有如此成就，与其家乡武风颇盛有关。“我乡农民都喜欢练武术。各个农村往往请了拳师主持教练。”[2] 李宗仁是广西临桂两江榔头村人。直到今天，临桂仍然是中国举重之乡，出过唐灵生、石智勇两个奥运会金牌得主。这个事实足以证明李宗仁家乡有很好的体育氛围。

李宗仁走上军旅生涯，也与一位武术老师有关。这位武术老师名李植甫，湖南人，“不但武功好，而且写得一手好字，能诗能词，风格的豪迈，略似石达开”[3]。李植甫是榔头村聘请的拳师，在村里开

---

1 李宗仁口述，唐德刚撰写：《李宗仁回忆录》下册，华东师范大学出版社 1995 年 12 月版，第 57—58 页。

2 李宗仁口述，唐德刚撰写：《李宗仁回忆录》下册，华东师范大学出版社 1995 年 12 月版，第 27 页。

3 李宗仁口述，唐德刚撰写：《李宗仁回忆录》下册，华东师范大学出版社 1995 年 12 月版，第 28 页。

设武术教馆，与李宗仁的父亲李培英一见如故，成为李宗仁家的座上客。

当时广西兵备处总办是蔡锷，总办以下，包括桂林陆军小学里的各级办事人员多半是湖南人，即李植甫的同乡。所以李植甫对该校情况非常了解。正是在李植甫的极力劝导下，李培英决定并督促儿子李宗仁考上桂林陆军小学。

李宗仁不仅体育才能高超，体育教学优秀，而且因为学体育、教体育，养成了“体育家精神”，这是李宗仁有别于其同时代诸多精英的高贵品质。

何谓体育家精神？

我曾经在《读书》上读到过一位作者回忆清华园的文章，作者用两个英文单词来概括老清华的校园精神，分别是 sportsmanship 和 Teamwork。

Sportsmanship，就是体育家精神，该文认为体育家精神的内涵包括堂堂正正的比赛态度和杰出超群的竞技才能。我愿意简化成两个短语：一是追求卓越，二是遵守规则。

千万不要小看体育家精神，它绝不只是一个显示身体才能的词语。事实上，体育家精神暗喻了做人的至高理想。因为，英国在发明现代体育的同时也发明了现代体育的规则。规则是体育竞赛的精髓，体育家精神则是服从体育竞赛规则的实际能力，它同时还表现为胜利时的宽容姿态以及失败时的绅士风度。体育家精神原则已越来越广泛地通用于人类社会日常生活，它直观地表现为许多体育竞赛规则已作为成语在日常生活广泛使用。以拳击项目为例，打击对手腰带以下部位本是犯规动作，转义为不择手段，暗箭伤人；不打倒下之人本是竞赛要求，转义为不要趁人之危。体育竞赛的规则就这样融入了日常生活，成为做人的规则，体育家精神就这样升华为理想的人的精神。

今日世界，没有人不知道“公平竞争”和“遵守规则”。除了作为竞赛专门用语外，它们都延伸出广阔的文化内涵，表达了公平竞争的社会理念和光明正大的为人道理。而这一切，恰恰是体育家所必需的基本素质。

作为体育优等生和优秀体育教师的李宗仁，深谙且秉承体育家精神，并将体育家精神贯彻于其人生事业中。

不妨举三个事例。

第一个是李宗仁竞选副总统。

众所周知，李宗仁参加了 1948 年的副总统竞选，“这一次副总统选举是国民党当政以来第一次民主选举”[1]，候选人李宗仁、孙科、程潜、于右任等都是实力雄厚、各有特点的人物。李宗仁参加副总统选举，固然如他所说是“作积极的打算，不顾艰难，以天下为己任，挺身而出，加入中央政府，对彻底腐化了的国民党政权作起死回生的民主改革，以挽狂澜于既倒”[2]。然而，如果不是秉持体育家“公平竞争”的精神，李宗仁也不会参与这在别人看来“既吃不着羊肉，何以惹一身膻”[3]的事情。

第二个是李宗仁对战争失败的态度。

1949 年，南京失守后，李宗仁临时飞到桂林，与他的高级军事人员商量对策。他在回忆录中说道：

> 现在我既然在内战中失败，倒不如拿出体育家的风度，干脆承认失败，把军政大权和平让予中共，以免内战继续，生灵涂炭。[4]

---

1 李宗仁口述，唐德刚撰写：《李宗仁回忆录》下册，华东师范大学出版社 1995 年 12 月版，第 651 页。

2 李宗仁口述，唐德刚撰写：《李宗仁回忆录》下册，华东师范大学出版社 1995 年 12 月版，第 639—640 页。

3 李宗仁口述，唐德刚撰写：《李宗仁回忆录》下册，华东师范大学出版社 1995 年 12 月版，第 641 页。

4 李宗仁口述，唐德刚撰写：《李宗仁回忆录》下册，华东师范大学出版社 1995 年 12 月版，第 711 页。

当年《中央日报》（广西版）副社长陆君田对这段历史也写过短文，标题就是《李宗仁的“体育家风度”》，写的是 1949 年 4 月 28 日，陆君田走访李宗仁，问及李宗仁今后的行止，李宗仁说：

> 国民政府好似一座虫蛀的木屋，没有风吹也得倒。我这空头总统，本抱“死马当活马医”的态度，想息兵谋和，收拾残局，解人民于倒悬，不料被别人（指蒋介石）在背后百般掣肘，苦不堪言。时至今日，内政、外交、军事、财政同处绝境，断无起死回生之望。我年轻时当体操教员，现在既然在内战中失败了，不如拿出体育家的风度，干脆承认失败，把军政大权和平让予中共，以免内战继续，生灵涂炭，于心足矣，夫复何言！[1]

“体育家的风度”，这是李宗仁的夫子自道。由此可见，李宗仁的体育家精神是一种文化自觉。

可惜的是，李宗仁“承认失败，把军政大权和平让予中共，以免内战继续，生灵涂炭”的想法因为白崇禧等的强势阻拦而未实现，否则，中国现代历史或许是另一番模样。

第三个是唐德刚对李宗仁海外精神状态的评价。

唐德刚是《李宗仁回忆录》的撰稿人，自 1958 年暮春至 1965 年初夏，他用了将近七年的时光，在李宗仁亲自合作之下，写出了《李宗仁回忆录》的中英文两稿。可以说，唐德刚是最了解李宗仁晚年真实内心世界的人。他对回国前的李宗仁如此评价：

> 只要良心不为私利所蔽，华侨都是爱国的。他们所爱的不是国民党的中国或共产党的中国。他们所爱的是一个国富兵强、人

---

1 陆君田：《李宗仁的“体育家风度”》，桂林市政协文史资料委员会编：《李宗仁轶事》，漓江出版社 1994 年 4 月版，第 213 页。

民康乐的伟大的中国——是他们谈起来、想起来，感觉到骄傲的中国。

那“十年浩劫”之前的中国，在很多华侨心目中正是如此；她也使老华侨李宗仁感到骄傲。想想祖国在他自己贵党统治下的糜烂和孱弱，再看看中共今日的声势，李宗仁“服输”了。在一九四九年的桂林，他没有服输，因为他是个政治欲极盛的“李代总统”；一九六五年里他服输了，因为他是个炉火纯青的老华侨。[1]

这里的“服输”，其实就是体育竞技中的正确态度。战争失败的李宗仁或许尚未真正“服输”，但经过对大陆20年建设的观察，他终于“服输”，坦然、坦荡地承认了自己的失败，并表示“至愿红色政权好自为之，毋蹈吾人昔日的覆辙”。[2]他的服输，他对打败他的对手（甚至是敌手）的至愿，表现的正是值得推崇的体育家精神。

1 李宗仁口述，唐德刚撰写：《李宗仁回忆录》下册，华东师范大学出版社1995年12月版，第806页。

2 李宗仁口述，唐德刚撰写：《李宗仁回忆录》下册，华东师范大学出版社1995年12月版，第763页。

李宗仁首倡“焦土抗战”

1936年4月17日，李宗仁在广州以对记者谈话的形式发表《我的主张——焦土抗战》一文。文章开宗明义：

> 目前中国所最迫切需要者，为整个民族救亡问题。为争取中华民族自由平等、保卫中华民国领土主权之完整，必须不许此不死不活之现状，继续下去，必须改变此苟因循之现状，尤必须发动整个民族解放战争，本宁愿全国化为焦土，亦不屈服之决心，用大刀阔斧来答复侵略者，表现中华民族自存自立之伟大能力与精神，然后中国始有生存可能，中日问题或亦可因之获得和平希望。[1]

文章情绪激昂，语句铿锵，随手可拾警彻人心的文字，如下面这一段：

> 抗战则存，屈服则亡。除坚决抗战而外，更不容有徘徊余地。明知战固难免牺牲，然不战之牺牲更大。不战牺牲，其结果

1 《焦土抗战的理论与实践——李宗仁言论集》，全面战周刊社1938年4月初版，第1—2页。

为国亡种灭。战虽牺牲，尚可确立民族复兴之基础。[1]

此论一出，振聋发聩，一扫“恐日症”的阴霾，在“不抵抗论”主导中国舆论的情势中，发出闪电式的强光。

1937年1月，李宗仁在《东方杂志》发表《民族复兴与焦土抗战》一文，更系统、更深入地阐发他的主张。他分析战争爆发可能出现的情势，预测战争最后的结果：

> 中日战争一经爆发，日本利在速战，而中国则以持久战困之；日本利于主力战，而中国则以游击战扰之；日本利在攻占沿海重要都市，而我则利用内陆及坚壁清野之方法以苦之。此中国在战略上较日本便于运用者三。加以中国交通不便，资源未尽开发，经济未能集中，我若军民协力，凭险抵抗，步步作战，则敌必疲于奔命，无法速结战局。战局一经延长，则日本内部及其在国际关系上之矛盾，将日益扩大，最后结果，必陷于空前惨败而为拿破仑、威廉第二之续。[2]

此文发表于七七事变前半年，对照后来中国全面抗战的历史进程和战略方法，战争的发展确实如李宗仁所预测的那样步步发生。由此，我们不得不佩服李宗仁非同寻常的洞察力和预见力。

七七卢沟桥事变之后，中国开始了全面抗战。两个月之后，针对战争进程，李宗仁又发表《焦土抗战的主张与实践》一文，更详尽地提出了“全面抗战”、“攻击战”和“持久战”的具体战略主张。

在此之前，李宗仁是全国闻名的北伐名将、桂系首领，自提出与“不抵抗论”针锋相对的“焦土抗战论”之后，李宗仁成为感召中国

1 《焦土抗战的理论与实践——李宗仁言论集》，全面战周刊社1938年4月初版，第1—2页。
2 《焦土抗战的理论与实践——李宗仁言论集》，全面战周刊社1938年4月初版，第19页。

的抗日战争战略家。而在全面抗战爆发之后，李宗仁率领广西子弟率先出征，以第五战区司令长官的身份，领导数十万、上百万中国军队北战南征，身体力行其“焦土抗战”战略主张，并以台儿庄战役首先击破了日本军队不可战胜的神话，成为抗日战争时期重要的军事家，全中国人民景仰的英雄。

“焦土抗战”为李宗仁首倡，这是许多人知道的事实。“焦土抗战”中包含的持久战、游击战思想，则为绝大多数人有意无意地忽略。上述引文，让我们意识到，李宗仁的“焦土抗战”思想有相当丰富而实用的内涵，是一个身经百战的军事家对国际形势、国家现状、敌我对比进行了审慎、深入、长期的思考之后结出的思想硕果。正因此，它一经提出，就被广泛引用，“焦土抗战”因此成为中国全面抗战时期广为人知的极其悲壮、励志的抗战口号。

我有时想，“焦土抗战”真是一个悲壮决绝的号召。提出“焦土抗战”的人，只能是像瓦氏夫人、袁崇焕、冯子材、李宗仁这样的南蛮。这些生活在风生水起、平地拔起的中国南部边陲的人物，还保留着人类在刀耕火种时代原始的血气和蛮性。在举国沉沦之际，他们卓然独立天地间，登高一呼，以自我牺牲的精神，去燃烧整个国家的血气，振奋整个民族的精神。

中华民族是一个老大的民族，有五千年的历史，有未曾断裂的文化。历史的悠久、文脉的绵长，既是这个民族足以自豪的传统，也是这个民族故步自封的困囿。值得注意的是，作为军事家的李宗仁，他所提出的“焦土抗战”，并非纯粹的军事观点，亦非暂时的战争策略。他之所以提出如此决绝的号召，实因为他看到了这个地大人多历史悠久的国家所患的沉疴，他试图用“焦土抗战”的理念去惊觉民族麻木不仁的神经、砥砺民族自强不息的精神意志。

试读李宗仁这段文字：

> 不抵抗之结果，适足使民族意志日趋消沉；被压迫民族之恃

以抵抗强暴者，不在飞机大炮，而在坚强之民族意志；日本征服中国之所最感困难者，亦厥为中国之坚强意志。但在不抵抗之环境下，民族意志之日趋消沉，实为极自然之结果。……在带甲拳头下之所谓亲善提携，更给予民族精神上以莫大损害。此种民族意志消沉之结果，一方面则为汉奸国贼之不断产生，另一方面则为民族精神之无法表现。降及今日，敌人犹以为不足，更要求所谓根绝排日思想，取缔抗战救国运动，及修改教科书等，使其诡计果售，则中华民族唯一抵抗侵略之精神上武装亦将永远解除矣。[1]

物质上的武装固然不能解除，精神上的武装尤其不能解除。物质武装决定胜败之一时，精神武装决定胜败之长久。深层而言，李宗仁之倡导“焦土抗战”，并不仅仅着眼于战争，而是着眼于国家的独立、民族的复兴。

1 《焦土抗战的理论与实践——李宗仁言论集》，全面战周刊社 1938 年 4 月初版，第 15—16 页。

李宗仁的才智和性格

尽管如今对民国的评价出现了诸多差异，但民国是一个乱世，却是一个客观事实。这个乱世的特点，是出现了不少割据一方的地方“诸侯”，如东北的张学良、山西的阎锡山、云南的龙云、四川的刘湘、湖南的何键等。这些地方的领袖都是一个人物，唯有广西例外，桂系领袖是“李黄白”与“李白黄”的三位一体。

第一阶段的“李黄白”是李宗仁、黄绍竑和白崇禧，第二阶段的“李白黄”是李宗仁、白崇禧和黄旭初。两个阶段的人物有更换、位置有调整，但有一个人物位置皆不变，就是李宗仁。

由于桂系在民国时期的作为，许多人都高度关注这个三位一体的合作体系。比如，曾担任桂林版《大公报》总编辑的徐铸成就比较过广西“前三杰”“李黄白”：“在‘李、白、黄’这三位中，黄绍竑最有政治头脑和政治手腕。他投身于蒋，而自己有一套做法，对蒋仍保持一定的距离，充分利用蒋与桂系间的矛盾。白一向以‘小诸葛’著称，但在军事上是否那么孔‘明’，越来越使人怀疑……这三个中，李宗仁看来最为平庸，但接触过他的人都说，他比较质朴，对部下比较宽厚，不察察为明，也不使用权术，对知识分子，比较尊重。”

其实，有关李宗仁平庸的说法，长期存在，《白崇禧大传》甚至引用过这样的议论：“李宗仁如果没有白崇禧，不但坐不上副总统及代总

李宗仁在桂林

统的宝座，恐怕在北伐初期连军长都当不成，因为李实在庸碌无能。”[1]

李宗仁果真平庸无能吗？

显然不是。限于篇幅，本书不可能全面评论李宗仁，只想截取几件历史事实，以观李宗仁的军谋政略。

全面抗战的军事战略家

通常说到李宗仁与抗日战争，大多数人只知道台儿庄战役。其实，李宗仁还有很多重要的与抗日战争有关的事迹。他并不只是一个在战场上决战取胜的常胜将军，更是一个未雨绸缪，有预见力、决断力的战略家，不仅在军事上卓有天赋，是一个天才的军事家，而且在政治上同样具有领袖的谋略和气魄，是一个杰出的政治家。我们不妨介绍几件《李宗仁回忆录》里写到的抗战爆发前的事情，看看李宗仁如何体现了他的战略家、政治家素质。

一是李宗仁提出了“焦土抗战”的战略。李宗仁早从日本的种种行径判断出日本侵华是早晚的事情。他在1933年就发表了一篇讨论抗日战略计划的论文《焦土抗战论》，这篇文章的主要内容是中国必须利用广土众民、山川险阻等优越条件来困扰敌人，做有计划的节节抵抗的长期消耗战。通过坚壁清野、敌后游击战、破坏交通等方式拖垮敌人。“焦土抗战”后来成为抗日战争期间最为流行的悲壮的口号，也成为中国抗战的战略方针。这个战略正是李宗仁提出的。

二是建立了有效的情报渠道。早在1933年前后，日本因为两广抗日意识明确，多方派人拉拢李宗仁，军、政、商、学各界要员到广东李宗仁私宅访问的至100多人。李宗仁利用这个机会与日本军人和知鹰二中佐成为好朋友，还认识了翻译何益之，并策动何益之做了中方的情报员。全面抗战爆发后，何益之为李宗仁的第五战区提供了大

1　张学继、徐凯峰：《白崇禧大传》，浙江大学出版社2012年8月版，第6页。

量情报，国民政府军事委员会所得情报还不及五战区可靠。

三是迁省会到桂林。李宗仁预见抗战即将爆发，觉得广西省会在南宁，距离海口太近，易受敌人威胁，1936年提出将省会迁回桂林。桂林的好处是避免了敌人海上登陆的威胁，可与中央密切联系，桂林山洞多，天然防空。省会迁到桂林不到半年，全面抗战就爆发了。

当然，说到李宗仁抗战，在民间最有影响的还是台儿庄战役。台儿庄战役人们说得已经够多，这里只是说一下它对于中国抗日战争的意义。《李宗仁回忆录》是这样说的："台儿庄一役，不特是我国抗战以来一个空前的胜利，可能也是日本新式陆军建立以来第一次的惨败。足使日本侵略者对我军另眼相看。""台儿庄捷报传出之后，举国若狂。京、沪沦陷后，笼罩全国的悲观空气，至此一扫而空，抗战前途露出一线新曙光。"白崇禧晚年接受学者访问的时候，专门提到，台儿庄大捷后当时武汉市民狂热庆祝，游行人数超过十万，用卡车载李宗仁巨幅像作为先导。

国际视野和民主性格

李宗仁并不仅仅对中国问题和军事问题深谙于心，他还是一个具有国际视野的政治战略家。在《李宗仁回忆录》中，李宗仁回忆了他在抗日战争后期对国际形势的分析和对策。其中有两件事特别能显示李宗仁的战略眼光和政治智慧。这两件事都发生在1944年。第一件事是李宗仁建议英国不要过早开辟第二战场，应当让德、苏两国拼死纠缠，两败俱伤，然后渔翁得利。如果英国真的采纳了他的建议，战后世界历史的确可能改写，东欧和柏林问题也可能不复存在。第二件事是李宗仁向美国提交了两份备忘录。备忘录的内容是建议中美两国应及早计划控制东北，以防中共和苏联占据东北。为了达到这个目的，一是不必要求苏联参战，二是提前训练东北接收人员。这两个建议都没有被美国方面接受，否则，中国现代历史会是另外一副模样。

李宗仁作为一个民主实践者这一身份鲜有人提及，但这确实是李宗仁与中国现代众多政治领袖不同的地方。早在抗日战争时期，桂系势力范围内的桂林云集了数以千计与蒋介石心怀异志的文化名人，造就了举世闻名的桂林抗战文化城。抗战胜利后，李宗仁任北平行辕主任，虽然权力被架空，但还是尽其所能排难解纷，尽可能为深受国民党“劫收”之苦的民众解决了一些问题。比如，他为协和医学院知名教授到广西医学院谋职；他为齐白石老先生解决生活困难；他礼遇教授，每两周与北平学者聚会一次，放任学者发表对政府的批评意见；他竭力禁止军警和学生冲突，命令军警保护游行的学生，使得北平平安无事。这些作为，确实深得民心，为其博得了“礼贤下士”的清誉，也被国民党内外人士“看成国民党内民主改革的象征”。他也以自己在北平三年，与北方教授揖让往还，相处甚得而引以自慰。当然，李宗仁作为民主实践者的最重要表现还在于他在蒋介石不情愿的情况下主动参加了副总统竞选。当时中外报纸对此还有专论，“一致认为我（李宗仁）参加竞选可以促使民主政治在中国早日实现”。最后李宗仁当选副总统。这一结果也可以看成是当时知识分子和选民对李宗仁民主性格的认同。

李宗仁对国民党失败的反思

国民党政府赢得了抗日战争胜利后为什么在短短四年间就被共产党逐出大陆？这确实是一个值得后人深思的问题。

据李宗仁本人的分析，主要有这样几个原因：

一是国民党在日本投降接收问题上铸成了大错。错误主要表现在：国民党没有采取李宗仁提出的“后浪推前浪”的军队向收复区开拔的办法，动作慢了；让投降日军集中受降，导致大量战略据点和交通线被共产党占领，而李宗仁是建议让日军就地待命受降的；没有选对负责东北接收的人，李宗仁提出的黄绍竑这一人选被蒋介石否定；国民党将接收变成了“劫收”，“接收人员吃尽了抗战八年之苦，一旦飞入纸醉金迷的平、津地区，直如饿虎扑羊，贪赃枉法的程度简直骇人听闻。他们金钱到手，便穷奢极欲，大事挥霍，把一个民风原极淳朴的故都，旦夕之间便变成罪恶的渊薮”；[1] 陈诚下令将收复区的伪军及有功于抗战的游击部队一律解散，导致许多军事武装投向共产党的军队。“向共军投奔的，更不计其数。”[2]

二是国民党政权的腐败。“国民党政权在现在人民眼光中已反动透顶。”[3]

三是国家通货膨胀严重。这种通货膨胀也是国民党政府造成的。抗战“刚胜利时，沦陷区中伪币的实值与自由区中的法币，相差原不太大，而政府规定伪币与法币的兑换率为二百比一。以致一纸命令之下，收复区许多人民顿成赤贫了，而携来大批法币的接收人员则立成暴富”。以致连李宗仁也认为：“当国者却如此以国事逞私欲，国民党政权如不瓦解，真是无天理了！”[4]

四是蒋介石心胸狭隘。他一心要消除异己，只想保存他的嫡系黄埔系，造成了国民党内部深刻的矛盾。这既导致许多“杂牌”势力与蒋介石离心离德，也导致蒋介石所用之人往往是阿谀奉承、唯命是从的人物。而蒋介石本人在军事上确实又是外行，他的瞎指挥加上部下的曲意逢迎，终于使战场形成节节失败的局面。

五是李宗仁代总统之后，蒋介石既要李宗仁为他赢得时间经营

1 李宗仁口述，唐德刚撰写：《李宗仁回忆录》，华东师范大学出版社 1995 年 12 月版，第 627 页。

2 李宗仁口述，唐德刚撰写：《李宗仁回忆录》，华东师范大学出版社 1995 年 12 月版，第 22 页。

3 李宗仁口述，唐德刚撰写：《李宗仁回忆录》，华东师范大学出版社 1995 年 12 月版，第 641 页。

4 李宗仁口述，唐德刚撰写：《李宗仁回忆录》，华东师范大学出版社 1995 年 12 月版，第 624 页。

台湾，又不能让李宗仁真的获胜，在华中站稳脚跟，使蒋介石失去美援。这就导致蒋介石必须不断拆李宗仁、白崇禧的台，使李、白终于覆灭。

从李宗仁对国民党失败的反思，也可以看出李宗仁的才智和性格。

早在1935年，《大公报》总经理胡政之就在《粤桂写影》一文中评论过广西“后三杰”：“广西是李、白、黄（旭初）三人合作。李以宽仁胜，涵量最大；白以精干胜，办事力最强；黄则绵密而果毅，处分政务事务极有条理。要拿军事地位来比，李那当然是位总司令，白可称前敌总指挥，黄则坐镇后方，保持着能进能退的坚实地位，这是广西最大的特色。”[1]

数十年后，历史学家给李宗仁更高的评价：“李宗仁先生是中国近代史上一位屈指可数的政治领袖和英雄人物。读历史的人，纵使以成败论英雄，对这样一位不平凡的历史制造者，也不能等闲视之。”“论战功、论政略，他都是国民党旗帜下一位佼佼不群的领袖……少了他，历史可能就不一样了。”[2]

---

1 胡政之：《粤桂写影》，《大公报》1935年2月19—23日。收入《胡适文集》第5卷，北京大学出版社1998年11月版，第647页。

2 李宗仁口述，唐德刚撰写：《李宗仁回忆录》，华东师范大学出版社1995年12月版，第776—777页。

“小诸葛”白崇禧

七七卢沟桥事变不到一个月，8月1日，蒋介石电邀李宗仁、白崇禧晋京商决大计。8月3日，蒋介石派塞可斯巨型专机至桂林迎接。8月4日晨9点，白崇禧由桂林旧藩署乘车赴二塘机场，李宗仁亲自送行。

那天，桂林沿途商民，均悬旗燃炮欢送，并有“白副总司令晋京促进抗敌”“预祝抗敌胜利”等标语。桂林党政军学民团等3万人，在南门外列队欢送，至为热烈。

上午10点半，白崇禧向李宗仁敬礼，与欢送者握手作别，即行登机。与白崇禧同行者，有李任仁、黎行恕、刘为章及其他随行人员。

白崇禧所乘专机起飞后，中途曾发生暴风雨，司机及随从人员出于安全考虑要求返回桂林，白崇禧没有同意，坚持飞往南京，以表示赴京抗敌态度之坚定。结果，途中一切顺利，下午4点，专机在南京下关安全降落。

当时一批南京要员如何应钦、程潜、王宠惠、钱大钧等数十人，专程到下关津浦路欢迎。

下午6点，白崇禧晋谒蒋介石，共进晚餐，据记载，白崇禧与蒋介石“相与叙谈甚久始出”。

十年前，白崇禧以东路前敌总指挥的身份率领第四集团军北上，于 1928 年 6 月 11 日进入北京，成为中国历史上“华南领兵入京第一人”。1928 年 9 月 23 日，白崇禧在滦州肃清张宗昌、褚玉璞部。用黄旭初的话说：“白崇禧自革命军由广州出发起，直到在河北滦州收拾直鲁军为止，他对于北伐，由开始至结束，可谓鞠躬尽瘁，始终其事。”这一年的白崇禧 35 岁，事业抵达巅峰。

就在桂系势力纵横半个中国，白崇禧事业抵达巅峰之际，盛极而衰，蒋桂矛盾爆发，蒋介石策反了白崇禧的部下，导致白崇禧从天津秘密潜逃，事业骤然从巅峰坠入深渊。

白崇禧一生有两个上司，一个是李宗仁，另一个是蒋介石。李宗仁与白崇禧是典型的合作关系，他们既是同乡，又是战友，各有所长，形成互补，成为民国历史上著名的“李白”现象。蒋介石与白崇禧，则是明显的“君臣关系”，蒋介石欣赏白崇禧的才能，是他把白崇禧从第七军参谋长的位置提高到行营参谋长的位置，而行营参谋长随总司令北伐，成了实际上的北伐军总参谋长。白崇禧由此从广西进入中国，获得了施展“小诸葛”才能的“英雄用武之地”，是蒋介石给予他的机会；他也没有辜负蒋介石的厚望，为北伐胜利立下了赫赫战功。可惜的是，白崇禧与蒋介石的关系，没有能够摆脱中国“飞鸟尽，良弓藏；狡兔死，走狗烹”的悲剧传统。终其一生，白崇禧都处于被蒋介石利用，又被蒋介石制裁的境遇。1929 年在北平，白崇禧曾经被蒋介石追捕而亡命天涯；1966 年，白崇禧在台湾突然去世，仍有诸多传言认为是蒋介石的谋杀。

这是白崇禧 1928 年继北伐十年后重返南京。十年前，受命蒋介石离开南京完成北伐，十年后，受命蒋介石飞赴南京谋划抗战，白崇禧都是在中国最重要的时刻进出南京。十年间，翻云覆雨，几度离合。然而，在亡国灭种的危难时刻，白崇禧置个人安危于度外，临危受命，勇赴国难。蒋介石与白崇禧的“君臣关系”，又掀开了新的一页。

卢沟桥事变后白崇禧应召赴京这段历史，许多文字都会涉及这样一则材料：1937 年 8 月 4 日，白崇禧应蒋介石之召乘机飞抵南京，第二天，日本各大报头条刊登：战神莅临南京，中日大战不可避免！

虽然偶有学者对这则材料有所质疑，但由于传播广泛，这个说法已经深入人心。白先勇编著的《白崇禧将军身影集》，亦引用了这则材料。

不管这个报道是否存在，但有一点毋庸置疑，那就是白崇禧应召赴京对整个中国抗战形势产生了极其重大的影响：一方面，白崇禧入京任职，对蒋介石坚定抗战决心起到了重要的促进作用；另一方面，白崇禧带头进京，导致全国各地“诸侯”紧随其后，放弃前嫌，同心抗战。8 月 7 日，“四川王”刘湘自成都抵京；8 月 9 日，“云南王”龙云自昆明抵京。兄弟阋于墙，外御其侮。昔日割据之中国，终于在民族大义面前，携起手来。

不管日本报刊那段文字是有还是无，但白崇禧临危赴京的行为，对整个中国抗战局势所产生的举足轻重的影响，时人皆知。《白崇禧先生访问纪录》的访问人陈存恭曾回忆：

> 我幼年即闻将军大名。时值抗日期中，乡里长辈谈及将军，辄眉飞色舞，大有“有小诸葛在，东洋鬼子其奈我何”的乐观心理。

白崇禧赴南京后的第二个月，著名画家徐悲鸿专门书写了一副对联表示对白崇禧的敬意：

> 雷霆走精锐，行止关兴衰。

这副对联的旁边，还有徐悲鸿的题词：“健生上将于廿六年八月飞宁，遂定攻倭之局，举国振奋，争先效死。国之懦夫，倭之顽夫，突然失色，国魂既张，复兴有望，喜跃忭舞，聊抒豪情，抑天下之公言也。”

此次白崇禧临危赴京，是出任国民政府军事委员会副参谋总长。

数月后，他担任军委会军训部长。又数月，在武汉军事会议，白崇禧向军事委员会提出抗日战略方针：

> 积小胜为大胜，以空间换时间，以游击战辅助正规战，与日本人打持久战。

白崇禧的儿子、著名作家白先勇在《白崇禧将军身影集》一书中称：“（白崇禧）乃效法俄国应付拿破仑的战略，将日军拖入中国广大内地，延长其补给线，消耗其国力，将日本拖垮。中国军队军备远逊日本，无法正面迎敌，只有以战略取胜。此方针为最高当局采用，遂成为抗日最高战略原则，影响抗战至巨。”

白崇禧的另一面

白崇禧是中国现代最重要的军事家之一，有“战神”之称。

的确，从统一广西、领军北伐、出兵抗战、决战国共，白崇禧身经百战，除最后兵败华南之外，几乎可以称得上是常胜将军。有一种说法，现代中国有三个半军事家，白崇禧就是其中之一。上海欧亚出版社 1945 年出版的《中美名将录》中有《陆军一级上将白崇禧》的专门介绍，称“白氏为我国现代第一俊敏军人”。白崇禧的军人形象得到最大限度的张扬。

然而，白崇禧虽然是军人，却不是一般的军人。他虽然不乏通常意义的军人之勇，但更具许多军人所缺乏的军人之谋。他有一个民国时期妇孺皆知的外号“小诸葛”，更有人称他为“当代张良”。诸葛亮和张良都是中国历史上著名的智者、谋士，是料事如神、运筹帷幄、决胜千里的军事家。这种比喻实际上把白崇禧将军与一般的武将做了区分。在人们心目中，他是儒将，是神将，是有智慧、有韬略的将军。

梁升俊对白崇禧的评价较为客观，他说：“在中共公布所谓‘战犯’的名单中，白崇禧仅次于蒋介石李宗仁而名列第三。这位举世闻名的天才战略家，是共产党的死对头，名之曰‘白狐狸’，把白氏描画成一只狡猾善变难以捉摸的可怕的敌人。这个比喻倒有几分神似。在战场上，白崇禧确实动如脱兔，静如处女，扑朔迷离，使敌人无法捉摸。他机警多谋，善用诈，而且精力过人，在枪林弹雨中，谈笑自如，指挥若定，平日治军极严，畏之者喻为夏天的太阳，赤日炎炎，令人望而生畏。实则不尽然，他的严是严格彻底执行命令，触犯军令者，从不假宽，但对人恂恂若儒者，对部属的生活，尤关怀备至，所以虽执法严峻，仍获得部属的爱戴。”[1]

当年参与《广西建设纲领》起草的著名“六君子”之一，与白崇禧有过直接接触的万仲文教授说，白崇禧“像一个普通的文人一样，怪不得有些人说他是‘儒将’，‘风流’”。[2]

“文人”，甚至“恂恂若儒者”，这种关于白崇禧形象的描述，似乎超出人们对白崇禧形象认知的范围，在一定程度上让我们看到了白崇禧军人形象的另一面。民国时期有一个谜语：是文人又是武人，是今人又是古人，是一人又是二人。谜底为“李白”。其实，就白崇禧个人而言，我们也可以将他理解为是武人又是文人。换言之，白崇禧不仅是决胜战场的将军，而且是学富五车的文人，不仅有乱世英雄的武略，而且有治世能臣之文韬。

这个说法与多数人心目中的白崇禧实在是有点距离，但也并不是完全没有依据，且看下面的一些事实。

首先，白崇禧自幼博学强记，记忆力惊人，能背诵大量四书五经里的内容，有非常厚实的中国传统文化功底。如果套用今天的时尚语言，白崇禧可以说是学霸。据他自己回忆：

> 启蒙时，老师教我读《三字经》中之“幼而学，壮而行；上致君，下泽民；扬名声，显父母；光于前，裕于后”八句。嗣后，以《三字经》、《五言诗》、《千家诗》、《对子书》、《幼学琼林》、四书、《诗》、《书》、《礼》、《易》、《春秋》、《左传》等为教

---

1 梁升俊：《蒋李斗争内幕》，现代出版公司 1954 年版，第 106—107 页。

2 《万仲文文集》，华夏出版社 2009 年 6 月版，第 109 页。

本。每日晨间须向先生背诵前一日所习之功课；每月初一、十五则须背诵所有教过之功课。背诵若有错误，其处罚方式轻则面斥，重则打手、罚站、罚跪等。我于私塾五年，在读书方面侥幸未受过处罚。

这是白崇禧的自述，万仲文教授的回忆可以证明白崇禧所言不虚。万仲文曾经讲述过一个白崇禧的故事："1935 年，他（白崇禧）带万民一应陈济棠之邀到广东视察，有一次，他到陈济棠所办的燕塘军校演讲的时候，引用了很多《左传》里的故事和原文，搞得燕塘军校的记录员记不下来，使第二天报纸上无法发表，闹了笑话，迫不得已叫万民一重新帮助他整理并写成文章去发表。"[1]

万仲文讲述的另外一个故事也很能证明白崇禧的博览群书和学思并重。有一天，万仲文、万民一兄弟俩到白崇禧的办公室，看见他桌子上摆着的书除了老《左传》外，还有一本《毕苏斯基传》，是刚翻译出版的。"我们当时都感到很奇怪，这本书才翻译出来，我们都还没有看，他倒先买来看了，当然我们是知道他是比较爱读书的。"[2] 原来，在白崇禧心目中，毕苏斯基是波兰的民族英雄，他带领波兰民族军抗击俄国，使波兰在一战后实现了独立和解放。万氏兄弟是当时广西专门聘请来的专家学者，以学识广博著称，却惊讶于白崇禧读书之多之广，可见白崇禧的儒将称号是名不虚传的。

武汉沦陷后宋云彬即到桂林，直到 1944 年才离开。1939 年 1 月 15 日，他参加广西省政府的扩大纪念周，听了白崇禧的演讲，当晚写了日记，对白崇禧的演讲给予了极高的评价：

上午七时到部集合，赴省府参加扩大纪念周，白主任主席，

1 《万仲文文集》，华夏出版社 2009 年 6 月版，第 111—112 页。
2 《万仲文文集》，华夏出版社 2009 年 6 月版，第 125 页。

演词甚长，痛斥汪精卫，连及陶希圣之流，谓陶等以历史家自命而不了解历史，以为此次对日抗战，将为宋明历史之重演，殊不知历史乃进化的而非循环的，今日之中国决非宋明时之中国，今日之日本，亦非宋明时之蒙古、满洲也。又指出一般无政治常识之科学家，但知计算中日两国之军备武器，以为中国不能与日本抗战，殊不知吾国战胜日本，不仅恃军备武器，而恃政略与战略战术也。语多警辟，听者不倦。[1]

从宋云彬转述的内容，足见白崇禧的博学与见识，而宋云彬所谓“语多警辟，听者不倦”的评语，更是道出了白崇禧博古通今的演讲魅力。

白先勇在其散文《少小离家老大回》中写道：“父亲本来天资聪敏过人，从小就心比天高……后来得满叔公之助，父亲入学后，便拼命念书，发愤图强，虽然他日后成为军事家，但他一生总把教育放在第一位。”

拼命念书，发愤图强，终有收获。14 岁，白崇禧报考陆军小学校，当时广西全省千余人报考，只取 120 名，白崇禧名列第六。16 岁，白崇禧报考广西省立初级师范，以第二名录取。入学后，他因为屡次考试名列第一，按照学校规定被选为领班生。

白崇禧自幼遍读中国古代经典，可称学霸，但他又不泥于学。“学而不思则罔，思而不学则殆。”白崇禧是学中有思，思中有学。他曾经说过：

我国因地处温带，物产丰富，故自始即号天府大国，但正因享受自然独厚，在历史上遂很少有人注意经济问题，尤其是智识分子。只是注重道德方面，而忘却了重要的经济问题。如大政治家大教育家孔子，他教人的四科，只是德行、政事、言语、文

1 宋云彬：《红尘冷眼》，山西人民出版社 2002 年 3 月版，第 8 页。

学。子贡好货，他就不喜欢。再如孟子也是这样，他去见各国王侯时，千篇一律的说仁义道德，很少谈到经济问题。孔孟学说，是中国数千年来政治哲学的基础，在教育上也是跟着孔孟走，孔孟既不讲经济，以后就少有人注意经济问题了。所谓“仲尼之徒不道桓文之事”，若有人在经济上注意，便为人所鄙视，以为这是孳孳为利者，非圣贤之徒。[1]

这样的思考，在白崇禧的演讲中，随处可见。这样的思考，既可看出白崇禧对古代经典的熟悉，见林见树，信手拈来；也可看出白崇禧有独立思考，这也是学者最为可贵的素质。很有意思，作为军事家的白崇禧，他确实具有这种深层次的学者品格。

其次，白崇禧的志向不仅仅是做乱世之英雄，他更希望做一个治世之能臣。

古代有赵普所谓“半部论语治天下”的说法，在民国广西，则有人称白崇禧“半部左传治广西”。[2]

白崇禧深爱《左传》，常读《左传》，办公桌上总是摆着《左传》，与人谈话常常提到《左传》，公开演讲喜欢引用《左传》。在整个《左传》里，白崇禧最欣赏的人物是管仲。

白崇禧推崇管仲，在当时即负盛名。时人有记：“闻白氏雅嗜书卷，大有儒将风度，每有远行，箧中充实书籍。盖于政治之探讨，学术之研究，孜孜不倦，平昔尤服膺管子学说云。”[3]

春秋时代，管仲辅佐齐桓公实行军政合一、兵民合一的制度，齐国逐渐强盛，齐桓公成为春秋五霸中的第一个霸主。孔子称：“微管仲，吾其被发左衽矣。”意思是如果没有管仲，我们都还是披散头发，衣衫不整的野蛮人。司马迁认为：“管仲既用，任政于齐，齐桓公以

1 创建月刊社编：《白崇禧先生最近言论集》，1936 年 6 月版，第 35 页。
2 《万仲文文集》，华夏出版社 2009 年 6 月版，第 111 页。
3 郑健庐：《桂游一月记》，中华书局 1934 年版，第 54 页。

霸，九合诸侯，一匡天下，管仲之谋也。”

管仲，圣人之师，华夏名相，诸葛亮的楷模，也是白崇禧希望效法的对象。从白崇禧对管仲的推崇和效法可以看出，白崇禧的理想并不仅是出将，而且是入相，成为一个治国安邦的名相。正是因为白崇禧的理想是出将入相而非称帝封王，乐于做辅佐，无意当元首，因此才有李宗仁、白崇禧令人称羡的亲密无间的合作。反过来，蒋介石虽然推崇白崇禧的才能，但从来对白崇禧怀抱疑惧之心，总是实施鸟未尽弓就藏、兔未死狗即烹的做法，因此，才往往导致功亏一篑，功败垂成。

白崇禧不仅欣赏管仲的文治武功，而且重视从管仲思想中汲取智慧，吸纳管仲的治国安邦之术。

白崇禧为什么推崇管仲？从他对管仲的评价可见出大概。他说：

> 在历史上比较能够注意经济问题的，第一个算是齐国的管仲。管仲不仅在政治军事上有“轨里连乡”“作内政以寄军令”的伟大创举，同时更能注意于经济建设，如“官山为钱，煮海为盐”便是他当时对于经济方面的设施。他主张“士之子恒为士，工商之子恒为工商”，以期各有专业，而促技术的进步。所以当时齐国之强，一方面固然因为内政修明，但他方面实是缘于经济调整。换言之，即是管仲的讲求渔盐之利，成功了齐国的富，能促进齐国的强。[1]

显然，管仲是中国历史上少有的全才，在政治、军事、经济各方面皆有作为，更重要的是，皆有精湛系统的理论思考。这显然是白崇禧特别心仪，引以为楷模的。

他在演讲中经常涉及管仲的政治、军事、经济思想。诸如：“管子治齐，军制更详”[2]，“管子的编制有两个系统，一个是政治的系统：

---

1 创建月刊社编：《白崇禧先生最近言论集》，1936年6月版，第35页。

2 创建月刊社编：《白崇禧先生最近言论集》，1936年6月版，第171页。

轨，里，连，乡；一个是军事的系统：伍，小戎，卒，旅军”[1]。在正式的演讲和日常的言谈中，白崇禧言必称管子，管子既是他的人生楷模，也是他的思想源泉。

以管仲为楷模的白崇禧，确实在地方治理上做出了一番业绩，那就是20世纪30年代中期的广西模范省。当年许多专家学者到广西，对广西时政好评如潮，尤以当时世界知名演说家艾迪博士的评价最具影响力。艾迪博士是这样说的：

> 在予所经历之各省中，四川最富于天然物产，而政治最为腐败；广西最贫而政治最为优良。
>
> 在中国各省中，在新人物领导之下，有完备与健全之制度，而可以称为近乎模范省者，唯广西一省而已。凡中国人之爱国而具有全国眼光者，必引广西以为荣。若辈泥于省见而有地域之分者，或观广西而有嫉妒怀疑之心。若予者踌躇满志而去矣。盖在此微渺之开端，予见新中国之希望矣。[2]

这种走马观花式的评价，不能说完全真实准确，但至少具有一定的真实性。当时的广西确实给人朝气蓬勃，励精图治，领袖人物雄心勃勃、脚踏实地、苦干硬干的气象。

白崇禧不仅是敏于行的实干家，而且是精于思的理论家。作为军事家的白崇禧，有其精湛卓越的军事理论，姑且不论。更重要的是，白崇禧不仅有系统创新的军事理论，而且有系统创新的治国理论。

今天来看，白崇禧是相当具有理论创新意识的。“行新政，用新人”的思想和“三自三寓”的政策正是其创新理论的基本构成。

1　创建月刊社编：《白崇禧先生最近言论集》，1936年6月版，第172页。

2　艾迪：《中国有一模范省乎》，国民革命军第四集团军总政训处编印：《莅桂中外名人演讲集》，1935年3月，第3页。

白崇禧是“行新政，用新人”思想的提出者。他说：“我觉得要想推行一种新的政治主张或制度，必定要有受过相当训练的新的人材出来负责，然后这种新的政治主张或制度，才可以实现。”[1]

那么，什么是“新的政治主张或制度”？对于白崇禧而言，自然就是他所提出的“三自三寓”政策。

“三自三寓”政策包括了军事、政治、经济的“三自政策”和军事上的“三寓政策”。

“三自”，指的是军事上的“自卫”、政治上的“自治”和经济上的“自给”。白崇禧是“三自政策”的首创者。1931年他分别提到“自卫”“自治”“自给”。1933年10月，他在国民党省党部扩大纪念周上演讲，开始将“自卫”“自治”“自给”并提。1935年2月的一次演讲中，白崇禧首次将“自卫”“自治”“自给”合并为“三自政策”，指出，“‘自卫’、‘自治’、‘自给’的‘三自政策’是建设广西的三大原则，这是我们本省及复兴中国的一个理论体系”[2]。

“自卫，是法律上的名词，就是自己被别人侵害，取正当防卫的意思。但这样的解释是狭义的。广义的说法，一个国家民族被别国异族侵略的时候，应该取正当防卫。现在我们所说的自卫，就是就广义这方面从国家民族的立场上来说的。”[3]

“自治是政治学上的名词，照字义解释，就是自己管理自己，但此之所谓自治，是指地方自治而言。而所谓地方自治，就是地方政治团体，受政府的委托，在法令许可的范围内，办理地方一切的事宜。”[4]

“自给，是经济学上一个名词，就是以我们自己的生产，来满足我们自己的需要的意思。”[5]

---

1 创建月刊社编：《白崇禧先生最近言论集》，1936年6月版，第128页。

2 参见谭肇毅主编：《新桂系政权研究》，广西人民出版社2011年1月版，第22—23页。

3 创建月刊社编：《白崇禧先生最近言论集》，1936年6月版，第20页。

4 创建月刊社编：《白崇禧先生最近言论集》，1936年6月版，第28页。

5 创建月刊社编：《白崇禧先生最近言论集》，1936年6月版，第34页。

“三寓政策”也是白崇禧创制的理论，指的是“寓兵于团”，“寓将于学”，“寓征于募”。白崇禧对“三寓政策”的来源皆有解释。

他认为，“寓兵于团”是从管仲治理齐国那里学习来的，要恢复中国古代兵民合一的传统。

“寓将于学”是从教育家孔子那里学习来的，学生不仅要学文，而且要习武，恢复中国古代文武并重的传统。他说，本来中国古时是军民不分的，古时的文武亦是不分的，试从历史上看古来的名将，没有谁上过什么陆军学校，统率军队的将领，都是文人出身。所谓儒将，他们所学的是三略六韬，以为战学的必修科，而没有专门的军事学校给他们修养。孔子尝以六艺教人，六艺中的射御，就是军事，但他并不将之分开，可见古时文武不分。“所以现在要恢复到文武不分，文人要学武，武人也要学文。”[1]

“寓征于募”则是白崇禧对古代募兵制和现代征兵制的结合，用募兵的办法来征兵，避两者之短，取两者之长。

白崇禧不仅提出了“行新政，用新人”的思想，建构了“三自三寓”的政策体系，而且，他还疏通了“三自三寓”政策与孙中山“三民主义”思想体系的内在联系，为“三自三寓”政策铸就了权威的思想背景。

他这样说：“总理的民族主义，要民族能独立自卫，不受欺侮，使民族能自决，地位提高。民权主义是要行地方自治，使下层基础组织稳固。民生主义要中国同胞生活所需能自给自足，不须依靠外人生存。三自政策就是根据三民主义规定出来：以为要能自卫，民族才能自由；要能自治，民权才能实行；要能自给，民生问题才能解决。所以三民主义，可以说是三自政策的理想，三自政策可以说是三民主义的实行。”[2]

---

1 创建月刊社编：《白崇禧先生最近言论集》，1936年6月版，第174—175页。
2 创建月刊社编：《白崇禧先生最近言论集》，1936年6月版，第18页。

从以上白崇禧关于“行新政，用新人”思想和“三自三寓”政策的论述，可以看出，他是很长于理论思维的。他的政治思想理论，可以称得上既有真知灼见，又能系统周密。

白崇禧不仅有非常好的理论素养，而且有相当不错的文艺才能，称得上是一个不错的文人。

在各种白崇禧的传记中，几乎看不到关于白崇禧文艺才能的记录。然而，白崇禧确实有相当高的文艺天分，这可以从他创作的歌词看出来。比如，他创作过一首《劝夫从军》，歌词如下：

桃子花开叶又青，莫说好子不当兵；
当兵才算是好子，好铁才打好铁钉。
提起当兵莫要愁，喝杯甜酒醉心头；
甜酒解得心头苦，当兵才会报国仇。
月季花开朵朵香，好马要有好鞍装；
好女要配英雄汉，拿枪回去打强盗。
从前有个木兰姐，也曾代父去从军；
今朝也有英雄女，劝哥莫枉做男人。
口水讲干舌讲困，千言万语你不听；
你不当兵不嫁你，留你一世打单身。

这首歌词写得颇有广西山歌的格调，婉转起伏，抒情性比较强，用今天的语言描述，就是民间味儿浓。

还有一首《征兵！我愿往！》：

往！我愿往！
国民义务不推让，
全身勇气，
一片热心，

小兵也愿当！
为何有国？
为何有家？
想！大家想！
人人偷生，
人人怕死，
国事怎支撑？
我今先去做个好榜样！

这首歌词写得简洁、明快，刚健、清新，铿锵有力，节奏感强，用今天的语言描述，可以说极具民国范儿。

这两首歌当年都谱成了曲，并传唱一时。2013 年，我们采访白先勇童年时代的小伙伴罗锡铭（小名七生）的时候，他自己提到这首歌，并唱给我们听。2014 年 11 月，广西师范大学音乐学院宁红霞老师带领她的学生为白先勇演唱了这首歌，白先勇听得很激动，并且指出曲调与他原来的记忆有所不同。的确，宁红霞师生在演唱这首歌的时候，请作曲家黄有异先生对曲调稍稍做了改变。

族谱记载的白崇禧家族始祖伯笃鲁丁系元朝进士，曾在桂林任官，是元代著名的西域十二诗人之一。《粤西诗载》收有他《逍遥楼》五言律诗一首，《粤西文载》收有他《郁林州学记》和《阳桥记》散文两篇。

白崇禧的儿子白先勇是当下知名度最高的海外华语小说家之一，被评价为“当代短篇小说家中少见的奇才”。[1]

前有西域十二诗人之一的伯笃鲁丁，后有当代短篇小说奇才，“当代张良”白崇禧在文艺创作上牛刀小试自然就不会令人意外了。

1　夏志清：《白先勇早期的短篇小说》，白先勇：《寂寞的十七岁》，广西师范大学出版社 2010 年 10 月版。

显然，白氏家族确有文艺创作的基因。

少年学霸，中年文人，思维缜密、博学卓识的理论家，这确实是白崇禧形象建构中长期被忽视但又确实存在的另一面。阅读白崇禧那些演讲文章，真的令人觉得他口若悬河，引经据典，学识渊博，富有真知灼见。将军决胜岂止有战场。白崇禧作为 20 世纪中国既有过重大贡献也有过重大过失的军事家，他的成与败、得与失，他的人生舞台，他的抱负际遇，都不是狭义的军事战场能够覆盖的。说到底，白崇禧是现代中国历史上的一个失败者。他有理想，有抱负，也有过成功，有过对国家和民族的贡献。然而，在“宜将剩勇追穷寇”的形势下，他困兽犹斗，终于兵败如山倒，最终困逝于孤岛。这就是白崇禧的结局。

然而，历史总存在许多被遮蔽的侧面，历史人物也还存在许多后人忽略的侧面。历史的结局是单一的，人生的细节却是丰富的。历史结局容易导致我们趋于单一的结论，历史人物却可能引发众说纷纭。事实上，历史人物是多侧面的立体形象，而非如我们通常以为的扁平的单面形象。唯其如此，历史才可能对今人焕发无穷的魅力，历史人物才可能激荡后人对人生、对历史的唏嘘。

广西大学校长马君武

说起广西的近代名人，人们首先想到的是“李白黄”，然后，再说下去，应该就是马君武。前三人是武将，马君武是文人，是“李白黄”的前辈，他做广西省长的时候，也算是“李白黄”的上司。

马君武是少有的国共两党都尊重的广西名人。白崇禧晚年的口述史专门用了不小的篇幅说到马君武，给我们提供了一个比较鲜活的马君武的形象，其中有这样一段文字：

> 我曾在百色向他上条陈，建议应如何收拾数项，适马在下围棋，他对公事本事必躬亲，独下围棋时什么事都不理，有人递上我的条陈给他说：“白某人来条陈。”他随便一看没看完说：“狗屁。”人家对他说：“这人是保定的，他的说法也不错。”他再看看才说：“还好。”他个性强，对公文都亲自批阅，但常说：“狗屁不通。”我由广西潜赴广州疗腿伤，到贵县，发现马省长上船，遂一起赴粤。在广州他待我很好，陈炯明叛，叶举炮击观音山时，我在医院听到炮声，他竟亲自来看我，拿钱给我，叫我不要出去。[1]

1 《白崇禧口述自传》，中国大百科全书出版社 2009 年 3 月版，第 392 页。

这是白崇禧与马君武直接接触时的印象，白崇禧的口述史还提到马君武的一段公案：

> （马君武）对戏剧改良颇为注意，对名演员小金凤极为捧场。出于他很廉洁，黄旭初主席特别替他在环湖路盖了一所公馆，持书“以彰有德”四字为大门横额。马自题一门联：“种树如培佳子弟，卜居恰对好河山。”有谑之者在两句下各添四字“春满梨园；云生巫峡”，成为极工整的两联而影射马之捧小金凤。马在九一八事变后，曾作二首绝句，以讽张学良与胡蝶，脍炙人口，没想到今日被人幽了一默。此对联在报上发表过，后来该报社长韦永成特为此事登报道歉。

“种树如培佳子弟，卜居恰对好河山。”本是马君武为自己公馆题的门联。“种树如培佳子弟，春满梨园；卜居恰对好河山，云生巫峡。”则是好事者对马君武的讽刺挖苦。

马君武这副对联在当时传播广泛，田汉话剧《秋声赋》里都说到它。我们望道剧社的年轻人在排练这个戏的时候，不理解为什么说到这副对联时角色要笑，因为他们不知道实际上这是当时的好事者在影射子虚乌有的马君武与小金凤的暧昧关系。白崇禧口述史在讲述马君武这件轶事时又提到马君武写的抨击张学良的绝句《哀沈阳》，这其实也容易造成误解。事实上，马君武对张学良的抨击与好事者对马君武的影射完全不能相提并论。

马君武虽然是文人，但个性很强，性格刚烈，有鲜明的“南蛮”性格。如用桂林的山和水分别隐喻当年的男性和女性桂林文化人，则马君武应该是桂林城的主峰独秀峰。实际上，抗战时期的广西军人和文化人，都有“南天一柱”的气质，他们以卓然独立天地间的气魄撑持着中国的半壁江山。

马君武有很多头衔，是中国同盟会第一批会员、中国留德工学博士第一人、著名翻译家、著名诗人，曾任上海中国公学总教习（教务长）、上海大夏大学校长、国立北京工业大学校长，还担任过司法部总长、教育部总长等职。然而，在我看来，马君武所有头衔中最重要的，是广西大学校长。

马君武是广西大学的创办人，他曾三任广西大学校长。从1927年广西大学筹办，到1940年在广西大学校长任上逝世，马君武“经历了广西大学初创、停办、恢复、发展、改组、由省立改国立”的最初的十多年。可以说，广西大学历史上，没有哪一位校长像马君武这样经历过如此多的坎坷曲折，更没有哪一位校长像马君武那样为广西大学做出了那么重要的贡献。

马君武时期的广西大学在全国已经有了相当的声誉。1933年10月10日，马君武在广西大学成立五周年纪念会上做题为《建立中华民国和建立广西大学》的演讲，其中就说到“广西大学在国内已经颇有相当的荣誉”。1933年10月15日，马君武在广西大学纪念周上又做题为《大家应有自动学习和爱校的精神》的演讲，其中亦说到“西大创设的历史为时不过四年，但在此短时间内，在国内得有相当的声誉，使参观者满口赞誉，悦意而归，使在校做事的教员恋念不置”。

“相当的荣誉”“相当的声誉”，这些主观的评价，来自当时广西大学的办学实绩。仅以学校仪器设备而言，马君武专门提到两个例证：一是原来在广西大学担任助教的董钟林，公费到英国留学以后，专门写信给马君武，述及广西大学“测量仪器之完备为国内著名的大学如唐山大学、上海的交通大学所不及，唯北平的清华大学可以比拟”；二是教育家侯鸿鉴到广西大学视察之后，亦认为“西大设备完全，尤其是生物系为国内各大学所不及”。

当时的广西大学不仅有非常完备的仪器设备，而且形成了在全国范围内独树一帜的学风。1933年4月26日，马君武在广西大学学生自治会成立大会上做题为《从西大的特质说到自治会组织的意义》的演讲，其中说道：“像西大这样特殊的情形，学生用功读书，刻苦耐劳，性格朴质……在国内大学真是可以说是‘唯独仅有’的！”“那种勤苦力作的现象，不但中国没有，在外国说起来亦足以‘骇人听闻’！”

正是因为这样的办学实力和这样的学风气象，1933年，在长江流域大学学生数量减少的情况下，广西大学的学生一天天增多。更为重要的是，广西大学不仅学生数量增加，而且学生质量向好。1939年11月，马君武在广西大学纪念周做题为《抗战期中大学生应有的修养》的演讲中，欣慰地提到一个变化：

> 以前本校土木系毕业的同学派出铁路上实习时被人家放在第三等，第一等是××学校的学生，第二等是××学校的学生，第三等是我们西大和××学校的学生，他们所以如此，便是因为他们以为我们西大同学的程度很差，而且还问我们西大同学有没有见过经纬仪？但是，在实习过程中，我们西大同学个个都能奉公守法、埋头苦干，学问也差不多，别的大学毕业生能做的工作我们西大同学也能做，因此，我们西大同学才被他们看得起眼，现在已经一律平等待遇，而且由第三等升到第一等了。

学生待遇“由第三等升到第一等”，这是马君武执掌广西大学时期的成绩。我以为，这也是至今广西大学仍然视马君武为其精神之父的缘由。

马君武对当时广西大学的现状有乐观的评价，他认为“虽然她还是一个未成年的婴儿，但是先天很好，体质康健，并且沉着珍重，很有长成壮丁、制成大器的希望”；他对广西大学有很高的期许，相信几年以后的“西大不但是为广西学术研究的重要机关，抑且为国内的著名大学”，“希望西大再经过相当的时间就能建设完备而成为世界上一个著名的大学”，“希望不但全省而且全国都有西大学生去努力，许多科学的发明都由西大而来”。

据《马君武教育文集》的前言，可知马君武本人亦视广西大学为其人生最重要的事业。他曾对学生说："我一生做的许多工作，都是别人求我，只有办西大，是我求别人"，"把西大弄好，就是我这一生的事业"，"只有努力把西大弄成国内有名的大学，我们才可以对得起广西全省的父老"。这些话，语重心长，言犹在耳，尤其应该为今日广西的高等教育工作者铭记。

马君武为他"这一生的事业"，用今天的话说"够拼的"。他确实将广西大学办到了全国著名的境界，但他也终于倒在了广西大学校长的职位上。想想今天广西大学在全国的境况，难道不让我们汗颜、惭愧，知耻而后勇乎？

马君武留下的精神遗产值得广西大学永远记取！

教育家马君武

马君武，1881年生于广西恭城县署，童年在桂林念私塾。12岁领受母教，从此“立志做人”，“拼命读书”。1901年赴日留学，结识孙中山。1905年，成为中国同盟会第一批会员，被推举为中国同盟会秘书长。1906年，毕业于日本京都帝国大学，回国任上海中国公学总教习兼理化教授。1907年，赴德国柏林工业大学留学。1911年，获德国柏林工业大学工学学士学位。1915年获柏林工业大学工学博士学位，成为中国在德国获工学博士学位第一人。

马君武曾历任南京临时政府实业部次长、广州中华民国政府总统府秘书长、广西省长、段祺瑞执政府司法部总长、教育部总长，在这些职位上均无所作为。在此前后，还相继担任过上海大夏大学校长、北京工业大学校长，均有所作为。1928年，出任广西大学首任校长。

1931年九一八事变后，张学良实行不抵抗政策，东北三省国土迅速沦丧，全国激愤，一致谴责。1931年10月31日，市民读物《礼拜六》刊登一篇题为《莫放张学良》的文章，对张学良大加挞伐：

> 当日本侵占沈阳之夕，张犹听歌舞榭，意兴殊豪，纵曰时前无所知，但临时岂能无报？而张犹态度镇静，毫不介意。事出数日，日人益变本加厉，到处虐猖。张宜如何熟筹应付之策，恢复

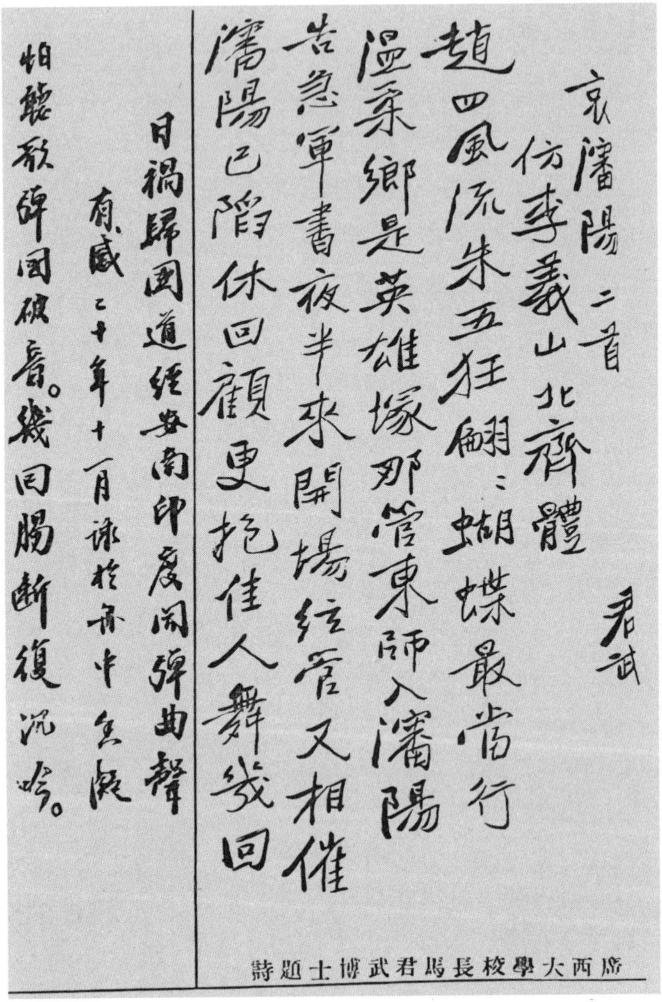

哀瀋陽二首 君武

仿李義山北齊體

趙四風流朱五狂，翩翩蝴蝶最當行。溫柔鄉是英雄塚，那管東師入瀋陽。

告急軍書夜半來，開場絃管又相催。瀋陽已陷休回顧，更抱佳人舞幾回。

日禍歸國道經安南印度聞彈曲聲有感 二十年十月詠於舟中

怕聽歌彈國破音。幾回腸斷復沉吟。

廣西大學校長馬君武博士題詩

马君武《哀沈阳》手迹

失地？而各报专电传来，张仍优游自得，大玩其高尔夫球。以负有军事责任之高级长官，竟于此存亡绝续关头，犹沉湎于声色犬马之好，贻误戎机，罪岂容诛！

在所有对张学良不抵抗的谴责中，影响最大的，莫过于马君武刊载于 1931 年 11 月 20 日《时事新报》上的诗歌《哀沈阳》：

赵四风流朱五狂，翩翩蝴蝶最当行。
温柔乡是英雄冢，那管东师入沈阳。

告急军书夜半来，开场弦管又相催。
沈阳已陷休回顾，更抱佳人舞几回。

这两首诗提到了二位女性：赵四即赵一荻，北洋政府交通次长赵庆华的第四女，著名的赵四小姐；朱五即朱湄筠，北洋政府内务总长朱启钤的第五女，当时在北平上大学，是张学良府上舞会的常客；蝴蝶即著名影星胡蝶。

马君武诗歌发表的第二天，《申报》就刊登了胡蝶的辟谣声明，表示她所在剧组有规定不许出席私人宴会，她本人在北平期间未尝一涉舞场。也就是说，马君武诗中所言张学良与胡蝶跳舞之事并不存在。

虽然马君武的诗歌有违事实，但时人更愿意相信马君武的描绘。这不仅因为当时中国人对国民党军队不抵抗行为的深恶痛绝，同时也因为马君武这两首诗写得生动形象，活灵活现，非常易于传播。

马君武的《哀沈阳》指责张学良的不抵抗行为，马君武本人则是坚定的抗战派。

九一八事变发生前的 1931 年 9 月 15 日，一度停办的广西大学恢复上课，身为广西大学校长的马君武以"为国牺牲，为民工作"作为广西大学学生的求学目的，号召"大家一齐努力，对内团结，对外抵抗，为祖国奋斗到底"。

1932 年暑假，马君武赴欧洲考察教育、实业，专程参观了德国柏林大学。回国后，10 月 26 日，在广西大学纪念周，马君武做题为《柏林大学立校的真精神》的演讲，告诉听众，柏林大学有一个纪念碑，碑上刻有一句话："无战败者，战败，将来战胜。"他认为，柏林大学的建校目的就是为了德意志建国和普鲁士复兴。他用德意志的建国和普鲁士的复兴激励广西大学的学生："这种历史的事迹，正与我们今日的中华民族情形遥相影映。我们民族如要复兴，便要照菲希德的话去做，养成真和爱祖国的新精神，摒绝自私自利的心，那么不难想到我们应走的前路！"

1933 年 1 月 9 日，马君武在广西大学纪念周做题为《走上俄罗斯的路》的演讲，其中说道："我国近数十年来的历史，都是耻辱的记载，是战败、割地、赔款、惨杀……一切的复写着。所以中华民族果真要生存，就要能够自卫，应该极力奋斗。""目前日本觉得'满洲国'尚不足以号召，惊震全球，所以还要再攻榆关，取热河，直进中国内部的平津，先在黄河以北建立所谓'大清国'。今后的情势，惟有一天紧迫过一天，每次所给我们的教训也日见深刻。我们不甘心做鸡犬与虫蚁，任人残杀，就得努力练成个战斗员，养好我们的本事。"

1933 年 5 月 8 日，马君武在南宁军校做题为《民族文化与民族复兴》的演讲。他对这些军校学生提出希望："希望诸君有铁的训练，铁的纪律，更要和外国的陆军军人一样有科学的修养，能够研究、仿造、发明新的武器。"他说："大家要知道，希腊罗马蒙古的时代早已过去了，即欧战前的时代也已过去了，文化高的民族固易堕落，而文化低的民族也不是简单的可以制胜。诸君在加紧的训练中，要注意于新武器的使用和发明。"

1937 年卢沟桥事变，全面抗战爆发，马君武出任南京政府国防最高会议参议。1939 年 1 月 29 日，马君武还在广西大学做题为《桂南战况》的演讲。1940 年 6 月 30 日，离去世仅仅只有一个月，马君武还在桂林《扫荡报》发表文章《战争知识和战争精神》。

1940 年 8 月 1 日，马君武逝世于桂林雁山的广西大学。这位广西最早的留学生，中国第一个工学博士，在他人生的最后阶段，拼全部的生命，为中华民族的抗战做顽强的精神和意志上的支持。

隐蔽战线领导人李克农

桂林人大都知道八路军桂林办事处纪念馆，它位于叠彩路与中山北路的交会处，与宝积山隔一条中山北路。只要在桂林读过中小学，大都到八路军桂林办事处纪念馆参观过。

八路军桂林办事处纪念馆规模并不大，原来是一座卖酒的铺面，名“万祥醋坊”，如果不是因为 1938 年 9 月后被租用为八路军桂林办事处，它将像桂林其他所有商铺一样，在历经战争和建设之后荡然无存。

八路军桂林办事处处长为李克农，这是一个带有传奇色彩的名字，著名的“龙潭三杰”之一，1955 年 9 月，被授予上将军衔，获一级八一勋章、一级独立自由勋章和一级解放勋章。他是这次被授予上将军衔的 52 名将军中唯一一个没有领过兵、打过仗的将军。

李克农长期从事秘密情报工作，是共产党隐蔽战线卓越的领导者和组织者，担任八路军桂林办事处处长，是他传奇生涯的一个组成部分。

据开诚撰写的《李克农——中共隐蔽战线的卓越领导人》一书，我们得知，1937 年底，李克农已经接收了秘密共产党员谢和赓的组织关系。谢和赓当时是白崇禧的机要秘书，由于谢和赓不方便与李克农直接联系，李克农又安排了“桂系的亲信、中共的朋友”刘仲容担负谢和赓与自己之间的秘密联系工作。于是，白崇禧身边的谢和赓与刘仲容，成为李克农获取情报的重要渠道。不仅白崇禧身边有李克农的人，李宗仁身边也有李克农的人，此人名杨德华，也是在武汉时期与李克农建立了联系。1937 年冬天，杨德华到了徐州，任李宗仁第五战区长官司令部参谋。由此可见，李克农在未到桂林之前，已经在桂系两大首脑身边都安插了情报人员，能够随时掌握李宗仁、白崇禧的秘密。

1938 年 11 月 20 日，李克农一行乘两辆卡车到达桂林，进驻桂北路 138 号。这是一座比较典型的桂北建筑，门不大，但墙体较高。进门就是柜台，穿过柜台是一个天井，也就是户内院子，天井里还有一排两层木楼房。八路军桂林办事处人最多的时候有 100 多名工作人员，除桂北路万祥醋坊外，还有桂北路 206 号和灵川路莫村的几处民房。

李克农住桂北路 138 号。据开诚《李克农——中共隐蔽战线的卓越领导人》记述，当时桂林有一批特别秘密的共产党员，他们直接与李克农单线联系，不参加其所在机构的共产党基层组织活动。这些人大都是广西各界的知名人士，主要有：

> 国际新闻社负责人：胡愈之、范长江；
> 广西地方建设干部学校教务长：杨东莼；
> 工商界重要人士：张云乔；
> 广西绥靖公署政治部：侯甸；
> 三青团广西支团：周可传；
> 第四战区司令部：左洪涛；
> 文化界：陈翰笙、姜君辰、孟超等。

这里既有文化界知名人士，也有党政军界核心人物，还有工商界重要人物。仅从这个名单，就可以看出李克农广泛的社交面。

在桂林，李克农的重要任务之一就是做桂系领导层的统战工作。我在《共产党在文化城》一文中引用了魏华龄老先生的文章：

在1941年初皖南事变发生，桂林八办撤退以前，党的工作主要是李克农（联系国民党上层人士）和夏衍（联系文化界中上层人士）负责。[1]

那么，桂林时期，李克农主要联系了哪些国民党上层人士呢？对此，开诚的《李克农——中共隐蔽战线的卓越领导人》有较详细的记载。

首先是李济深。李济深是国民党左派元老，也是桂系的“扶植者、恩人和朋友”。1940年6月，李济深到桂林任军委会桂林行营办公厅主任。虽然我尚未读到李克农争取李济深的资料，但从李济深在文化城的表现可以看出，正是在文化城期间，李济深明显地倾向于共产党一方。

其次是黄旭初，黄旭初是桂系首脑之一。李克农刚到桂林，就拜会了黄旭初，与黄旭初有坦诚融洽的交谈。后来国共两党风云突变，黄旭初对夏衍等共产党人坚持了“好来好去”的原则，也与李克农所做的铺垫工作有关。

李任仁、陈劭先、陈此生都是当时广西重要的国民党民主派人士，在桂系有较高的威望和广泛的影响，李克农与他们保持经常的接触和联系，并通过他们做桂系首脑和上层人物的工作。

在有关夏衍的一文中，我曾提到夏衍策反韩练成的事情。夏衍在自己的回忆录中对此丝毫没有涉及，但在一篇回忆李克农的文章中透露了端倪。此文为《克农同志二三事》。在这篇文章中，夏衍写到了李克农对其工作的具体指导，李克农如此说：

站在外面骂娘算不得勇敢，深入敌垒去影响他们，才是你应尽的本分。

1　魏华龄：《桂林抗战文化史》，漓江出版社2011年7月版，第18—19页。

把腿放勤快些，把耳朵放长一些，多跑、多听、多交朋友。你得认清这个时候，这个地方，和菩萨要打交道，和恶鬼也要打交道。我知道你们怕脏……文化人同志，革命的统战工作，戴白手套行吗？[1]

正是因为李克农的教诲，夏衍开始有了变化：

我开始不怕脏了，对话不投机的人，也渐渐可以谈得拢了。有一次，我和他谈起一个国民党高级军官和我的谈话，主要是这个军官对时局的看法。他仔细地听，用铅笔在拍纸本上记，听完了之后想了一阵，然后问：

"你们之间……"

"现在，可以无话不谈了，以前，只是泛泛之交，只听我的，不讲他的，后来，我对他很坦率，渐渐的熟脱了。……"

"熟脱到……"

"连他家庭生活中的苦闷也和我讲了……"

"这很好，算是交上朋友了。……讲这些话的时候，他的态度……"

"先很随便，后来越讲越激昂了。"

"在哪里谈的？"

"在报馆，我的办公室。"

"没有旁人？"

"没有。"

"一个人来的？"

"一个人，随身带了一瓶酒，一包花生和叉烧。"

1　夏衍：《克农同志二三事》，中国人民政治协商会议桂林市委员会、文史资料研究委员会编：《桂林文史资料》第4辑，1983年12月，第40页。

“讲这些话的时候，喝醉了没有？”

“没有吧，他平常能喝一瓶白兰地。”

他想了一下：“假如喝醉了讲的，有可能有两种情况，一种是‘酒醉吐真言’，另一种是借酒装疯，有意讲给你听，今后要注意这种情况。同一句话，在不同的情况下讲，可以有不同的含义的。”[1]

这是夏衍讲述的他与李克农的一次交谈，其中有许多省略号，省略的大概是不宜公开的内容。夏衍没有写出这位国民党高级军官的姓名，可以推断这应该就是夏衍向李克农汇报自己与韩练成交往的情形。作为一个经验丰富的情报战线领导人，李克农正在根据夏衍提供的信息进行判断。

李克农去世较早，其本人没有留下回忆录。目前大多数有关八路军桂林办事处的文字，写的多是交通运输、文化救亡方面的事情，这些都是看得见、摸得着、说得出的。然而，作为一个重要的情报机构，八路军桂林办事处肯定还有很多隐蔽着的内容需要人们去挖掘、探究和求证，或者等着有关方面解密。

著名剧作家张仁胜的长篇电视连续剧《桂林城》既描绘了桂林文化城澎湃的文化巨浪，也刻画了桂林文化城汹涌的情报潜流，还雕塑了桂林文化城惨烈的战争洪峰。其中，李克农作为真实的历史人物，也多次以画外音的方式出现。这是一部真正承载了抗战桂林文化城的大书，可惜由于各种原因，虽然以小说的形式出版，但未能造成广泛的影响。这意味着桂林文化城题材仍然是一处富矿，值得文艺创作者进一步开发。

1 夏衍：《克农同志二三事》，中国人民政治协商会议桂林市委员会、文史资料研究委员会编：《桂林文史资料》第4辑，1983年12月，第40页。

隐蔽战线的学者陈翰笙

抗战时期的广西，由蒋介石的反对派桂系统治，相对独立。这种形势导致它成为各种政治势力渗透、影响、接近、拉拢的对象。对此，有着文化人和红色特工双重身份的夏衍看得很清楚。在他的回忆录中，他说道：

> 当时的桂林，在大后方被叫做“文化城”。由于那时的桂系在政治上还算比较开明，所以蒋介石的复兴社，陈立夫、陈果夫兄弟的CC，孙科的“太子派”，宋美龄的“夫人派”……当然还有坚持与中共合作的进步组织，都要在这个地方建立据点，于是有人说，当时的桂林（乃至广西）是一个“群雄割据”的局面。

中国共产党对这个相对独立的王国当然不会放过：一方面，共产党以公开的方式抓住与桂系合作的机会；另一方面，共产党的隐蔽战线也会通过各种渠道安排自己的力量进入广西。

这种所谓“自己的力量”，通常指的是那些未公开身份的共产党员。有趣的是，这些未公开身份的共产党员，多是文化人。

说起来，共产党中的文化人，真正高学历的并不是很多，但有一个例外，他就是陈翰笙。

陈翰笙，1920 年获美国波莫纳大学学士学位，1921 年获美国芝加哥大学硕士学位，1924 年获德国柏林大学博士学位。1924 年，应蔡元培校长聘请，回国任北京大学历史系教授。

1925 年，陈翰笙与同在北京大学任教的李大钊相识，经李大钊介绍加入了国共合作时期的中国国民党。

1926 年，由李大钊和苏联驻华大使介绍，加入第三国际，负责对外宣传和情报工作。

从此，陈翰笙以学者和情报人员的双重身份活跃于国际舞台。

1935 年，陈翰笙由中共驻第三国际代表王明、康生经手，将组织关系由第三国际转入中国共产党，但仍为秘密党员，直到 1959 年才公开。

由于陈翰笙的学历背景，作为情报人员，他更多是与国际特工合作。比如，他曾经是国际红色间谍佐尔格非常欣赏的合作者，也是红色情报人员史沫特莱曾经爱恋过的人。陈翰笙的传记作者田森认为，在 25 年的地下工作中，陈翰笙比较突出的贡献是与史沫特莱和佐尔格合作做了大量卓有成效的工作。他是最早从佐尔格那里得知日本已决定南进向英美开战的中国人，也是最早把佐尔格获悉的国民党军队将“围剿”中国红军的战略计划传送给中国红军的人。

陈翰笙在学术上的一个突出贡献是中国农村调查。这项工作是他 1928 年在中央研究院社会科学研究所担任副所长时主持的。他聘用了王寅生、钱俊瑞、薛暮桥、张锡昌、张稼夫、孙冶方、姜君辰等有志青年参与这项工作。中国农村调查从江南开始，扩展到中原和岭南，涉及了长江、黄河、珠江三大流域。多年之后，陈翰笙在他的回忆录中说：像我们这种深入到农村最底层的大规模农村调查，在中国是一创举。他聘用的钱俊瑞、薛暮桥、孙冶方等人，后来都成为中国共产党著名的经济学家。

1932 年广西省立师范专科学校成立，桂系聘请了杨东莼担任校长。杨东莼曾是著名的共产党人。桂系聘用杨东莼既是因为他的学术才能，也与他的政治背景有关。桂系需要蒋介石的敌对势力的帮助。杨东莼上任之后，知道陈翰笙中国农村经济研究的成绩，请他推荐一个人到广西师专教授“农村经济”。陈翰笙推荐了又一个共产党人薛暮桥。

可以看出，广西师专是中国共产党向广西渗透的一个重要渠道。与公开的武装斗争不一样，广西师专作为广西重要的高等学府，成为共产党传播其政治理念和文化观念的重要场所。按薛暮桥的说法，当时广西师专有些学生称师专为“小莫斯科”。

薛暮桥到广西前，陈翰笙交给他一个任务，就是利用教学机会进行广西农村经济调查。到广西后，薛暮桥果然完成了这个任务，带领广西师专的学生进行了广西农村经济调查，写出了《广西省农村经济调查报告》。

如果说，1933 年薛暮桥是陈翰笙安置在桂林的一枚重要棋子，那么，1942 年，陈翰笙则因为香港沦陷亲自转移到了桂林。

在桂林，陈翰笙的公开身份主要有两个：一个是桂林师范学院西文系主任，每周讲三次课；另一个是主持中国工合国际委员会桂林分会和工合研究所的工作。他的夫人顾淑型组织了一个化工合作社，在他们的住房后支起一个破铁锅，试验熬油做肥皂，后来专门生产市场紧缺的肥皂、牙膏等生活用品。

陈翰笙的四个外甥女曾合作撰写了一篇文章《与姨父陈翰笙相处 80 年》[1]，文章有一节写到了他们当年在桂林的生活：

> 一到桂林，姨父就遇到了范长江、张友渔、萨空了等许多老朋友。他又活跃起来，积极地开展各项工作：主持“工合”的桂林分会，出版刊物，去桂林师范学院教课。姨母也常去“工合”，并在师范学院教英语，还筹办了一个小化工厂。
>
> 不久，姨父母搬到桂林漓江北面一所木制的二层楼房内，幼

1　于沛主编：《革命前辈　学术宗师——陈翰笙纪念文集》，中国社会科学出版社 2008 年 5 月版，第 166—167 页。

礼就随姨父母住楼上的两间房，教育家林砺儒和俄专的校长孙亚明住在楼下，其余的空房内堆放着主人家的杂物。楼房四周都是农田，要走过好一段田埂到一条土路上，才能遇到唯一的交通工具黄包车。房子虽属新建，但木板与木板之间有很多缝隙，住在里面四面透风。出门时遇到下雨，道路泥泞溜滑，一不小心，就会摔跤。就在这样简陋的条件下，姨父母整日忙碌着，生活节奏紧张而愉快。

在桂林，陈翰笙做了两件与其隐蔽身份有关的事情。一件是他曾经以合法教授的身份，向外国记者公开了蒋介石秘密逮捕共产党要员廖承志的消息。此事经报道，在国际上产生很大影响，何香凝、宋庆龄出面向蒋介石要人，使蒋介石处于被动局面，被迫释放了廖承志。另一件是共产党人杜宣在桂林遇险，陈翰笙利用苏联塔斯社驻中国总社副社长罗米洛斯基回重庆的机会，帮助杜宣逃离了桂林。

1943 年 11 月，桂林召开苏联十月革命纪念大会，陈翰笙邀请英国驻两广代理总领事班以安到会，报告英国反法西斯主义运动。在桂林的中共党员有许多人到会听班以安的报告。此事传到重庆，1944 年 3 月，终于有消息传到陈翰笙这里，称军委会桂林办公厅接到重庆军委会的密电，要逮捕他。陈翰笙赶紧逃离桂林，经昆明飞到印度加尔各答，进了英国情报部的远东情报局。

新中国成立后，1955 年，中国科学院建立学部委员制度，遴选首届学部委员，陈翰笙成为 60 多个哲学社会科学学部委员中的一个。与他同时入选学部委员的，还有张稼夫、千家驹、薛暮桥、骆耕漠。他们都是陈翰笙当年建立的中国农村经济研究会的成员，薛暮桥更是声称自己“受业于陈翰笙”。

陈翰笙 1897 年出生，2004 年离世，在这个世界上生活了 108 年，留下了大量可以传世的学术著作和不为人知的人生秘密。

巴金第一次到桂林

抗战期间，巴金第一次到桂林是 1938 年 11 月至 1939 年 2 月。

巴金是在广州沦陷的前一天撤出广州的，当时是 1938 年 10 月 20 日，11 月上旬，巴金到达桂林。1938 年 11 月，是文化人流亡桂林的第一个高潮，也是日机对桂林实施狂轰滥炸的一个月。巴金这次在桂林居住了四个月。

从广州撤出的巴金首先是到了梧州，之后经柳州到的桂林。到桂林后，巴金及时追记了他的流亡历程，即收入《旅途通讯》的几篇文章：《从广州出来》《梧州五日》《民富渡上》《石龙—柳州》《在柳州》。如今，这些文章因为保留了当年的广西记忆而值得我们珍视。

巴金这次在桂林的时间不长，却经历了多次大轰炸。据不完全记录，1938 年 11 月和 12 月两月间，日机至少对桂林实施了五次大轰炸，巴金都经历了。从上海到广州，从广州到桂林，巴金经历了太多的轰炸，因此，巴金所写下的几篇与桂林有关的散文，似乎都与轰炸有关。

第一篇是《桂林的受难》。这篇文章对这两个月桂林遭遇的轰炸有不少纪实性的描写，我在《大轰炸中的桂林城》一文中多有引用。在这篇文章里，巴金开篇即告诉我们：

> 在桂林我住在漓江的东岸，这是那位年长朋友的寄寓。我

受到他的好心的款待。他使我住在这里不像一个客人。于是我渐渐地爱起这个小小的“家”来。我爱木板的小房间，我爱镂花的糊纸窗户，我爱生满青苔的天井，我爱后面那个可以做马厩的院子。我常常打开后门走出去，跨进菜园，只看见一片绿色，七星岩屏障似地立在前面。七星岩是最好的防空洞，最安全的避难所。每次要听见了紧急警报，我们才从后门走出菜园向七星岩走去。我们常常在中途田野间停了下来，坐在树下，听见轰炸机发出“孔隆”“孔隆”的声音在我们的头上飞过，也听见炸弹爆炸时的巨响。于是我们看见尘土或者黑烟同黄烟一股一股地冒上来。

文章开头的描写近乎诗意。巴金是一个情感非常饱满的作家，在抗战的气氛中，他的理性肯定是抗战高于一切的，但写起文章，我们还是从字里行间感受到一些与战争气氛不那么协调的东西。读上面的文字，会让人觉得是战后的回忆。然而，这篇文章确实就是 1939 年 1 月中旬的文字。不过，紧接着，我们就读到巴金亲眼目睹的四次大轰炸的描写。这些描写与抗战的气氛又非常一致了。

文中提到巴金寄寓在一个年长的朋友家里。根据《旅桂作家》一书，这位朋友应该是缪崇群。缪崇群是现代著名的散文家。1945 年，缪崇群去世，巴金写有《纪念一个善良的友人》纪念他。文中说到巴金到桂林的第二天在一家北方饭馆遇见了缪崇群，在桂林的时候，缪崇群陪巴金游玩了不少地方。

又据《桂林抗战文化遗产》，巴金当时的住址在桂林六合路口，即如今建干路南与六合路口东。

建干路南与六合路口东，离七星岩确实很近。巴金住在这个地方，是在桂林城外，与住在漓江西岸桂林城的人相比，自然有极大的安全感。当警报响起的时候，他可以从容躲避，而且七星岩和月牙山由他挑选。而当警报解除之后，他又可以从容地跨过浮桥从水东门进城去看灾区。

《桂林的受难》写到第四次大轰炸的时候，巴金专门在文中做了预告，说他将写一篇《桂林的微雨》来记录这一天。

果然，1939 年 1 月下旬，巴金写了《桂林的微雨》一文。

在桂林生活过的人都知道桂林冬雨的厉害，巴金是领教了。《桂林的微雨》开篇就说：

> 绵绵的细雨成天落着。昨晚以为天就会放晴，今天在枕上又听见了叫人厌烦的一滴一滴的雨声。心里想，这样一滴一滴地滴着，要滴到什么时候为止呢？起来看天，天永远板着脸，在那上面看不见笑的痕迹。我不再存什么希望了。让它落罢，这样一想，心倒沉静下来。

这就是巴金领教的桂林冬雨。在这样的冬雨中，巴金走到了街上。然而，巴金关注的不是桂林冬天的雨景，他耿耿于怀的是一个月前桂林遭遇大轰炸的情景。原来他熟悉的街道，也就是桂西路，“忽然缩短了，凭空添了一大片空地。我看不见那个走熟了的书店的影子”，“我要去的那个书店完全做了燃料，我找不到一点遗迹了”。

> 雨丝打湿了我的头发。眼镜片上聚着三五滴雨点。我一双鞋底穿了洞的皮鞋在泥泞的道路上擦来擦去。刚刚亮起来的街灯和快要灭尽的白日光线给我指路。迎面走过来两三个撑伞的行人。我经过商务印书馆，整洁的门面完好如旧。我走过中华书局，我看不见非常的景象。但是过了新知书店再往前走……怎么我要去的那个书店不见了？还有我去过的一位朋友的家也不知道连屋瓦都搬到了何处去！剩下的是一片荒凉。几面残剩的危墙应当是那些悲惨的故事的目击者。它们将告诉我一些什么呢？

战火中的桂林城

巴金在冬雨绵绵的桂林街上行走，他走过桂西路、环湖路，走过洋桥，继续往南走，现实是积着水、堆着碎砖、躺着断木、横着电线的马路，内心是只剩下摇晃的墙壁和燃烧的门楼的整条整条的街。桂林的微雨，没有任何诗意，没有任何温情，巴金的眼前只有寂寞的废墟和复仇的愿望。

虽然在冬雨绵绵的桂林巴金感受到更多的是桂林的受难，但并不等于他已经丧失了希望和勇气。我们都知道巴金是著名的作家，往往忽略巴金同时也是一个重要的编辑家。抗战期间，巴金是文化生活出版社的总编辑。广州失陷前一天，巴金带着《文丛》第二卷第四期的全部纸型转移到桂林，在桂林将刊物出版。在桂林，巴金创办了文化生活出版社的桂林分社，继续编辑出版了《文丛》第二卷的第五至六期合刊。此外，他还写了不少寄给外地友人的信函，并将之编成《旅途通讯》。1939 年 2 月 14 日，巴金在《旅途通讯》的前记中说：

> 这些全是平凡的信函。但是每一篇都是在死的黑影的威胁下写成的，这些天来早晨我见到阳光就会疑惑这晚上我应该睡到什么地方。也许把眼睛一闭我便进入“永恒”。
>
> ……
>
> 我不会说假话，这些信函便是明证。甚至敌机在我头上盘旋，整个城市在焚烧的时候，我还感到友情的温暖。是这温暖给了我勇气，使我能够以平静的心情经历了信中那些苦难的日子。我有过勇气，我也还会有勇气，因为我有着那无数的好心的朋友。

在死亡阴影中的巴金完成了那么多的工作之后，1939 年 2 月，巴金偕萧珊离开桂林，经金华、温州，于 4 月回到了上海。

艾青诗歌里柔软的忧伤

通常认为艾青到达桂林的时间是1938年11月中旬。两部《艾青传》的作者周红兴和程光炜都持这个看法。

1986年出版的《桂林文化城概况》，万一知先生做的《抗战时期桂林文化运动大事记》中记录：1938年11月13日，艾青参加了五路军政治部艺术股举行的招待会。

1987年出版的《桂林文化城大事记》则有更早的记录，称1938年10月19日国防艺术社在东坡酒楼招待文艺界人士，决定组织战时文艺工作者联谊社，推李文钊、夏衍、汪子美、艾青、白薇等五人组成起草委员会。

据此，我们可以认定，艾青那首最为脍炙人口的诗歌《我爱这土地》是在桂林创作的。全诗如下：

假如我是一只鸟，
我也应该用嘶哑的喉咙歌唱：
这被暴风雨所打击着的土地，
这永远汹涌着我们的悲愤的河流，
这无止息地吹刮着的激怒的风，
和那来自林间的无比温柔的黎明……

——然后我死了，
连羽毛也腐烂在土地里面。

为什么我的眼里常含泪水？
因为我对这土地爱得深沉……

这首诗写于1938年11月17日，也就是艾青刚到桂林不久。

桂林山水甲天下，我想，因上海沦陷从杭州流落到武汉，因武汉会战退到衡山，再由衡山来到桂林的艾青，面对甲天下的桂林山水，想到其足下的祖国山河不断沦陷，而产生了深深的痛惜，以及与痛惜相伴随的深爱。名诗《我爱这土地》就是这种深爱的结晶。

桂林是一座激发艾青创作灵感的城市。在《忆桂点滴》中，艾青自己说："在桂林期间，我的创作是比较旺盛的。"据不确切的统计，艾青在桂林创作了20多首诗歌，它们是《我爱这土地》《死难者的画像》《江上浮婴尸》《除夕》《冬日的林子》《纵火》《吊楼》《街》《吹号者》《他死在第二次》《我们的田地》《怀临汾》《出发》《骆驼》《死》《梦》《女战士》《秋晨》《江上》《敌机残骸》《低洼地》《桥》等，其中，《吹号者》和《他死在第二次》还是叙事长诗。

艾青在桂林创作的诗歌常常有纪实的性质。比如，1938年11月30日，桂林遭受了日机的轰炸。当时艾青正在环湖北路的广西日报社编稿，听到警报后，马上到附近山洞躲避。据程光炜的描述，轰炸过后，艾青往家里赶，沿途所见惨不忍睹，其中一位妇人只剩下半截身体，但一只手仍紧紧攫着正在吃奶的孩子。第二天，也就是12月1日，艾青写下了《死难者的画像》这首诗，诗中写到轰炸过后一个池塘中的五具尸体，其中有母子俩：

一个死了的女人的旁边
并卧着一个小孩

他的小小的手臂
他的断了的手臂
搁在他的身体的附近
——这小生命已伴随着他的母亲
在最后的痛苦里闭上了他的眼睛

发表在1938年12月22日《广西日报》的诗歌《江上浮婴尸》是根据报纸刊登的消息写成的。当时日军抓捕大批中国儿童，作为供血工具，为日军伤员输血。中国儿童的血液抽尽之后，则沉尸江流。得知日军这种令人发指的行为，艾青写道：

于是
可怕的敌人
又用闪亮的灯
刺进你们嫩白的小臂
从你们身上
吸取鲜红的血
用这血去喂养
那无数的
到中国来杀人的野兽
——而你们
就如此一天天的瘦萎

最后
你们的身体
已枯干了
敌人已不再需要你们
他们就狞笑着

把你们抛到江里

叙事长诗《吹号者》和《他死在第二次》是艾青的经典诗作，收入许多艾青诗歌的选本。两首诗写作时间相近，主题和题材相近，相当于姊妹篇。

《吹号者》写的是年轻的号手。长诗从黎明写起，从起身号、吃饭号、集合号、行进号一直写到冲锋号：

于是，惨酷的战斗开始了——
无数千万的战士
在闪光的惊觉中跃出了战壕，
广大的，急剧的奔跑
威胁着敌人向前移动……
在震撼天地的冲杀声里，
在决不回头的一致的步伐里，
在狂流般奔涌着的人群里
在紧密的连续的爆炸声里
我们的吹号者
以生命所给与他的鼓舞，
一面奔跑，一面吹出了那
短促的，急迫的，激昂的，
在死亡之前决不中止的冲锋号，
那声音高过了一切，
又比一切都美丽……

在《为了胜利——三年来创作的一个报告》一文中，艾青说他“写了《吹号者》，以最真挚的歌献给了战斗，献给了牺牲”。

《吹号者》写的是军人，但同时写的也是诗人。艾青说：“《吹号者》是比较完整的，但这好像只是对‘诗人’的一个暗喻，一个对于‘诗人’的太理想化了的注解。”

将战争中军人的英姿和诗人的忧伤融为一体，这是艾青桂林诗歌创作中的一个特点，也是艾青桂林诗歌特别感人的秘密。

根据程光炜所写的《艾青传》，在桂林期间，艾青曾随同《广西日报》的记者到广西省立医院探视、采访伤员，在走廊上看见一个昏迷的伤员，一边痛苦地呻吟，一边还在喊叫：“子弹没了，快给我子弹！”这样的情景给予艾青极大的心灵震撼，被另一位杰出诗人穆旦称作“一首美丽的史诗”的叙事长诗《他死在第二次》，或许就来自这次探视采访的体验。

长诗写的是一位伤愈后重返战场的战士。他经历了战斗的壮烈、伤病的痛苦、面对护士的苦恼、重返战场的庄严、面对伤残的恐惧、献出生命的承诺以及死亡的终结。值得注意的是，在这首诗里，艾青并没有简单地赞美牺牲，而是通过内心的追询，追询战争中战士的责任。从一个农人变成一个军人，从伤员服换回绿军装，战士把生命交给了战争：

一切的光荣
一切的赞美
又有什么用呢？
假如我们不曾想起
我们是死在自己圣洁的志愿里？
——而这，竟也是如此不可违反的
民族的伟大的意志呢？

艾青比其他诗人更深刻的，恰恰在于他的追询。他没有把觉悟强加在农民出身的战士身上，他只是写出了战争中军人既迷惘又坚定的内心世界。在面对这样的内心世界时，艾青表达的不是廉价的赞美，而是深刻的忧伤。

艾青认为：“《他死在第二次》是为‘拿过锄头’的、爱土地而又不得不离开土地去当兵的人，英勇地战斗了又默默地牺牲了的人所引起的一种忧伤。这忧伤，是我向战争所提出的，要求答复与保证的疑问。”

在抗战桂林文化城，大多数诗人表现的只是英勇昂扬的斗志，艾青却表现出对生命的惋惜，流露了忧伤的情感。虽然艾青这种忧伤的情感当时曾遭到某些评论家的批评，却赢得了时间的承认。如今，许多口号式的诗歌完全失去了动人的力量，艾青的诗歌却留存下来。艾青诗歌中的忧伤情感以一种柔软的力量渗透一代又一代读者的内心。

艾青的桂林爱情

自1938年11月至1939年9月，艾青在桂林生活了整整十个月。在这十个月里，除编辑《广西日报》的《南方》文艺副刊之外，艾青还创作了不少诗歌，撰写了不少杂文，编辑出版了他最具影响力的诗集《北方》，完成了他最具价值的诗歌理论著作《诗论》。

即使是如此繁忙的工作，艾青在桂林仍然经历了跌宕起伏的爱情。

艾青是偕妻子张竹如一起到桂林的。

张竹如是艾青的表妹，1935年与艾青结婚。婚后，艾青离家只身去了常州，在武进女子师范学校担任国文课教师。半年后，学校未再续聘，艾青偕妻子张竹如去上海、杭州谋职。上海沦陷后，艾青辗转多个城市后来到桂林。

程光炜为写《艾青传》专门采访了著名画家阳太阳。阳太阳是艾青的好朋友，抗战时期与艾青交往密切，他向程光炜讲述了许多艾青的桂林往事。

艾青、张竹如夫妇到桂林后，入住梓祥巷一间正面是木板、三面为砖墙的房子。程光炜称梓祥路在乐群菜市对面，那就应该是如今微笑堂西面的府后里附近。当时艾青和张竹如的第一个女儿七月近两岁，1939年春夏之交，第二个孩子临近生产。出于经济上的考虑，也为了不影响艾青的写作，张竹如偕大女儿七月回故乡金华娘家待产。

梓祥巷距离太平路很近。郭沫若任社长的《救亡日报》坐落在太平路。当时阳太阳的家就在《救亡日报》隔壁。在桂林期间，艾青曾为《救亡日报》创办并编辑了诗歌专刊《诗文学》。他一共编辑了四期，分别于1939年4月18日、5月12日、8月10日和9月14日在《救亡日报》第四版刊出。太平路《救亡日报》成了艾青经常光顾的地方。

不过，艾青经常光顾太平路《救亡日报》，并不仅仅是因为工作，也是因为爱情。

《救亡日报》有一对漂亮的姐妹记者高灏和高汾，姐妹俩是江苏江阴人。著名的日本反战作家鹿地亘在回忆录中说她们姐妹俩都是西施般的美女。其中，姐姐高灏尤其漂亮。漂亮到什么程度？鹿地亘说："比起带几分天真活泼的妹妹汾来，还是具有那种难得的女性温柔的姐姐灏，更奇妙地打动了我的心。我不能不认为自己留在桂林是一种幸福。可是这是不能让对方感觉到的一种个人的秘密。"

鹿地亘是有妇之夫，他的太太幸子是高家姐妹的好朋友，所以，即便鹿地亘怀有对高灏非同寻常的爱恋，也只能秘密地藏在心底，成为一种暗恋。

艾青也爱恋高灏，但他没有像鹿地亘那样止于暗恋。

艾青的诗歌是当时许多诗歌朗诵会的首选。艾青与高灏相识正是在一次诗歌朗诵会上。当时，高灏朗诵了艾青的诗歌，赢得与会者的欣赏。艾青也为这位美丽的女子能够如此深刻、细腻地理解自己的诗歌而激动。

认识高灏之后，对于艾青而言，《救亡日报》就成了一个磁场，吸引着艾青天天光顾。他寻找各种各样的机会，与高灏接近。[1]

1 程光炜：《艾青传》，北京十月文艺出版社1999年1月版，第240页。

据周红兴的《艾青传》，有一天晚上，艾青和高灏去看望鹿地亘和冯乃超，畅谈文学到很晚。当时电灯已经统一关闭了，冯乃超举着蜡烛送艾青和高灏下楼梯。走到楼梯拐弯处，冯乃超回去了。这时，走在前面的高灏突然回过头看了艾青一眼。[1]那真是美妙的一瞬，有如昙花一现的幻影，有如纯洁之美的精灵。在艾青的记忆里，高灏的目光如电，穿透黑夜，直抵艾青的灵魂，以至于40年以后艾青仍然对这双闪光的眼睛念念不忘，并写下了以《关于眼睛》为题的两首诗歌。其中一首专门写到了那天夜晚的情景：

有那么一双眼睛
在没有灯光的夜晚
你和她挨得那么近
突然向你闪光
又突然熄灭了
你一直都记得那一瞬

据说，艾青一生中只为三个女子写过诗，其中两个女子是外国人，只有高灏一个中国女子。而这首因为高灏而写的诗歌，可能是艾青唯一真正的情诗。

艾青深深地爱上了高灏。这位从欧罗巴带回了一支芦笛的诗人，并不隐讳自己的情感，对高灏展开了频繁的攻势。

当时追求高灏的人很多，包括著名的记者范长江。据艾青本人的回忆，他曾通过“内线”询问高灏究竟喜欢艾青还是范长江，高灏做了含蓄的回答：“我立志走文学之路。”

不过，享有文学优势的艾青最终并未能与高灏结合。用艾青本人的话说就是他“太性急了”。当时他狂热地追求高灏，引起了桂林

1 周红兴：《艾青传》，作家出版社1993年12月版，第188页。

文化界的非议和反感。这还不是艾青爱情受挫的根本原因。最重要的是，当艾青得知在他和范长江之间高灏倾向于他的时候，自以为已经稳操胜券，遂写信向在金华等待分娩的妻子张竹如提出离婚。当他据此向高灏求婚时，或许是想到艾青妻子的可怜境遇，善良的高灏没有接受艾青的求婚。

接到艾青离婚建议信的张竹如，不顾在路途生产的风险，急忙赶回桂林，试图挽救自己的婚姻。遗憾的是，仿佛命中注定，虽然高灏结束了与艾青的恋爱关系，但就在张竹如风尘仆仆赶路的时候，另一个女子闯进了艾青的生活，她就是艾青的第二任妻子韦嫈。

韦嫈是艾青在江苏常州武进女子师范学校教书时的学生，据程光炜对韦嫈的访问，韦嫈是 1939 年 6 月从武汉乘车到桂林的。韦嫈的桂林之行，就是为了寻找艾青。用她自己的话说："他（艾青）是我学生时代崇拜的偶像，我初恋的对象。一年多以前，我曾在武汉匆匆见过他一面，后来因他赴桂失去了联系。我承认我是因为爱情而去桂林的。"

多年后韦嫈写过一部自传体小说《从前有个姑娘》，里面记录了她在桂林寻找艾青的情景。在黄昏的薄暗中，她绕过了环湖路，拍打了好几家的大门，询问艾青的住址。在碰了不少钉子之后，她才找到艾青的住址马房背 37 号。

这是两扇黑漆大门，在门脸的两旁，有两个石方凳，大门紧闭着。窗户里有灯光。

好久，她终于拎着小藤箱，走近了窗户。她在黑暗中摸索着，踏上窗下几块乱砖，然后费力地扒在窗上向里面探望。

桌上点着一支白蜡烛。有个人伏在桌上写着东西，看不到脸，只看到一头浓密的头发，一桌子的书信和稿子。[1]

这个人当然就是艾青，刚刚在一场狂热的爱情追求中惨遭失败而

1　韦妛：《从前有个姑娘》，漓江出版社 1986 年 7 月版，第 489 页。

情绪低落的艾青。

当张竹如历尽千辛赶到家的时候，艾青与韦嫈木已成舟。

1939 年 9 月，艾青偕韦嫈离开桂林去了湖南新宁。

后来高灏嫁给了别人，但郁郁寡欢，得了精神病。韦嫈与艾青结婚后育有四个子女，两人因为工作和生活的分歧，长期不和，1955 年终于离婚。

夏衍的双重身份

夏衍是中国现代文化史不能不提的人物，他在戏剧、电影、报告文学、杂文和报纸等领域都有不小的建树。其作品《赛金花》《上海屋檐下》为中国现代话剧名作，《包身工》为中国现代报告文学经典之作，其改编的《祝福》《林家铺子》亦是新中国的经典电影。

夏衍也是抗战桂林文化城绕不开的一个人物。虽然他在桂林的时间不长，他 1938 年 11 月 7 日晚到达桂林，1941 年除夕的傍晚离开，只有两年多时间，但在这两年里，他担任总编辑的《救亡日报》走上了正轨并有了较大的发展。《救亡日报》最初创办于上海，上海沦陷后转到了广州，但上海和广州时期的夏衍在办报上没什么经验。广州沦陷后，《救亡日报》转到桂林，这时候的夏衍总算积累了一些办报经验。到桂林后，他不止一次地向胡愈之、范长江等人请教，并虚心听取《大公报》的王文彬、《扫荡报》的钟期森的意见，终于明白"一定要改变在上海、广州出版时的那种既不像杂志又不像报纸的形式"。他们打破陈规，把当天国内外大事简编成几百字到一千字，保证每天要有一篇不超过 1200 字的社论。经过他们的努力，桂林时期的《救亡日报》发行数从最初的 2000 份增加到 3000 份，再到 5000 份，1939 年底，接近 8000 份。这个数字，用夏衍本人的话说，"这在当时可以说是一个奇迹"。

我们从另一些数据也可以看出《救亡日报》在桂林的发展。《救亡日报》从广州到桂林的时候，只有赤手空拳的12个人。两年之后，有了一支近50人的队伍：有报社，出版《救亡日报》；有出版社，即南方出版社，出版了当时颇有影响的文摘性刊物《十日文萃》；还有印刷厂，他们自铸了一副铅字，在漓江东岸的白面山找了一块荒地，搭了几间茅屋，招募了十来个流浪在桂林的印刷工人，吸引了几个救亡青年作为排字工的学徒。如果用今天的时髦称谓，他们当时也可以称为报业集团了。

白面山的印刷厂已经不存在了，但太平路12号的《救亡日报》旧址尚在，并且已经列入全国文物保护单位，将得到永久性保护。太平路在桂林最中心的街道之一解放西路中段北侧，《救亡日报》旧址就隐藏在这里，是目前这条路上唯一一座民国时期的木结构建筑，也算是大隐隐于市了。

在桂林，夏衍不仅复刊了《救亡日报》，而且与秦似等人创办了《野草》。《野草》是中国现代文学史上最重要的杂文刊物之一，夏衍在《野草》上发表了不少杂文作品。

作为一个剧作家，夏衍在桂林创作了《心防》《愁城记》等较有影响的话剧作品。值得特别指出的是，夏衍抗战期间创作的话剧《芳草天涯》和《法西斯细菌》，虽然不是在桂林创作的，但故事却发生在桂林。这两个剧讲述的其实就是桂林文化城中文化人的故事。

两年多时间，成就了这么多事业，使得夏衍对桂林有一份特别的感情。他专门写过一篇文章，作为《愁城记》的代序，标题就叫《别桂林》。在这篇文章里，他写道：

> 在桂林有着尊敬的战友和先辈，有着无数诚朴而热血的青年，更有着三年来筚路蓝缕，好容易才奠定了基础的一个文化的堡垒，——我们有一张可以勉竭驽钝，为国家民族尽一点力量的日报，一个很小规模的印刷所，一个通讯社，一个出版部，两种

有近万读者的期刊，和一所预期能在今春开工的纸厂……而这一切，都在一只无形的黑手的威胁下，在应该是“友人”的人们“敌视”下，俨然地宣告：这一切文化的力量，再也不准为国家服务了。

在削骨的寒风中，我悄悄地离开了桂林。从逐渐爬高的飞机中，我再贪馋地看了一眼已经包藏在暗云中的山城，“赴难”而来，“逃难”而去，又是一个亡命者了。

不了解背景的读者肯定会觉得夏衍这些文字很费解。文章写于1941年5月，所谓“逃难”，指的是1941年1月皖南事变发生之后，国共合作的“蜜月”终于结束，夏衍成了国民党可能抓捕的对象。在这样的情况下，当时八路军桂林办事处的领导人李克农亲自通知夏衍尽快离开桂林转赴香港。

这里，涉及夏衍文化人之外的另一重身份，即他的共产党员的身份。《救亡日报》本是上海文化界救亡协会的机关报，筹备期间，中国共产党和中国国民党开始了第二次合作，《救亡日报》也因此成为国共合作的报纸。创办之际，有两个总编辑，共产党方面是夏衍，国民党方面则是暨南大学教授樊仲云，但到了桂林时期，用夏衍的话说，《救亡日报》“已经完全和国民党划清了界线”。

当时的夏衍，虽然是公开身份的共产党员，但他的文化人身份，使他有较为自由的活动空间。他在《懒寻旧梦录》中曾经说到，周恩来让他办《救亡日报》，既是为了宣传，也是为了统战。统战，是一个含义非常丰富的概念，它有公开合作的一面，也有秘密策反的一面。夏衍的统战工作恰好也涉及这两个方面。所谓秘密策反，大概涉及过去通常说的“地下工作”“情报工作”，如今则称之为“隐蔽战线”。多年来，我发现许多有关抗战时期桂林文化城的文章都喜欢涉及一个重要问题，即桂林文化城是由中国共产党领导的。这个结论听起来好像不那么顺理成章，但接触的材料越多，就会发现，中国共产党确实早已在桂林文化城布下了棋局，建立了隐蔽战线，以一种隐秘的力量在影响着当时的局面。

陈奇佳《夏衍与中共隐蔽战线关系述考》一文说："在隐蔽战线中，夏衍个人建立的最大的功勋是策反韩练成。"韩练成是中国共产党深入龙潭虎穴的四大传奇将军之一（其他三位将军是熊向晖、郭汝瑰、钱壮飞），是被蒋经国称为在"总统身边隐藏时间最长、最隐秘的隐形将军"。

这个最大的功勋，恰恰是在抗战桂林文化城时期奠定的。

《救亡日报》到桂林不久，面临财政危机，正好夏衍的剧本《一年间》定稿，于是，当时桂林的文化界为了替《救亡日报》筹募基金而举行《一年间》的义演。据李克农的儿子李力回忆，当时韩练成买了几十张《一年间》的"荣誉票"分送友人，并与夏衍成了朋友，经常一个人带着酒、花生、叉烧肉到救亡日报社，与夏衍边喝边聊。夏衍在1977年写给邓小平的信中专门提到了这件事："从一九三九年到四六年，我在周总理和李克农同志的指示下，对国民党四十六军军长韩练成进行策反工作，结果在莱芜战役中这个国民党美械军被我方全歼。"[1]

如此看来，夏衍虽然是公开身份的共产党员，但他在从事各种公开的文化工作之外，还深深地介入了中国共产党隐蔽战线的工作，或许可以称得上是一名红色特工。只是，可能是因为工作性质的缘故，夏衍公开发表的回忆录中，几乎完全没有涉及他这方面的工作。刊登陈奇佳《夏衍与中共隐蔽战线关系述考》一文的《新文学史料》那一期的编后记说："夏公的公子沈旦华先生认为，父亲只是帮助做了一些事情，并没有加入红色特工组织；他还回忆年轻时喜欢看谍战小说，父亲见了，对他说：看看可以，不要从事这类工作。"

我想，也许正是因为对隐蔽战线工作有切身的了解，夏衍才这样告诫他的儿子吧。

1　转引自陈坚、陈奇佳：《夏衍传》，中国戏剧出版社2015年6月版，第297—298页。

融入桂林土地的王鲁彦

王鲁彦在中国现代文学史上是一个较有影响的人物，他可以算是现代文学史上第一代作家，早在1928年，就得到过茅盾的推介。茅盾在《王鲁彦论》一文中，把他作品中的人物与鲁迅作品中的人物进行了比较：

> 王鲁彦小说里最可爱的人物，在我看来，是一些乡村的小资产阶级，……我总觉得他们和鲁迅作品里的人物有些差别：后者是本色的老中国的儿女，而前者却是多少已经感受着外来工业文明的波动。……原始的悲哀，和Humble生活着而仍又是极泰然自得的鲁迅的人物为我们所热忱地同情而又忍痛地憎恨。在王鲁彦的作品里是没有的。他的是成了危疑扰乱的被物质欲支配着的人物，似乎正是工业文明打碎了乡村经济时应有的人们的心理状况。[1]

茅盾把王鲁彦和鲁迅相提并论，但更多的时候，王鲁彦却是作为受鲁迅影响的作家被人们所熟知。王鲁彦在北京大学旁听过鲁迅讲授

1 茅盾：《王鲁彦论》，曾华鹏、蒋明玳编：《王鲁彦研究资料》，知识产权出版社2010年1月版，第137—138页。

的中国小说史，因为对鲁迅的仰慕而取笔名“鲁彦”。1934 年，苏雪林曾在文章中这样写道：“五四时代之后，在鲁迅作风影响之下，青年从事乡土文艺或为世态人情之刻画者很有几个人，比较成功的则有王鲁彦和许钦文两位。”[1]

这位“五四”一代的作家，1938 年流亡到桂林，1944 年病逝于桂林，融入了桂林的土地，成为抗战时期长眠于桂林为数不多的知名文化人之一。

王鲁彦是在武汉沦陷后随国民政府军事委员会政治部第三厅到桂林的，当时他属于第三厅第五处。到桂林后，桂林行营成立，王鲁彦转到桂林行营政治部第三科，留在桂林。

在桂林期间，王鲁彦不仅在桂林行营政治部工作，还先后任职、兼职多个单位，如在桂林中学任教，在文化供应社任编辑，在桂林国际通讯社工作，参与筹备中华全国文艺界抗敌协会桂林分会，被选为理事、常务理事、主席。

据艾芜的回忆，1940 年，王鲁彦曾经远离家眷，住在集体宿舍里。当时他似乎还是一个很有闲情逸致的人。有一天夜晚，艾芜去看他，他穿着短裤、木拖鞋，带艾芜上三层楼的晒台纳凉。艾芜写道：

> 高临桂林城上的秋空，正是一天灿烂美丽的星子，和漓江两岸的灯火，互相辉映着。他同我谈着秋天的星座，并且带着小型望远镜，放在眼睛上，对天空极有兴味地望了起来，随即也叫我拿望远镜看。要我先看天琴座中一颗最明亮最美丽的星子。他用很熟悉的声调介绍地说：“那是秋天星空中的天王星，我们中国人叫做织女星，看起来是一个，在望远镜内却是两个。”我觉得

1 苏雪林：《王鲁彦与许钦文》，曾华鹏、蒋明玳编：《王鲁彦研究资料》，知识产权出版社 2010 年 1 月版，第 147 页。

鲁彦这个人兴趣很高雅，但似乎太远离现实一点。[1]

这是一段对王鲁彦很生动的描述，写出了王鲁彦颇为脱俗的一面。可惜，这样一个情趣高雅的人，在桂林期间，却贫病缠身，不治而亡。

由艾芜的回忆，我们知道王鲁彦曾经与艾芜同在桂林东江施家园一个院子里住过，这段时间可能不长。后来，他搬到了桂林东江的福隆街。再后来，他从福隆街搬到西外街朱紫巷。如今，施家园、福隆街、朱紫巷这三个地名仍然保留。施家园在桂林著名的龙隐岩附近，福隆街则与伏波山、叠彩山隔漓江相望，朱紫巷在回民小学南面。

根据王西彦的回忆，福隆街王鲁彦住的是一间狭窄的楼房，朱紫巷周围的风景则很不错。王西彦说，王鲁彦刚从福隆街搬到朱紫巷的时候，曾给他写过一封长信："把自己的住处描写了一通，把近郊的环境说得简直佳胜异常，有如人间天堂，字里行间，充满一个天真无邪的小孩子似的欢愉。"王西彦对当时王鲁彦的住所也有直观的描写："我只好一径找到朱紫巷去敲门。在一道竹篱笆里面，我看到一个小窗口的灯光……他们住着一座小小洋式木房子，旁边有一块小小草地，围着一道短篱笆。"[2] 这个回忆很重要，因为如今的朱紫巷挤满了房子，既无草地这样的空间，更绝无风景可言。这似乎在告诉我们，经过数十年的时间，桂林自然风景所遭受蚕食的程度。

王鲁彦在桂林最重要的文学成就一是创办了《文艺杂志》，二是创作了一批小说。

关于《文艺杂志》，王西彦有一段评价：

鲁彦创办编辑的《文艺杂志》，也有它的特色，可以说是抗

1 艾芜：《关于鲁彦的回忆琐记》，曾华鹏、蒋明玳编：《王鲁彦研究资料》，知识产权出版社 2010 年 1 月版，第 87 页。

2 王西彦：《在魑魅的追逐下》，曾华鹏、蒋明玳编：《王鲁彦研究资料》，知识产权出版社 2010 年 1 月版，第 100 页。

战时期出版于西南文化中心桂林的几种文艺刊物中的翘楚，在对抗当时文艺界恶浊空气的斗争中，作出了贡献。[1]

王鲁彦的夫人覃英多年后接受学者的访谈时也专门说到这个杂志：

当时（1941年），巴金、艾芜、张天翼、黄新波等许多文化人都集中在桂林，大家深感应该办一个像样的刊物来宣传团结抗日，反对分裂投降。巴金同志看到鲁彦有病在身，又拖着一堆孩子，实在是贫病交加。为我们生计着想，他便主张由鲁彦编辑刊物，由我以三户书店的名义出面作发行人（实际上是生活书店发行），大家共同支持。这就是后来于一九四二年初创刊的《文艺杂志》。在极其艰难的条件下，鲁彦以顽强的毅力，扶病组稿阅稿，许多工作都是一人苦撑，经常忙到深更半夜。我一面理家一面帮他编校。由于鲁彦始终不懈的努力和艾芜、张天翼、王西彦、端木蕻良等许多同志的帮助，《文艺杂志》居然时出时停，坚持了三个年头，成为抗战期间影响最大的文艺期刊之一。[2]

作为作家，桂林期间的王鲁彦也没有忘记写作，主要有长篇小说《春草》前七章，另外，还有《我们的喇叭》《陈老奶》《千家村》等短篇小说。

我反复阅读过王鲁彦这几个短篇小说。

《我们的喇叭》讲述一个绰号叫“小喇叭”的青年人的故事。他祖传有一个铜做的小喇叭，同时，也祖传了一个挑担卖糖果玩具的职业，更重要的是，他还祖传了一个性格——安分守己，听天由命，什

1 王西彦：《在魑魅的追逐下》，曾华鹏、蒋明玳编：《王鲁彦研究资料》，知识产权出版社2010年1月版，第100页。

2 刘增人、陈子善：《鲁彦夫人覃英同志访问记》，曾华鹏、蒋明玳编：《王鲁彦研究资料》，知识产权出版社2010年1月版，第118—119页。

么事情都能退让。这三个祖传，让小喇叭过着幸福的生活。然而，战争结束了这一切。从没杀过一只小鸡的小喇叭万般无奈当了兵。一个偶然的机会，他的喇叭派上了用场，把鬼子兵吓退了，把接防的军队喊醒了，我们的军队打了胜仗。

《陈老奶》中的陈老奶是一个 60 多岁的农村妇女。她第二个儿子当兵去了，她在经历了巨大的内心震动之后，重新成为这个家庭的主人。半年后，她的大儿子被疾病夺去了生命。不久，大儿子的老板制造多张假字据，向他们讨债。镇长站在了老板一边，他们家仅有的钱都被剥夺了。陈老奶仍然努力地担当着。终于，在二儿子出门后的第三年，陈老奶和这个世界告辞了。

《千家村》讲述主人公离家四年后重返故乡千家村的所见所闻。千家村原来是个超过一千人家的大村落，到他父亲那一代人少了许多。当他接近村庄的时候，受到两个农夫的盘查。后来他才知道，因为是战争年代，千家村的百姓自我组织，站岗放哨，保卫村庄的安全。在村里，他见到了被鬼子吓疯了的福全哥，他得知佃户富洪的妻子被敌人赶到了河里，他的嫡堂的七哥，失去了八岁的孩子，而这还是受害最轻的……整个千家村，现在只剩下一百多户，而且很少是完整的，就连这些残留的部分也沉浸在凄凉苦难中。

我觉得王鲁彦的这些战争小说，既写出了战争的残酷，也写出了战争对人性的改变，这是同时代许多作家所忽略了的。三篇小说风格各有不同：《我们的喇叭》有说书的色彩，略带诙谐；《陈老奶》有雕塑的风格，气质凝重；《千家村》接近散文体，偏于反思。三个小说合起来，写出了一个战争中的中国。作者并没有承诺什么光明的未来，但写出了国家、民族在战争中的蜕变。

1944 年 7 月，王鲁彦在湖南茶陵养病近一年后，重返桂林。这时的桂林已经处于风声鹤唳之中，而王鲁彦的病情也已经到了最后的时候。邵荃麟《关于鲁彦的死及其他》一文写道："到了七月十七日，病势突呈危象。”1944 年 8 月 20 日，王鲁彦告别人世。[1]

根据 1944 年 8 月 22 日桂林版《大公报》，王鲁彦去世后，于当日暂葬于桂林星子岩之阳，即星子岩南面，欧阳予倩代表桂林文协致悼词。1944 年 8 月 30 日，在社会服务处礼堂举行了王鲁彦的追悼会。[2] 据覃英回忆，追悼会之后，桂林文协在七星后岩买下墓地一方，为王鲁彦营葬，墓碑上刻着：“作家王鲁彦之墓”。1949 年以后，覃英的大儿子曾利用到桂林出差的机会凭吊父亲，但无法找到坟碑。1979 年刘增人、陈子善访问覃英时，覃英说，如果这时让她亲到桂林，她还能找到王鲁彦墓的旧址。为什么覃英后来就没有机会重返桂林寻找王鲁彦的墓地呢？真是可惜！至今，王鲁彦的墓地在哪里，仍然是一个谜。

1 荃麟：《关于鲁彦的死及其他》，曾华鹏、蒋明玳编：《王鲁彦研究资料》，知识产权出版社 2010 年 1 月版，第 60 页。

2 转引自李建平编著：《抗战时期桂林文学活动》，漓江出版社 1996 年 10 月版，第 218、219 页。

物理学家丁西林的话剧创作

能兼科学家与戏剧家于一身的人并不多，丁西林是其中的佼佼者。

丁西林1893年生于江苏泰兴，1913年毕业于上海的交通部工业专门学校（今上海交通大学前身），1914年赴英国留学，就读于伯明翰大学，攻读物理学和数学，1917年获伯明翰大学理科学士学位，1919年获伯明翰大学理科硕士学位。

1920年回国后，丁西林受蔡元培聘请任北京大学物理系教授，1926年当选为北京大学物理系主任。1927年，应中央研究院院长蔡元培邀请，赴上海筹建物理研究所，任中央研究院物理研究所专任研究员兼所长。从此，直到1947年，丁西林担任中央研究院物理研究所所长长达20年。在此期间，丁西林还曾三次兼任中央研究院总干事。

1937年，全面抗战爆发，物理研究所及其实验工场陆续迁往内地。1939年，丁西林任所长的物理研究所和李四光任所长的地质研究所搬迁到桂林。1944年，桂林沦陷前，丁西林随物理研究所迁往重庆。

早在英国留学期间，物理学家丁西林就对戏剧产生了浓厚的兴趣，萧伯纳、高尔斯华绥、易卜生的作品对他后来的“别业”戏剧创作，对他成为戏剧家产生了很大的影响。

1946年出版的田禽著《中国戏剧运动》谈到丁西林时说：“丁西林是一位著名的科学家，也是一位剧作家。‘五四’时代在戏剧创作上他也是最努力的一员。《压迫》《一只马蜂》《瞎了一只眼》……这些独幕剧几乎演遍了全中国。他的作风确是别具一格的。在战前，写剧而能把握住喜剧情调的，恐怕除了我们绰号‘千面孔’的袁牧之的《一个女人和一条狗》，没有再能和他比拟的剧作了罢！”[1]

丁西林一生中有三个戏剧创作的高潮时期。第一个时期是五四时期，先后创作了《一只马蜂》《亲爱的丈夫》《酒后》《压迫》《瞎了一只眼》《北京的空气》六个独幕剧。第二个时期是全面抗战时期，创作了一个独幕剧《三块钱国币》和两个四幕剧《等太太回来的时候》《妙峰山》。第三个时期是新中国成立后，主要有《牛郎织女》《孟丽君》等。

《等太太回来的时候》创作于1939年，作者在剧本前面写道：“献给杨今甫、沈从文两先生，答谢他们劝我毋荒别业的盛意。”[2]丁西林的正业是物理学，所谓别业，当是正业之外的副业。杨今甫和沈从文皆是著名作家，西南联大中文系教授。杨今甫即杨振声，文坛老将，曾任清华大学文学院院长、青岛大学校长。从丁西林的献辞推论，应该是杨振声和沈从文希望丁西林不要放弃戏剧创作，从而激发了丁西林重新创作戏剧的热情。

丁西林有“独幕剧圣手”的美誉。不过，抗战时期，他的三个戏剧作品只有一个独幕剧，另外两个都是四幕剧。其中，《妙峰山》以其故事的新颖别致而广受关注。相比之下，《等太太回来的时候》似乎不是很受注意。

全面抗战时期，丁西林主持中央研究院物理研究所，大部分时间生活在桂林雁山，主要从事的也是科学研究工作。当时的桂林戏剧文化活动非常活跃，但似乎丁西林与桂林戏剧界极少交流。我是在读黄裳的《得意缘》一文时才注意到丁西林《等太太回来的时候》这个剧本的。黄裳对这个剧本有如下评价：

---

1 孙庆升编：《丁西林研究资料》，知识产权出版社2010年1月版，第131页。
2 孙庆升编：《丁西林研究资料》，知识产权出版社2010年1月版，第116页。

丁西林先生有一个剧本，《当太太回来的时候》，恐怕看过的人不多，然而我以为是成功的。取材是抒写一个做了汉奸的父亲与他的夫人、孩子的关系。“人情”与“理智”交战，虽然发挥了理智，然而仍然没有抛却了人情。[1]

对此，黄裳强调：“喜剧的成功不在胡闹，不在噱头，最基本重要的一点还得是不失去‘人情’。”[2]

《等太太回来的时候》写的是1939年秋天的事情。这一年的春天，日本方面秘密护送汪精卫到上海，着手组织伪中央政府。剧本中一个人物许任远说了这样一段话：

上海现在变成了一个恐怖世界。自从两年半以前中日战争发生之后，上海就成为抗敌工作的中心。在以前，只有嬲政治的，办党的，做特务工作的人，才引人注意，受人监视，一个不留心，手枪炸弹，这本是很平常的事，没有什么稀奇。现在的情形可全变了。这半年以来，自从这一班新汉奸……上海越弄越不成样子。

这段话恰好对应了汪精卫到上海组织伪政府的历史，即“这一班你所谓新人物是今年春天来的”。剧本中的汉奸梁老爷，就是这班“新人物”到上海后，与这班“新人物”发生了关系，到了秋天，做了和平协会的会长。

剧本写的是儿子梁治、女儿梁玉以及母亲梁太太对汉奸父亲梁老爷的态度。全面抗战爆发之前，应该是1935年底，梁治到英国留学，三年十个月之后，梁治回到了上海。

第一幕写的是尚未回到上海，梁治已经得知父亲投敌的消息，陷

1 黄裳：《来燕榭少作五种》，生活·读书·新知三联书店2009年1月版，第438页。
2 黄裳：《来燕榭少作五种》，生活·读书·新知三联书店2009年1月版，第438页。

入了“有国可回，有家难奔”的局面。从表哥许任远那里，他知道父亲“是不回家的”，如此，他才能坦然地回家看望母亲。

第二幕写的是当梁治在家里与母亲、姐姐、妹妹团聚的时候，平常从不回家的父亲回家了，父子间发生了一场有关战争的对话。儿子相信中国一定胜利，父亲认为双方筋疲力尽的时候会讲和；父亲认为和平亲善是好事，儿子认为日本要的不是和平，而是要征服中国；日本要的不是亲善，而是要中国人屈服。父亲认为儿子的思想太简单，儿子认为父亲完全是替日本人说话。

第三幕写的是梁治与许任远有关国家与国人的对话，妹妹梁玉募捐声援她的同学高玉华小姐与汉奸父亲脱离关系，以及梁治拒绝了任命他为伪无线电台长的聘书。

第四幕写梁治瞒着母亲和姐姐准备到内地去教书，但母亲早已知晓，并悄然做好了与梁治兄妹一起离开上海到内地的准备。剧本结束在三人离家后梁治的姐姐梁梅与佣人张妈的对话，她们以为梁太太只是陪儿子出去取行李回家，却不知梁太太已经离家出走。因此，全剧终场的那句台词“等太太回来的时候”表面上是剧中人张妈等候梁太太一会儿回来，实际上观众已知道梁太太不会回来，但更深一层的潜台词，则暗示等太太回来的时候，应该是抗战胜利、民族解放的时候。

这是较早涉及全面抗战时期伪政权题材的话剧，特别是写到了汪精卫集团组建伪政权之后民众的态度。剧中的父亲梁先生因为加入了伪政权而遭到妻子儿女的唾弃。从中可以感知当时中国民众的情感选择。值得注意的是，剧中人物许任远对当时的中国国民有这样的议论：

> 六十年前的士大夫，多半是醉生梦死，读经考古，玩物丧志。对于世界大势、社会人生，一点近代知识的营养也没有。这一班人现在可以不去说他。三十年前的知识分子里，曾经出了不少的有志青年。报纸上做文章，痛哭流涕，革命流血，慷慨激昂。什么事都肯干，什么都可以牺牲，因此出了不少的民族英

雄。但是因为知识的营养不足，意志的营养不足，到了中年，就有不少人腐败堕落，争权夺利，不但不足为后代青年的模范，反变成国家社会进步的障碍，其中意志最薄弱的就变成了现在的汉奸。这就是我所说的先天不足。至于现代的青年，又要比三十年前的青年进步了许多——进步了许许多多。所以我很相信，中国复兴的希望是在这一班现代的青年身上。

这段话中的30年前的知识分子，指的就是剧中梁先生这一代人，其中的代表人物，所谓“报纸上做文章，痛哭流涕，革命流血，慷慨激昂。什么事都肯干，什么都可以牺牲”，自然就是汪精卫。显而易见，丁西林写这个剧，是对汪精卫组建伪政权的有感而发。

丁西林是科学家，似乎相信进化论，因此认为知识分子一代比一代进步。上面许任远是抽象议论，后面梁治则是据实感叹：

现代的青年是值得钦佩的。去年我在国外，接到朋友的信，看到国内的报纸，看到国内的大学，差不多全被毁了。学校从这里搬到那里，成千的学生，跟着学校一道走。没有钱，没有车子，就用自己的两只脚走路。从长沙走到昆明，从江西走到贵州。几千里的路程，几个月的工夫。我一面读，一面止不住的流泪。这种神圣的精神！——这一次，在香港，在船上，又打听到一点学校在内地的情形，也同样的使我感动。从前住惯了洋房子的，现在住在草棚子里。窗子上不但没有玻璃，连纸头都没有。雨打风吹，一点不在乎。课堂里没有板凳，自己动手做。来不及，就立着听讲。受苦忍痛，一句话不说。这真是你所说的国家的元气，民族的希望。

这番议论中涉及的青年，就是当时西南联大的学生。丁西林此剧是献给杨振声和沈从文的，他们两位都是西南联大的教师。可以推测丁西林对西南联大的情况相当熟悉。如今看来，丁西林借剧中人物对西南联大学生做出的评价是实事求是的，甚至可以说是有预见性的。后来，中国最优秀的一批知识精英，正是出自西南联大，这是不争的事实。

全面抗战期间，丁西林主要生活在桂林，他所率领的物理研究所所在地，据说就是今天桂林雁山镇的广西植物研究所。当时的雁山，云集了诸如中央研究院物理研究所、地质研究所和心理研究所等一批高级科研单位。他们埋头科学研究，为国家的抗战尽自己作为科学家的力量。虽然丁西林极少参加当时桂林的抗战文化活动，但从他创作的几个剧作，可以看到他的内心世界。

《秋声赋》中的桂林和田汉

2016年春季的一天，我在七星公园散步，走到月牙山的时候，忽然发现月牙楼左前方出现了一个雕刻，原来，这是抗战时期田汉桂林故居所在地。我想，这大概也是话剧剧本《秋声赋》的诞生之地。

2014年，为了纪念1944年在桂林举办的西南剧展，我们做了一个新西南剧展。新西南剧展的核心剧目是田汉的话剧《秋声赋》。

为什么选择《秋声赋》为核心剧目？因为《秋声赋》是作者在桂林写的发生在桂林的故事。对此，田汉在写给阳翰笙的信中有明确的解释：

> 《秋声赋》原来的写作计划仅想表现桂林文化界由萧条而活跃的抒情的过程，但在写作过程中，把计划又大大地改变了。大体以湘北第二次会战前后在长沙、桂林两地引起的波动为背景，主要故事系写一文化工作者不肯以恋爱纠纷影响其报国工作，同时在报国工作中，统一了他们的矛盾。[1]

一打开《秋声赋》剧本，首先就是主人公家庭的环境描写：

---

1 《田汉全集》第20卷，花山文艺出版社2000年12月版，第106页。

漓江边的徐子羽的家。

舞台上是子羽的书斋并寝室。一边通老太太大小姐所住的内室，一边通大门。

窗子颇大，从竹木荫里可以望见象鼻山及对岸城市山峰，这时是日近黄昏。还可以见二片晚霞，但已经有雨意了。

长达七八万字的话剧剧本，共五幕，除第四幕的场景为长沙北门外之外，其余四幕，全部发生在桂林，说《秋声赋》讲述的是桂林故事绝不为过。

这是一个怎样的故事？故事并不复杂：

1941 年秋天，诗人徐子羽住在桂林漓江边，从事抗战文化工作。昔日情人胡蓼红即将从重庆来到桂林，引起徐子羽妻子秦淑瑾的强烈不满。秦淑瑾希望徐子羽跟她到南洋去，徐子羽以在国内还有许多事情要做为由没有同意。

胡蓼红来到桂林，与徐子羽在环湖路一家旅店见面，她向徐子羽表示："我既然拼着一切爱你，当我得不到你的时候，我可以干脆地结束我自己。"很不巧，徐子羽、秦淑瑾、胡蓼红三人在旅店遭遇，冲突骤起。徐母为避免冲突，决定回长沙。秦淑瑾跟随婆婆去了长沙。

为躲避空袭，徐子羽与胡蓼红来到七星岩。在文化人集聚的七星岩茶座，胡蓼红再次向徐子羽提出婚姻诉求。她认为她过去没有为自己的幸福打算过，现在有权利主张自己的幸福了，她希望徐子羽跟她到马尼拉继承她应得的遗产。徐子羽没有答应，他说，谁能始终给大众以幸福，谁一定能给他以幸福。胡蓼红转而争取徐子羽和秦淑瑾的女儿大纯，她引导大纯叫她妈妈，被大纯拒绝。这时候，胡蓼红曾经在长沙救助过的难童来到，他们叫胡蓼红妈妈。胡蓼红大为感动，意识到自己不应该乞求做一个有妈妈的孩子的妈妈，而应该去做那些在战争中失去了父母的孩子的妈妈。

胡蓼红到长沙做抢救战区儿童的工作，同时，她劝秦淑瑾参加工作，如此才能重新赢得徐子羽的爱。她的行为感动了正在长沙与婆婆相伴的秦淑瑾。秦淑瑾决定投身到抗日救亡的社会工作中。日军又一次进攻长沙，两个日本兵闯进了北门外徐子羽的家，胡蓼红和秦淑瑾合作打死了这两个日本兵。

1941 年的中秋之夜，徐子羽在桂林家中得到徐母、秦淑瑾、胡蓼红在长沙幸免于难的消息，知道了秦淑瑾、胡蓼红不计前嫌并肩战斗的故事，他为全家人都参加了抗战救亡工作而高兴。大纯表示自己也参加了排戏的工作。这时候，庆祝第二次湘北大捷的欢呼声传来。

上面的故事，我们既可以当虚构的戏剧读，也可以当真实的故事解。所谓虚构，上面的徐子羽、胡蓼红、秦淑瑾、徐母和大纯皆非真有其人，全是演戏中人；所谓真实，上面的故事，几乎与田汉自己的桂林故事完全相同。

首先说地点。

《秋声赋》剧情发生的地点基本与田汉在桂林居住的地方对应。抗战时期，田汉四次到桂林。第一次是 1939 年 4 月，当时他住在桂林榕湖路五美园一座小楼上。《秋声赋》第二幕的场景是桂林环湖路的某旅馆，与田汉第一次到桂林住的地方相对应。田汉第四次到桂林是 1941 年 8 月，他最初在月牙山前花桥附近东灵街 5 号租房子居住，后来搬到龙隐岩附近的施家园 72 号。《秋声赋》中徐子羽桂林的家在漓江边，隔着竹木荫可以望见象鼻山及对岸城市的山峰，这个方位很接近田汉施家园的家。而第三幕戏中的七星岩，距离田汉东灵街的家不过数百米。也就是说，《秋声赋》剧情发生的三个地方，都是田汉曾经住过的地方。由此可见《秋声赋》一剧在地点场景上高度的写实性。

其次说时间。

《秋声赋》剧情发生的时间基本与当年田汉在桂林的时间对应。剧情开始的时间是 1941 年秋天，剧终时间为当年中秋节，也就是 1941 年 10 月 5 日，即第二次长沙战役结束的时间。田汉正好是 1941 年 8 月 23 日到达桂林的。目前，我们还无法确认田汉开始写作《秋

桂林花桥

声赋》的时间，但根据《旅桂作家》，可以知道田汉完成《秋声赋》是在10月份的一个夜晚。也就是说，田汉写作《秋声赋》，几乎是一个正在进行时的状态，他完成剧作在10月份，而剧情的结束也在10月份。8月至10月，正好是秋天，田汉在这个时间写出了他这段时间的“秋声赋”。

最后说情节。

在上面田汉致阳翰笙的那封信中，接下来还有一句话：

> 假使吾兄看了此剧，必引起若干的实感与会心的微笑的，虽然我已经把其中的人物穿上了理想的外衣了。[1]

这段话的意思是在表明，如果对田汉本人的家庭生活有了解，就会明白，《秋声赋》中徐子羽与秦淑瑾、胡蓼红的关系，对应的就是田汉与他当时的妻子林唯中以及情人安娥的关系。

田汉一生前后有四个妻子。第一个妻子是他的表妹易漱瑜，他们育有儿子田海南；第二个妻子黄大琳，是易漱瑜的好友，与田汉婚后不久离异；第三个妻子林唯中，与田汉生了女儿田野和儿子田海云；第四个妻子安娥，原名张式沅，与田汉生有儿子田大畏。

据董健的《田汉评传》，林唯中，苏州女子，美貌端庄，曾被上海富豪、犹太人哈同的中国太太看中，聘为儿媳妇。林唯中不爱财富爱才华，逃婚南洋，通过阅读田汉的文章而爱上了田汉，1928年暑假见面后有了婚姻之约。1929年秋冬之际，田汉认识了“燕赵儿女”“红色女郎”，在上海中共中央特科工作的安娥。安娥的政治倾向和艺术才华深深地吸引了田汉，田汉政治上开始迅速“向左转”，生活上则与安娥同居，真正实现了与安娥“灵与肉”的结合。1930年春天，林唯中从南洋归来，田汉在“忆念着旧的，又憧憬着新的，捉牢这一

1 《田汉全集》第20卷，花山文艺出版社2000年12月版，第106页。

个，又舍不得丢那一个”的心情中，决定遵守前约，与林唯中完婚。1931年秋天，安娥带着她与田汉生的才几个月的儿子，回到家乡河北。1937年11月12日，上海沦陷的那一天，田汉乘船离开上海，在同一条船上与安娥重逢，两人爱情复活，到了武汉后重新同居。1940年5月，田汉到了重庆，与林唯中及两个儿女团圆。然而，随着同年秋冬之际安娥的到来，田汉的家庭矛盾不可避免地爆发了，田汉也因此产生了离婚的念头。

1941年8月，田汉携母亲、女儿到了桂林。为了帮助新中国剧社走出困境，他创作了《秋声赋》。虽然当时林唯中、安娥并没有与他共同生活在桂林，但重庆时期处在两个女人间的那种折磨仍然记忆犹新。因此，当他说到《秋声赋》男主角徐子羽的时候，承认“男主角多少有我自己的憔悴、忧郁的”。当时亦有文章指出：“此剧是以自身（田汉本人）当主人公，把自己内心的哀怨悲愤披沥净尽，满篇都是充满悲壮慷慨的事实。”[1]

不过，在写作《秋声赋》的时候，田汉对他的婚姻生活还抱有某种浪漫主义的想象。他在给阳翰笙的信中也表达了这个意思：“王尔德主张人生模仿艺术，真有此境，岂不甚善？”

此话怎解？这句话的意思就是：王尔德主张人生可以模仿艺术，那么，现实生活中的人看了《秋声赋》这个艺术作品，进而效法作品中的人物。果真达到这样的境界，岂不是非常美好的事情吗？

显然，田汉心中希望林唯中、安娥看了这个话剧，能够学习剧中人物秦淑瑾、胡蓼红，与田汉一起从爱情婚姻的困境中走出来。

这是田汉的一厢情愿，因为，事实是，当后来《秋声赋》准备在重庆演出的时候，却受到了林唯中的强烈抵制。

不过，虽然《秋声赋》未能帮助田汉摆脱他的爱情婚姻困境，甚至加速了他与林唯中夫妻关系的解体，但是，《秋声赋》在桂林演出

1　铨勋：《桂林文化界的现状》，《新亚》1943年第5期。

大获成功，当时有文章称“全桂林好像受了绝大感动似的”。[1] 此剧的成功帮助新成立不久的新中国剧社走出了经济困境。

田汉后来回忆：

> 当时桂林进步观众少了。每一新戏只能卖三天。《秋声赋》因接触了当时沉闷空气，也描写了一些本地风光，却从1941年12月28日在国民大戏院上演起，演到第二年1月3日。这也稳住了“新中国”的经济基础，给了大家再接再厉的勇气。[2]

2014年6月15日上午，在当年西南剧展举办的主剧场——桂林广西省立艺术馆，广西师范大学重新排练的《秋声赋》隆重上演，在桂林文化界产生了轰动效应。我曾经阅读过不少有关当年《秋声赋》演出的回忆文章，文章在说到当年演出的盛况时，都不忘说《秋声赋》的主题曲《落叶之歌》当年为桂林学生广为传唱。有意思的是，就在我们那天演出刚刚结束的时候，当年桂林文化城的亲历者，年近九旬的朱袭文老先生就在电视台记者的摄影机前唱起了《落叶之歌》。可以想见，当年话剧《秋声赋》在桂林曾经多么深入人心。

1 铨勋：《桂林文化界的现状》，《新亚》1943年第5期。
2 田汉：《新中国剧社的苦斗与西南剧运》，《田汉全集》第15卷，花山文艺出版社2000年12月版，第521页。

欧阳予倩是否曾在桂林师范学院任教？

1995年，广西师范大学中文系入选“国家文科基地”。在此前后，中文系对其历史有所梳理。我大约是从那时开始知道欧阳予倩曾经在桂林师范学院（广西师范大学的前身）任教。然而，随着对欧阳予倩了解的深入，我对这个说法产生了怀疑。因为，在我所接触到的两个欧阳予倩的年谱资料，均未提及他与桂林师范学院的关系。

一个是苏关鑫编制的《欧阳予倩年表》，该年表收入苏关鑫编《欧阳予倩研究资料》，1989年由中国戏剧出版社出版。该年表从欧阳予倩出生的1889年一直到他去世的1962年，逐年记录，其中，欧阳予倩在桂林的活动记录甚详，但完全没有出现欧阳予倩与桂林师范学院有关的信息。

另一个是陈珂编制的《欧阳予倩大事年表》，该年表作为陈珂著《舞古今长袖　演中外剧诗：欧阳予倩评传》的附录出现，2012年由上海古籍出版社出版。该年表是在苏关鑫《欧阳予倩年表》基础上进行编制，亦未出现欧阳予倩与桂林师范学院有关的信息。

此外，苏关鑫参与编写的《旅桂作家》中有其撰写的关于欧阳予倩的内容，亦无欧阳予倩与桂林师范学院有关的信息。

苏关鑫曾经担任广西师范大学中文系主任数年，是欧阳予倩研究专家。我曾经向他求证欧阳予倩是否曾经在桂林师范学院任教，他亦表示没有确切资料支持。

那么，欧阳予倩是否曾经在桂林师范学院任教呢？

1992 年广西师范大学出版社出版的黄荫荣、李冠英主编的《广西师范大学史稿》提及欧阳予倩曾在桂林师范学院附中大礼堂召开的纪念五四青年节大会上发表讲话。此大会由文协桂林分会、美术工作者协会、师院学生自治会、桂林职业妇女联谊会和桂林文化界联谊会多个机构联合召开，并未涉及欧阳予倩是哪个机构的代表。会后演出了话剧《凯旋》，该书明确指出该剧导演是欧阳予倩，但并未说明欧阳予倩是否为桂林师范学院的教授。

根据《广西师范大学史稿》提供的线索，我又查阅了 1985 年编印的《桂林文史资料》第八辑中覃树冠的文章《一九四六年〈凯旋〉在桂林演出的风波》。覃树冠是当时国立桂林师范学院史地系的学生，根据他的回忆，我们知道，1946 年初，国立桂林师范学院史地系一位名李果的学生，收到由西南联大寄来的话剧剧本《凯旋》。同学们读了剧本之后，决定在五四纪念晚会公演这个话剧。但他们没有导演，排练效果不好，于是到艺术馆请教欧阳予倩。欧阳予倩不仅答应给他们导演，而且同意由他的女儿欧阳敬如和李果担任《凯旋》的主角。后来《凯旋》终于在五四纪念晚会上与观众见面，被誉为“桂林光复以来最成功动人的演出”。

谢敏、吴天佑《抗战胜利后桂林师院的新文学活动》一文也提到欧阳予倩导演《凯旋》的事。该文收入 1997 年漓江出版社出版的《国立桂林师范学院实录》一书，文中写道：

> 1946 年，师院剧团先后演出曹禺的《雷雨》和解放区的进步话剧《凯旋》（由著名戏剧家欧阳予倩导演）。

然而，覃树冠、谢敏、吴天佑等人的文章，都没有表明当时欧阳予倩已经受聘桂林师范学院，尤其是覃树冠的文章，给读者的印象是欧阳予倩并不是桂林师范学院的教授，而是接受了同学们的请求，担任了《凯旋》的导演。

然而，《国立桂林师范学院实录》专门附录了《国立桂林师范学院教授名录》，其中确有欧阳予倩的名字。该名录摘自1949级毕业同学录。

这个名录当然是欧阳予倩曾经在国立桂林师范学院任教的一个相当重要的证据，但欧阳予倩究竟在桂林师范学院什么系任教呢？该名录没有提供任何相关信息。

恰好《国立桂林师范学院实录》另收有万章利、张耀钦的《桂林师院的文体活动》一文，文中提到：

> 1946年1月，师院迁回桂林，校址在王城，即现在广西师大校址。文艺宣传活动，更加蓬勃开展。
>
> 那年，桂北发生水灾。为了赈灾，师院剧团在学生会领导下公演曹禺名剧《雷雨》，地点在正阳路南强戏院。当时，校方已聘请了艺术馆欧阳予倩馆长在中文系讲授戏剧课。《雷雨》的排练，便请了欧阳老师导演，曹曼山则为总负责人。

这则回忆同样表明1946年1月桂林师范学院聘请了欧阳予倩任教，其任教系科为当时的国文系，讲授的课程为戏剧。

大约是2016年，我无意中在《谭丕模生平年表》发现了欧阳予倩曾经在桂林师范学院任教的信息。

《谭丕模生平年表》收入谭得伶编著、北京师范大学出版社1999年出版的《文学史家谭丕模》一书，其中明确写道：

> 1946年（47岁）
>
> 1月26日，谭随疏散到平越的师院师生迁回桂林，住皇城独秀峰下。随即聘请国内知名专家、学者和进步人士欧阳予倩、曹

伯韩、郭希吾、宋云彬等来国文系任教。其后又聘请舒芜（方管）、王西彦、高天行来系任教，使国文系教师队伍不断扩大，教学质量明显提高。

当时谭丕模是国立桂林师范学院国文系主任，这段文字亦证实了欧阳予倩曾经任教国立桂林师范学院国文系的事实。

2017 年，我在查阅曾作忠的资料时，无意中读到《国立桂林师范学院院刊》1946 年第 1 期上发表的《本院剧运的回顾与前瞻》一文。该文最后一个部分有这样一段文字：

> 这学期值得庆幸的是我们国文系已经增设了戏剧一科，并且聘请欧阳予倩先生担任教授，其与英语系戏剧一科颇能连（联）系，这样一来，我们相信在这个优美的环境里，不但理论和技行方面我们将会得到更多的智识，而且可以由实际工作再取得经验，欧阳予倩先生不但是我们的“导演”，而且又是我们的“导师”了。

《本院剧运的回顾与前瞻》发表于 1946 年，所记事情也到 1946 年止，相当于同时期的记录，可靠性较强。

根据《谭丕模生平年表》和《本院剧运的回顾与前瞻》这两个文献，可以证明欧阳予倩自 1946 年 1 月起开始担任国立桂林师范学院国文系教授，讲授戏剧课程，并指导国立桂林师范学院的戏剧活动。如此看来，覃树冠《一九四六年〈凯旋〉在桂林演出的风波》中所写桂林师范学院史地系学生排演的话剧《凯旋》，欧阳予倩不仅是以广西省立艺术馆馆长的身份，而且也是以桂林师范学院教授的身份担任导演。

不过，欧阳予倩自己否认了他曾经为桂林师范学院导演《凯旋》的事实。顾乐真《欧阳予倩与桂剧改革》一文谈到这个情况，该文收入中国戏剧出版社 2002 年出版的《广西戏剧史论稿》。文章写道：

抗战胜利后，欧阳予倩第四次重返桂林，艰难地重建艺术馆。但有人谣传他在导演西南联大师生集体创作的话剧《凯旋》，揭露了国民党的媚敌辱节，触怒了反动当局。说这个戏侮辱了“国军”。在强权逼迫下，于1946年秋欧阳离开了桂林。事情的经过是这样的：有人对欧阳散布了一些混淆视听的谣言。欧阳予倩愤而在1946年5月16、17日《中央日报》（广西版）刊登启事，以正视听：“鄙人自复员回桂以来，曾经导演之戏有《归来夜话》《议论自由》《赵钱孙李》《处女的心》（以上四剧曾在松坡中学、汉民中学及干训团等处上演），《屏风后》（在青年团演）及最近将为赈灾上演的《小人物狂想曲》，除以上六剧之外，全非所知。近闻有人捏造事实，散布谣言，毫无根据，造谣者当系别有用心，故意混淆听闻，其意叵测，幸亲友勿受其蒙蔽为幸。”

顾乐真认为：“这是导致欧阳予倩离开桂林的原因之一。”

虽然欧阳予倩否认了他为桂林师范学院导演话剧《凯旋》的事实，但当年学生的回忆似乎不可不信，欧阳予倩的否认或许有其自我保护的原因。我认为，欧阳予倩应该参与了桂林师范学院话剧《凯旋》的导演。遗憾的是，1946年8月以后，欧阳予倩即离开桂林去了上海，从此再未到桂林。也就是说，欧阳予倩在国立桂林师范学院最多担任过一个学期的教职，讲授戏剧课程，导演学生戏剧。在此同时，他仍然是广西省立艺术馆的馆长。而他之被迫离开桂林，多少也与桂林师范学院话剧《凯旋》的演出有关。

欧阳予倩留下的三笔遗产

2014年，广西师范大学举办了颇具影响的校园文化活动“新西南剧展”，其推出的三部话剧中，有两部为欧阳予倩的作品，即《桃花扇》和《旧家》。

从今天回望七八十年前的桂林文化城，我们可以发现，在桂林所取得的众多文化成就中，以戏剧和出版两大领域为最大。正因此，桂林当年即有“出版城”和“戏剧城”之誉。现代文学史家吴福辉在其《中国现代文学发展史》中，专门著有《桂林：战时“文化城”的戏剧潮出版潮》一节。

在桂林人心里，数以千计的旅桂文化人中，欧阳予倩或许享有最高的声誉。为什么？我想，欧阳予倩至少为桂林城留下了三笔重要的文化遗产。

第一笔遗产，桂剧改革。

早在1910年，欧阳予倩就曾经在桂林生活过一段时间。当时欧阳予倩的祖父在桂林当知府，他住在祖父的府衙里，在祖父的指导下阅读了大量古籍。在桂林的日子里，欧阳予倩“也曾看过两三次戏（桂剧），觉得没有多少意思，不愿多去”[1]。他曾经在回忆文章中说：

1　丘振声、杨荫亭编选：《欧阳予倩与桂剧改革》，广西人民出版社1986年7月版，第87页。

"那时候还没有女班。在戏院的后台，可以摆酒席请客。花旦就上着妆，出场唱戏，下场陪酒，习以为常。"[1] 在日本参加春柳社接受了西方话剧的欧阳予倩，自然觉得这样的戏剧低俗不堪。

事实上，桂林的文化人对当时的桂剧也很不满。1936 年，《桂林日报》等多家媒体对桂剧的状况发起了讨论。有一篇文章结尾说道："桂剧内容腐旧，表演拙劣，总之演员毫无艺术常识，日趋堕落，乃成今日衰微之现象，而业此者又多系惟利是图之辈，极少有发扬光大之抱负。且市面萧条，营业冷淡，桂剧之前途，终不免充满阴影也云云。"[2] 一位名司徒华的作者甚至将桂剧定性为"封建社会的艺术之一"，认为桂剧"是封建意识跟低级趣味的结合……封建社会繁荣，它也跟着繁荣，封建社会没落，它也跟着没落"。并对桂剧宣判了死刑，"到今日，封建主义的基础已经完全摧毁，桂剧也必然地走向灭亡了"。[3]

正是在桂剧走向没落的时候，1938 年 4 月，欧阳予倩应时任广西戏剧改进会会长马君武的邀请，到桂林进行桂剧改革。

马君武是如何请欧阳予倩到桂林的？桂林文化城研究专家蔡定国曾为此专门询问过当时任白崇禧机要秘书的谢和庚。谢和庚说，1937 年 8 月 4 日，白崇禧应召飞抵南京。第三天，戏剧家洪深手持李济深和冯玉祥两位将军的亲笔信函前来求见，接洽欧阳予倩到广西工作事宜。白崇禧与李宗仁早在北伐时期已经领教过京剧的影响力，同时对桂剧的现状不太满意。当时桂戏格调较低，导致许多青年志士曾提出废止桂戏的主张。[4] 因此，白崇禧与李宗仁商量之后，致电广西省政府主席黄旭初和省政府顾问马君武，要求以马君武的名义代表广西省政府邀请欧阳予倩到广西改革桂剧。[5]

---

1 丘振声、杨荫亭编选：《欧阳予倩与桂剧改革》，广西人民出版社 1986 年 7 月版，第 46 页。
2 丘振声、杨荫亭编选：《欧阳予倩与桂剧改革》，广西人民出版社 1986 年 7 月版，第 103 页。
3 丘振声、杨荫亭编选：《欧阳予倩与桂剧改革》，广西人民出版社 1986 年 7 月版，第 114 页。
4 参见蔡定国、杨益群、李建平：《桂林抗战文学史》，广西教育出版社 1994 年 7 月版，第 138 页。
5 参见蔡定国、杨益群、李建平：《桂林抗战文学史》，广西教育出版社 1994 年 7 月版，第 138 页。

此次桂林之行，欧阳予倩用了四个月的时间，排演了他亲自编剧并导演的桂剧《梁红玉》。

马君武等人邀请欧阳予倩到桂林改革桂剧，本来只是打算将桂剧剧本中不合道理、不近人情，以及粗俗淫靡的部分改去就行了，没想到欧阳予倩在改掉这些地方的同时，还打算吸收京剧、昆曲、秦腔、粤剧、话剧以及西洋歌剧的优点。在马君武等人看来，如果这样改革，将会把桂剧改得没有了。[1] 因此，马君武与欧阳予倩在桂剧改革的理念上发生了冲突，欧阳予倩的改革实践遇到了消极的抵制。幸好当时南华戏院坚持让欧阳予倩完成了《梁红玉》的排练。在欧阳予倩离开桂林后，该剧连演 28 场，连续卖了 12 场满座，当时的桂林“大街小巷都谈着《梁红玉》，还有些人从很远的地方赶来看”[2]。《梁红玉》演出的成功使奄奄一息的桂剧有了起死回生的迹象。

因为《梁红玉》的成功，已经去了香港的欧阳予倩一年后再次受广西当局邀请到桂林改革桂剧。此次重返桂林，欧阳予倩终于能够按照他的想法大刀阔斧地进行桂剧改革。他改组桂剧团，将之命名为桂剧实验剧团，亲任团长，对桂剧进行深层次的改革。他创办桂剧学校，亲任校长，该校被认为是广西第一所戏剧学校。[3] 据研究者统计，抗战期间，欧阳予倩共创作、整理、排演了 13 个桂剧，《梁红玉》《桃花扇》《木兰从军》《人面桃花》成为桂剧现代历史上的经典名作。另外，欧阳予倩还开创了桂剧表现现代题材的历史，创作了《广西娘子军》《搜庙反正》《胜利年》等反映抗战题材的桂剧。[4]

欧阳予倩抗战期间在桂林主持的桂剧改革，使桂剧从没落走向了新生，为后来桂剧进入中国十大戏曲剧种奠定了坚实的基础。

第二笔遗产，广西省立艺术馆。

1　丘振声、杨荫亭编选：《欧阳予倩与桂剧改革》，广西人民出版社 1986 年 7 月版，第 49 页。

2　丘振声、杨荫亭编选：《欧阳予倩与桂剧改革》，广西人民出版社 1986 年 7 月版，第 53 页。

3　丘振声、杨荫亭编选：《欧阳予倩与桂剧改革》，广西人民出版社 1986 年 7 月版，第 380 页。

4　丘振声、杨荫亭编选：《欧阳予倩与桂剧改革》，广西人民出版社 1986 年 7 月版，第 14 页。

广西桂剧实验剧团在西南剧展中演出的《太平天国》剧照

如今矗立在桂林榕荫路和解放西路交会处的广西省立艺术馆，为欧阳予倩亲手兴建。

1940 年，广西省立艺术馆在桂林成立，馆址在榕荫路后面一条陋巷里的一所破旧民房，欧阳予倩担任馆长。当时，艺术馆没有自己的剧场，演出时需要高价租用戏院。欧阳予倩克服重重困难，以募捐和贷款的方式筹建。工程从 1942 年开始，至 1944 年 2 月，艺术馆剧场终于落成。[1]

时人如此描绘该馆的样貌："桂西路的末端，一座渠渠的大厦，作赭红色；栋宇辉煌，美轮美奂，有古代宫室之华，得西洋建筑之粹。"[2] 艺术馆不仅有出色的造型，而且有当时最先进的设计理念："艺术馆剧场建筑设计都是新颖的，容有两个舞台面，舞台上预备装设轨

1 参见丘振声、吴辰海、唐国英编选：《西南剧展》下册，漓江出版社 1984 年 2 月版，第 326 页。
2 丘振声、吴辰海、唐国英编选：《西南剧展》上册，漓江出版社 1984 年 2 月版，第 99 页。

道，使得舞台面可以灵活推动，可以节省布景时间。舞台面口也增高到 25 公尺，布景较大的戏也可以上演了。”[1]

这是当时中国西南唯一专供话剧演出的剧场。时人评价：“演话剧的，现在总算自己有个地方了。”甚至有人表示：“等自己年迈苍苍演不动戏了，就去看守剧场，甚至再来桂林看守这座艺术馆剧场，为话剧事业再尽点绵薄之力，也就于愿足矣。”[2]

1944 年，日军攻入桂林，刚落成半年多的广西省立艺术馆毁于战火。

1945 年 10 月，欧阳予倩率广西省立艺术馆工作人员重返桂林。面对荡然无存，只剩一片瓦砾的艺术馆废墟，欧阳予倩再次排除万难，在原艺术馆废墟上，重建新馆。

第三笔遗产，西南剧展。

1943 年冬，广西省立艺术馆剧场即将落成，田汉当时的文章写道：“为着这剧场的开幕，主持者欧阳予倩先生想邀请一些团队来热闹一番。但在筹备中意义和规模逐渐扩大，成为今日这样包含西南八省戏剧工作者西南剧展者一千余人集中桂林互相表演观摩的盛会。这在中国戏剧史上是创举。”[3]

西南剧展不仅是中国戏剧史上的创举，而且是世界戏剧史上的创举，这是当年戏剧评论家爱金生在《纽约时报》上的评价。对于桂林来说，西南剧展无疑是桂林有史以来最具影响力的文化盛会，它深深嵌入了桂林城市的历史，成为桂林城市记忆中一道溢彩流光的风景。西南剧展是创办者欧阳予倩留给桂林最大的精神财富。70 年后，广西师范大学新西南剧展的成功举办，再次证明了这笔精神财富的宝贵。

1　丘振声、吴辰海、唐国英编选：《西南剧展》上册，漓江出版社 1984 年 2 月版，第 169 页。
2　丘振声、吴辰海、唐国英编选：《西南剧展》上册，漓江出版社 1984 年 2 月版，第 361 页。
3　丘振声、吴辰海、唐国英编选：《西南剧展》上册，漓江出版社 1984 年 2 月版，第 47 页。

端木蕻良的桂林转型

端木蕻良是中国现代文学史上不可小看的人物，他 21 岁即创作了长篇小说《科尔沁旗草原》，这部作品的价值或许至今仍被低估。1942 年 3 月，端木蕻良从香港到了桂林。虽然只在桂林生活了两年多时间，但桂林时期是端木蕻良小说创作的第二个高峰。如果说 20 世纪 30 年代端木蕻良小说创作的第一个高峰是以长篇小说为主，那些长篇小说如同端木蕻良生长的草原一样宏伟撼人；那么，40 年代端木蕻良小说创作的第二个高峰则以短篇小说为主，那些短篇小说就像桂林山水那样精美迷人。

到桂林之前，端木蕻良在香港经历了他人生最惨痛的一段日子。自 1941 年 5 月起，妻子萧红肺病发作住进玛丽医院。11 月，萧红肺病加重再住玛丽医院。12 月 7 日，太平洋战争爆发，香港亦随之处于战火之中。端木蕻良考虑到自己难以照顾萧红，请求骆宾基留在香港帮助。12 月 25 日，香港沦陷。1942 年 1 月，萧红自作主张在养和医院做了气管手术，手术后病情恶化，重新住进玛丽医院。不久，玛丽医院被日军军管，萧红转到一家法国医院。1 月 22 日，转了数家医院之后，萧红不治辞世。安葬萧红之后，1942 年 2 月，端木蕻良与骆宾基逃离香港，3 月到达桂林。

战火的威胁、疾病的折磨、妻子的去世、逃亡的风险，这些人生的灾难，都被端木蕻良遭遇了。似乎还不够，由于萧红在文坛的巨大影响，也由于端木蕻良的个性，许多与萧红交好的文坛中人，他们也是端木蕻良的朋友，根据自己对端木蕻良和萧红婚姻情况的所见所闻，纷纷对端木蕻良发出了指责。端木蕻良在文坛中几乎处于众叛亲离的状态。

据曹革成编纂的《端木蕻良年谱》，端木蕻良 1942 年 3 月到达桂林后，最初与骆宾基同住在东北作家孙陵在榕荫路的书店。住了大约两个月，因与骆宾基发生冲突而搬到三多路 13 号二楼一个两房一厅的住房，与诗人彭燕郊为邻。

端木蕻良与骆宾基的冲突就是因为骆宾基作为萧红人生最后那段日子的见证人，对端木蕻良进行了强烈的指责。根据孙陵的回忆，骆宾基如此评判端木蕻良："他不是人！萧红给他气死的！"

刚从死亡的阴影中逃出，又陷入千夫所指的氛围，端木蕻良究竟是怎样的心情呢？据孔海立的《端木蕻良传》，端木蕻良三多路的住房虽然很宽敞，而且有木栅栏，但这却是一所"闹鬼"的房子。因为房东的家人曾经在左边的那间屋子里吊死，而端木蕻良恰恰用那间吊死过人的房间做自己的卧室。这种恐惧瘆人的气氛似乎正好呼应了端木蕻良的心境。

当初不到四个月就能写出一部长篇小说的端木蕻良，到桂林后长达四个月的时间基本没有写作，直到 1942 年 7 月 15 日这一天，端木蕻良似乎重新获得了创作激情，"穷一天之力"写出了短篇小说《初吻》。时隔不久，9 月 5 日，端木蕻良又完成了短篇小说《早春》。

端木蕻良自认为"《初吻》是他在 40 年代写得最好的一部小说"，而多位中国现代文学史的研究者，如改革开放后的第一位文学博士王富仁教授则认为，《初吻》和《早春》属于"中国现代短篇小说中的精品"。

文学史家夏志清对这两篇小说有相当简洁的概括：

关于他早期性觉醒的两篇回忆，《初吻》和《早春》。这两篇

> 作品引人入胜，不只是由于揭露作者的少年生活，而且由于对短篇小说体裁的遵循颇有可取。其中，端木画了一幅极为率直的画像，描绘出他的任性和激动，他对美的对象的情不自禁，以及喜新厌旧。11 岁的初吻是跟一个少女，他称呼为兰姨的；几年之后，他愕然获悉：这个少女曾是他父亲的多年相好，而且即将被遗弃。大约在同一年纪，他对邻居一个平常人家的女孩，名叫金枝的示爱，可是相遇不久，他到他姑母家度假一个月，就把她完全忘了。回来之后，获悉这女孩子全家已搬到柳条边外的荒区时，他感到不胜懊悔。

这是一对可称为姊妹篇的小说，两篇小说的主人公都是一个叫兰柱的小男孩，而兰柱，则是端木蕻良的乳名。对照端木蕻良的童年经历，可以看出，《初吻》和《早春》具有很明显的“自传”色彩。

虽然自传体小说都具有很强的写实性，但是，《初吻》和《早春》又具有很明显的寓言意味。寓言什么？在我看来，它们寓言的是少年人对爱情的误解。《初吻》的爱情是一次错误的爱情，错误在于主人公爱错了对象，爱上了父亲的情人；《早春》的爱情同样是错误的，错误在于主人公自以为爱上了对方，却又随时可以把对方忘记而不能尽到对对方的责任，直到对方真正离去，他才感到失去的痛苦。

两篇小说虽然写的是少年端木蕻良的爱情，其实，端木蕻良隐喻的又何尝不是他与萧红的爱情？他和萧红的相爱与结合，是不是有误解的因素在？萧红最终的离去，是不是引发了端木蕻良的忏悔意识？尽管两篇小说有强烈的写实性，但是，撇开端木蕻良的个人身世，《初吻》和《早春》寓言的难道不是人类的爱情？芸芸众生当中，难道不是有许多人因爱情婚姻的误会而懊恼和忏悔？

因此，《初吻》和《早春》既是端木蕻良少年经历的自传，又是具有启蒙警示功能的寓言。

如果说《初吻》和《早春》是自传体寓言小说，那么，《雕鹗堡》

和《红夜》则是传说体寓言小说。所谓传说体，指的是民间传说，即端木蕻良这两篇小说不仅故事情节而且叙事模式都有明显的民间传说意味。

《雕鹗堡》讲述的是发生在小村子雕鹗堡的故事。数百年来，雕鹗堡的村民习惯了雕鹗出窝而作，雕鹗归巢而息的生活，雕鹗俨然成了村民命运的主宰。然而，村子里那个来历不明的孩子石龙却对雕鹗表示了厌恶之情，他决心要到悬崖上把雕鹗捉下来。然而，很不幸，石龙没有捉到雕鹗，而是从断崖上跌落山涧身亡了。

以上是《雕鹗堡》这个小说传说层面的内容，《雕鹗堡》寓言层面的内容则是：在雕鹗堡这个村子里，石龙是个令人厌恶、千夫所指的异类男孩，他做出如此反传统的举动，引起村民们的骚动。村民们围观他捉雕鹗的行为，甚至当他遇到危险的时候，村民们仍然无动于衷，直到他葬身山涧，村民们竟然有幸灾乐祸之情。

这究竟寓言了什么呢？熟悉鲁迅、易卜生作品的话，或许能体会到，端木蕻良在这里表现的正是异类与大众的对立，他让读者看到异类是如何活生生地葬身于大众的冷漠和歧视之中。

这是否也能让读者联想到人们在萧红问题上对待端木蕻良的态度呢？

《红夜》讲述的是一个少数民族村庄，村子里有一个奇异的石洞，多少年来，村子里流传着关于洞口石人的传说。传说中，村子里一个老头子说，谁能走出那个洞，就能娶他女儿做媳妇，但没有人能走出那个洞，走进去的人都死了。终于有一个外乡人，他带着许多羊脂油点燃起来进去了。他走了很久，走到羊脂油燃尽了，就把自己的血沾在手指上，点燃了继续走。直到他的血燃尽的时候，他走到了洞口，变成了一个石头人。老头子信守承诺，把自己的女儿嫁给了他。当女儿跑到石头人怀里的时候，也变成了一个石头人。从此，那山洞口就有了一对永远的石头人。

以上是《红夜》传说层面的内容，《红夜》现实层面的内容则是：小说中草姑的姐姐玛璇从小被石头人的传说感动，发愿非石头人不嫁。她自己缝制了两件新衣给石头人穿，并因此遇上了村里最美的男孩子龙哥。他们在祭神的时辰相爱于山洞而犯了渎神罪，并因此将受到惩罚。

将《红夜》传说层面的内容和现实层面的内容两相对照，我们可以读出寓言的意味：传说是浪漫的，现实却很严酷，即使在男女爱情可以夸耀的地方，也可能因渎神而犯罪。换言之，在群体与个体的较量中，个体永远处于弱势的一方，个体的自由终究是有限度的。

这四篇小说都是端木蕻良在桂林时期创作的。如果说很多抗战时期的小说如今已经无法卒读，那么，端木蕻良这四篇小说今天读起来毫无过时的感觉。研究者普遍认为，端木蕻良桂林时期的小说创作出现了重大变化，那么，为什么端木蕻良的小说在桂林时期会出现重大变化？这种重大变化有怎样的表现？我想，其中最重要的原因当然是萧红之死以及文坛在萧红之死问题上对端木蕻良造成的压力。这一点基本上是研究者的共识。除此之外，我认为，桂林的山水人文环境对端木蕻良也产生了重要的影响。

杨义认为端木蕻良“是一个对人文地理怀有浓郁兴趣的作家”，确实如此。联想到端木蕻良桂林时期的小说创作，我想，桂林的人文地理环境对端木蕻良的小说可能产生了如下三点影响：

第一，桂林的山与北方的山有一个明显的不同，即北方的山大多是连绵的，桂林的山大多是独立的，平地拔起，不假依托。桂林的山的独立特征是否对端木蕻良有所启发，使他的小说创作开始关注个体自我？事实上，端木蕻良桂林之前的小说创作，其人物虽然有孤独感，却有明显的融入时代主流、融入社会群体的倾向；但端木蕻良桂林时期的小说创作，其人物则没有明显的时代特征，这些人物不仅是孤独的，而且是孤立的，是人群中的异类，是社会群体的对立面。

第二，桂林山水的风格特点是否影响了端木蕻良的小说创作呢？我们通常认为北方风景是阳刚豪壮的，桂林山水是阴柔细腻的。可以读一段桂林文化城小说创作研究者雷锐的评判："端木的桂林创作明显与三十年代粗犷、豪雄、重浊的风格有异，在选材上较多偏离现实，在格调上偏重悲婉，在文笔上偏向细腻，终于渐渐显出从阳刚走向阴柔的色泽。"对比是如此鲜明，我们是否可以认为桂林山水的阴柔风格改变了端木蕻良原来的雄浑风格呢？

第三，桂林的山明显的象形性对端木蕻良桂林时期的小说显然也产生了影响。山的象形性使山成为"有意味的形式"，很容易让人产生联想——《红夜》山洞口的石头人显然来自桂林山的启发。当端木蕻良旅居桂林整天看到这些"有意味的形式"时，是否会更关注小说的寓意，并开始寓言小说的创作呢？

以上三点，只讲了桂林自然地理对端木蕻良小说创作的影响。其实，桂林的人文历史对端木蕻良的文学创作也有明显的影响，限于篇幅，只能以后再说了。

中国舞蹈之母戴爱莲

2006年，温家宝总理在中国文联中国作协全国代表大会的报告中提到他与五位作家、艺术家的交往，他们是冰心、巴金、季羡林、李瑛和戴爱莲。其中，冰心、巴金是作家，李瑛是诗人，季羡林是学者，戴爱莲是舞蹈家。

五位都是中国当代文艺界赫赫有名的人物。其中，戴爱莲知道的人或许不多，但其在专业领域的国际影响却非同小可。在英国皇家舞蹈学院的接待厅里，陈列着世界上四位杰出女性舞蹈家的肖像，其中一位就是戴爱莲。这位中国舞蹈界的传奇人物，有许多称谓，如“中国舞蹈之母”“中国邓肯”等。在中国当代舞坛，她拥有许多第一：第一任舞蹈家协会主席，第一任国家舞蹈团团长，第一任北京舞蹈学校校长，第一任中央芭蕾舞团团长。

桂林抗战舞蹈研究专家覃国康对戴爱莲的概括比较准确：戴爱莲是中国新舞蹈艺术的创始人之一，是在中国系统地传授欧洲芭蕾舞和现代舞的第一人，是第一位发掘整理中国少数民族舞蹈将其改编成舞蹈作品的“中国舞蹈之母”。这个概括表明戴爱莲在舞蹈领域的两大重要贡献：一是在中国传授和创作现代舞，二是发掘整理中国少数民族舞蹈。

有趣的是，戴爱莲这两项最重要的艺术贡献，都是在抗战时期的桂林文化城开始的。

1916年，祖籍广东的戴爱莲出生于拉丁美洲西印度群岛的特立尼达岛，戴爱莲是他们家族里第四代中国客家人，她的曾外祖父母是在太平天国起义后流落到这个岛上的。在很小的时候，因为表姐陈锡兰的影响，戴爱莲就确立了其人生的两大使命：要做一个舞蹈家，要回到自己的祖国。

为实现自己的梦想，1930年，戴爱莲到英国学习舞蹈，成为舞蹈艺术家安东·道林、玛丽·兰伯特和玛格丽特·克拉斯克的学生。在那里，她实现了自己成为舞蹈家的梦想。

1940年，在抗日战争最艰难的时候，戴爱莲提着一个简单的行李箱回到了她在梦中有过无数想象的祖国。

回到祖国后的戴爱莲曾经两次到桂林。根据覃国康撰写的《戴爱莲在桂林的舞蹈活动》，第一次是1941年春天，戴爱莲与叶浅予通过广东沦陷区的边缘进入广西，背着行李走了百十里地之后，才在柳州坐上火车来到桂林。当时广西省立艺术馆馆长欧阳予倩盛情接待了他们，还请他们观赏了桂戏。戴爱莲于1941年3月8日在乐群社礼堂应邀表演了舞蹈《东方》《警醒》《前进》，于1941年3月16日在乐群社西餐厅表演了《拾穗女》。戴爱莲第二次到桂林是太平洋战争爆发之后，香港沦陷，戴爱莲夫妇逃离香港，1942年2月23日脱险到达桂林。这一次他们租住在丽泽门一家老宅二楼的住房，对面住的是广西省立艺术馆的钢琴家石嗣芬，中间的堂屋两家共用作为起居室和餐厅。戴爱莲在广西省立艺术馆当研究员，进行舞蹈表演、创作和教学，当时在桂林的著名表演艺术家朱琳、石联星等都向戴爱莲学习过舞蹈。她的丈夫叶浅予则从事美术创作、开讲座和办画展。

据《叶浅予自述》，在桂林期间，戴爱莲夫妇曾与茅盾同游兴安灵渠，与马思聪、丁聪、石嗣芬、叶冈等几位艺术家同游阳朔。叶浅予写道：

第一天途中夜泊，其时皎月当空，引发音乐家的雅兴，就在江岸摆开场地，马思聪的小提琴奏起《思乡曲》，戴爱莲翩翩起舞，还有声乐家歌唱，次晨在兴坪停泊，观赏漓江的自然景色。

这次在桂林，戴爱莲住了差不多一年时间，为戴爱莲在中国的舞蹈事业进行了重要的铺垫。

根据李妍红的《戴爱莲传》，我们知道戴爱莲旅居桂林期间曾经目睹一幕让她不可思议的惨剧：一天早晨，她被一个女孩子的哭声惊醒，她急忙打开窗子，看见对面平房的院子里有一个女孩在哭，一个男人从屋里出来，手里提着一根木棍，恶狠狠地把正在哭的女孩拉到屋里，女孩大声哭着求救。戴爱莲急忙穿衣跑下楼，朋友问她去干什么，她说要去救那个被打的女孩。朋友说那是别人家里的事，不要管。戴爱莲说，难道那个女孩是他的女儿？朋友说，那个女孩是那个男人买来的童养媳，女孩刚来，想家，爱哭，主人怕她偷跑，把她锁在家里，挨打是常事。

戴爱莲很震惊，她从小生活在西方，完全不知道中国竟然有人为了讨口饭吃而卖掉自己的孩子。女孩站在院子里哭泣，被男人拉进屋时用力挣扎、大声求救的样子给她留下了深刻的印象。为此，她创编了一个舞蹈《卖》。这个舞蹈分为两场。第一场展现一个女孩被亲生父母卖掉时撕心裂肺的痛苦；第二场舞蹈是女孩被买主虐待的生活场景，走投无路之下，她想自杀解脱，但被锁了起来，连自杀的权利也被剥夺了。

李妍红告诉我们，《卖》是戴爱莲回国后创作的第一个现代舞。这个现代舞取材于戴爱莲在桂林的亲见，后来在重庆首演。

在桂林，戴爱莲除了开始现代舞创作之外，还对广西的少数民族舞蹈产生了浓厚的兴趣。这其实是戴爱莲发掘整理中国少数民族舞蹈的开端。

戴爱莲对此有专门的回忆：

戴爱莲表演《瑶人之鼓》

有一次，我和几个朋友一起深入到瑶山，看到瑶族人民一面打鼓，一面跳舞，情绪饱满，非常欢乐。当地人民向我介绍说，这种边打鼓边跳舞的瑶族舞蹈，是瑶族人民在节日和喜庆之日跳的。当时因时间短促，没来得及认真学习，但我对这个舞蹈印象极深，我默默地记下了他们的舞蹈动作和打鼓的节奏。到重庆以后，便编了个名叫《瑶人之鼓》的舞蹈，有时一个人跳，有时作为双人舞或多人舞演出。这个舞蹈相继在重庆、上海等地演出，深受欢迎。[1]

覃国康告诉我们：

戴爱莲表演的独舞版本，身穿瑶族短裙、长筒绵袜、窄袖黑色上衣，扎着瑶族妇女的包头巾，挥棰和击鼓。在她的鼓声和舞动中，人们仿佛看到了瑶族人对于神灵的祭祀和这个民族纯朴的性格。[2]

1947 年《艺文画报》第二卷第五期刊登的《戴爱莲与中国的新舞蹈运动》一文如此介绍戴爱莲创作的《瑶人之鼓》：

原始民族对自然界种种现象发生恐怖，即以为冥冥之中有神鬼精灵主宰，因此媚神的典礼舞也就产生。广西的猺民共有廿多万，分盘皇系三皇系两大支族，每支中又分三十多种散布在广西五十多个县里面。猺人之鼓即祭神前的舞祭，从他们的祭神歌可看出他们的舞容：

坛前锣鼓闹沉沉，主人今日来谢神；

手拿铜铃来执圣，行静脚步转纷纷。

---

1 戴爱莲：《新的起点——回忆抗战时期我在桂林的舞蹈活动片断》，《漓江》1982 年第 11 期。

2 李建平等：《桂林抗战艺术史》，广西人民出版社 2014 年版，第 438 页。

同是这篇文章，给我们介绍了戴爱莲系统发掘少数民族舞蹈的情形：

> 戴爱莲女士的中国舞蹈的取材，包括中国各地及边疆的民间乐舞，现在已有十种：一、汉族固有的民歌和戏剧。二、嘉戎（四川西北部）的民歌。三、羌（四川省西北部）民歌与祭神用舞。四、猺（广西）民歌与祭神用舞。五、安多（西藏、甘肃、青海、四川）民歌与祭神用舞。六、藏（西藏）民歌和宗教及宫庭（廷）的舞。七、喀罕（前藏、西康）民歌与古代民歌。八、猓猓（西康）民歌。九、维吾尔（新疆）民歌。十、苗（贵州）民歌等。

显而易见，戴爱莲对中国少数民族舞蹈的发掘是全方位的，但追根溯源，其开端确是广西的瑶族舞蹈。

除了创作现代舞和发掘少数民族舞蹈，戴爱莲在桂林还有一个很特别的收获，就是将桂戏的一出折子戏《哑子背疯》改编成了她的保留节目。《哑子背疯》本是桂戏名旦小飞燕一出令无数观众倾倒的表演，经过戴爱莲的学习和改编，这个舞蹈在更大的范围内得到观众的欣赏。对此，戴爱莲有专门的回忆：

> 当时在桂林负责广西艺术馆工作的欧阳予倩，便向我提出学习中国戏曲舞蹈的建议，在他的具体帮助和支持下，我向桂林著名女艺人小飞燕学习桂剧戏曲舞蹈《哑子背疯》。这个桂剧戏曲舞蹈本来有唱有舞有做功，表演一个哑夫背着瘫痪了的妻子出外赏景。小飞燕一个人同时扮演两个截然不同的角色，唱功和做功都很好，演得十分生动、风趣，常常博得观众的热烈鼓掌。我因不能唱，便向她学习了戏曲舞蹈运动和表演技巧。后来到了重庆，由我一个学生根据舞蹈的特点作了曲，我便把它压缩成

了一个独舞节目。这个节目在重庆和上海等地演出时，深受观众欢迎。[1]

戴爱莲在桂林居住的时间并不长，但意义重大，对此，戴爱莲自己有明确的认识，在《新的起点——回忆抗战时期我在桂林的舞蹈活动片断》一文中，戴爱莲说：

抗战期间，我先后两次来到桂林，虽然加起来只有短短一年多时间，但对我一生的舞蹈活动的影响却是很大的。我刚从外国回来，就在桂林学习桂剧戏曲舞蹈，收集和学习民间舞蹈，这对我后来从事舞蹈创作和舞蹈研究工作，是一个良好的新的起点。[2]

1　戴爱莲：《新的起点——回忆抗战时期我在桂林的舞蹈活动片断》，《漓江》1982年第11期。

2　戴爱莲：《新的起点——回忆抗战时期我在桂林的舞蹈活动片断》，《漓江》1982年第11期。

徐悲鸿与桂林的缘分

1935 年 11 月，徐悲鸿从南京直飞南宁，开始了他第一次广西之行。他这次广西之行，不是观光旅游，而带有改变自己人生的愿望。他将他的美术作品和美术资料装成几十个大木箱，运到了广西，有扎根广西的态势。

在广西，徐悲鸿得到极高的礼遇。桂林山水，更是深深吸引了徐悲鸿，使他因夫妻不和造成的内心痛苦有所缓和，以高度的激情投入艺术创作。桂林期间，徐悲鸿经常乘一只木船漂流在漓江之上，过着与水上人家相似的生活。徐悲鸿旅行过许多地方，但在他看来，桂林山水是最美的所在。在《南游杂感·桂林》一文中，他把国内外许多美丽的城市与桂林相比照："土耳其旧京伊斯坦布尔信美矣，山逊其奇；雅典有安克罗波高岗，去水太远；特来斯屯美矣，而与山水若不相关；佛罗伦萨美矣，安尔那焉有漓水之清？至于杭州、成都、福州，虽号为名都，皆去之远甚；若北京、南京、巴黎、伦敦、罗马、柏林、莫斯科、东京、列宁格勒，或有古迹，或有建筑，俱为世界所称道，但以天赋而论，真为桂林所笑也。"[1]

漓江的风景和漓江人的生活，激发了徐悲鸿的创作灵感，他创作

1　徐悲鸿：《南游杂感》，《徐悲鸿文集》，上海画报出版社 2005 年 9 月版，第 85 页。

了《漓江春雨》《兴坪春雨》《青厄渡》《船户》等国画作品。广西全民抗战的氛围也引发了徐悲鸿的创作激情，他创作了《风雨思君子》《晨曲》《古柏》《逆风》《战马哀鸣思战斗》等国画作品，1936年冬至1937年春天，徐悲鸿用数月时间创作了大型油画《广西三杰》，以此表示对“李白黄”抗战精神的崇敬之情。

徐悲鸿在广西除了创作大量美术作品之外，还为广西的美术事业做了两件大事。一是在他的帮助下，举办了广西省第一届美术展览。此次美术展览展出了5000多件作品，其中徐悲鸿本人作品、藏品及其征集作品占了相当部分。这次展览时间原定两周，后延期至三周，堪称规模宏大，盛况空前。二是经他建议，筹建桂林美术学院。桂林美术学院在独秀峰西面建成两层楼房，可惜因为七七事变，抗战军兴，桂林美术学院的房子虽然盖成，办学却无法实现。对此，1938年4月出版的《抗战中广西的动态》有所记载：“广西美术会曾在南宁举行了一次全省美术展览会，规模相当的大。以绘画‘李白黄三领袖’而名满全桂的徐悲鸿，据说对此出力很多，广西美术会是由张家瑶等所组织的，偏重于国画，而洋画也相当注重。随着省会迁到桂林以后，吸收了新的人才，渐渐有人注意了。一九三七年五月，广西省政府还在中山公园西北角独秀峰旁边，兴建一所美术学院，还准备继续建造‘美术陈列馆’，不过，‘八一三’抗战发动后，因为实行经济紧缩，美术学院暂行停办。”

桂林美术学院虽然没有办成，但广西的美术教育因此启动。桂林美术学院的楼房，由徐悲鸿倡议，于1938年4至5月，用于举办广西省会国民基础学校艺术师资训练班，目的在逐步改进全广西的艺术教育，课程分绘画和音乐两门，美术课程主要由徐悲鸿的学生张安治等担任主任教员。1938年7月，广西全省中学艺术教师暑期讲习班在桂林美术学院大楼举办，张安治、孙多慈被聘为辅导教师，徐悲鸿也亲自为讲习班举办讲座。1939年7月，桂林美术学院决定停办，同时，广西省立艺术师资训练班建立，地点仍设在中山公园，先后设一年制普通班、二年制高级班和三年制专修科，美术教员有张安治、黄养辉、徐德华、陆其清等人。广西省立艺术师资训练班的美术教员多为徐悲鸿的学生，也多是因为徐悲鸿到广西从事美术事业。由此可见，徐悲鸿在美术创作、美术展览、美术教育多方面，对广西美术事业产生了深刻影响。

在桂林，徐悲鸿的情感生活也几经周折。徐悲鸿到广西，与其婚姻生活出现严重危机有关。1938 年 4 月，徐悲鸿亲赴长沙把他所喜欢的学生孙多慈全家接到桂林。7 月，徐悲鸿在《广西日报》刊登了与蒋碧微“脱离同居关系”的启事[1]，徐之好友沈宜甲拿着报纸到孙多慈家向孙父提起婚事，遭到孙父拒绝。之后，孙多慈一家离开桂林，徐悲鸿情感大受挫折。

据蒋碧微回忆，徐悲鸿还曾经喜欢过桂剧演员冬渡兰，曾央托欧阳予倩的太太刘韵秋为之做媒。冬渡兰是桂剧名伶，欧阳予倩曾专门为之写过《人面桃花》。她知道徐悲鸿有妻子儿女，拒绝了徐悲鸿的求婚。[2] 这是徐悲鸿在桂林第二次恋爱遇挫。

1942 年底，徐悲鸿亲自主持了重庆中国美术学院在桂林招考图书管理员的笔试和口试。一个文工团合唱队的队员以第一名的成绩得以录取。在桂林，这位合唱队员帮助徐悲鸿整理他收藏在七星岩的 40 多大箱的藏书和藏画。在打开这些神奇的书画世界的过程中，她也认识了徐悲鸿这样一位执着于艺术的艺术家。这位湖南籍的女文工团员名叫廖静文，她坚定地辞去了文工团的职位，加盟了徐悲鸿的队伍。

他们曾经同舟游览漓江，一同走进李宗仁赠送给徐悲鸿的那座有玉兰花的阳朔故居。后来，廖静文走进了徐悲鸿的生活，成为徐悲鸿的夫人。

---

1 《蒋碧微回忆录》上册，华东师范大学出版社 2015 年 1 月版，第 184 页。
2 《蒋碧微回忆录》上册，华东师范大学出版社 2015 年 1 月版，第 202—203 页。

桂林山水，曾经给予徐悲鸿艺术创作的灵感；桂林文化城，终于给予徐悲鸿家庭情感生活的安稳和踏实。不过，在相隔 80 多年后回望徐悲鸿与桂林的缘分，我觉得桂林或者广西还欠徐悲鸿一份情意，那就是曾经承诺徐悲鸿的桂林美术学院。

长眠普陀山麓的音乐家张曙

2015年8月30日上午，来自全国各地的《抗战文化研究》编委一行到普陀山北麓凭吊了张曙。

我很早就知道桂林有一个张曙墓，也凭吊过多次。然而，除了知道张曙是一个音乐家，抗战时期在桂林被日机炸死之外，我对张曙知之甚少。

我真正对张曙感兴趣是在读了张仁胜的话剧剧本《龙隐居》之后。《龙隐居》第一幕写的是1938年12月24日桂林遭到的大轰炸，张曙即遇难于这一天。剧情写到了桂林人送张曙出殡的场面，剧中人还演唱了田汉作词、张曙作曲的歌《日落西山》：

日落西山满天霞，
对面山上来了一个俏冤家；
眉儿弯弯眼儿大，
头上插了一朵小茶花。

哪一个山上没有树？
哪一个田里没有瓜？
哪一个男子汉心里没有意？

要打鬼子可就顾不了她!

这是我所知道的抗战歌曲中别开生面的一首，它的质朴、清新、洒脱和幽默感，使我产生了进一步了解张曙的愿望。

张曙，原名张恩袭，1908 年 9 月 18 日出生在安徽歙县。他从小受家乡徽戏音乐的熏陶，8 岁时已能操琴为徽戏伴奏。中学毕业后，1927 年考入上海艺术大学。上海艺术大学是一所私立学校，分文学、绘画、音乐三个系，张曙读的是音乐科。由于经营不善，上海艺术大学很快陷入经济困境，校长躲了起来，文学系主任田汉被艺大师生选举成为校长。正是在上海艺术大学，张曙成了田汉的学生，他参加了田汉创办的南国社，成为南国社音乐部的负责人。

在上海艺术大学学习半年以后，张曙转入了田汉创办的南国艺术学院。1928 年 9 月，在南国艺术学院被法巡捕房查封两个月之后，张曙考入刚刚创办的上海国立音乐院，成为上海国立音乐院首批 20 多个专业学生之一。上海国立音乐院即上海音乐学院的前身，由著名教育家蔡元培和中国专业音乐教育的奠基人、开拓者萧友梅创办。蔡元培担任首任院长，萧友梅担任首任教务主任。上海国立音乐院是中国近代历史上第一所专业高等音乐学府，揭开了中国专业音乐教育史的新页，开辟了由高等音乐学校来培养音乐专门人才的道路。在上海国立音乐院，张曙与著名音乐家冼星海同学，成为知交。

萧友梅对张曙的音乐才能极为赏识。在萧友梅的点拨和引导下，张曙师从苏联声乐教授斯拉芬奴夫夫人、声乐组主任周淑安夫人学习声乐，师从著名音乐家黄自学习作曲，师从朱英兼修二胡，其作曲家、歌唱家和二胡演奏家的才能逐渐为世所知。

1929 年秋季，国立音乐院改组成为上海国立音乐专科学校。因为萧友梅的爱护，张曙得以留校继续学习。

在上海国立音专，张曙的音乐才能得到进一步提高。1930 年 5 月 26 日，在国立音专举办的第一届学生音乐会上，张曙独唱了费式的

《在地下室深处》。当时上海的《时事新报》报道了这次音乐会，文中说道："独唱有常文彬、喻宜萱两女士，张恩袭、满福民两君，或中或西，亦佳亦妙。"[1]张恩袭即张曙，值得提及的是，满福民即满谦子。

1930年3月，中国左翼作家联盟成立。8月，张曙加入了田汉等领导的中国左翼剧团联盟。10月，张曙被捕入狱。1932年底，经田汉四处奔走，张曙得以保释出狱，参加了左翼剧团联盟音乐小组。1933年2月，张曙与吕骥、任光、安娥等音乐家支持音乐家聂耳发起成立了中国新兴音乐研究会。这一年，张曙与上海新华艺术专科学校音乐系女生周畸恋爱结婚。1934年8月，周畸生下他们第一个女儿达真。

根据黄吉士撰写的《张曙传》，张曙报考上海国立音乐院的时候，萧友梅即对张曙的歌唱才能非常推崇，认为他有一副天赋的歌喉，浑厚甜美，圆润清新，音域宽广，在声乐上很有发展前途。张曙健在时，主要以歌唱家著名，其嗓音之好广为人知。他牺牲后不久，范玫所写的《孩子们追悼张曙先生》一文中，专门写到了张曙独唱《茫茫的西伯利亚》的情景："大家的眼睛都盯在他身上，一句话也不说的静听着。"寥寥几笔，写出了张曙作为歌唱家的巨大感染力。

1935年，张曙为田汉词《公仇》作曲。这可能是张曙最早作曲的歌曲。作为田汉剧作《械斗》的插曲，《公仇》这首歌曲在当时产生了极大的影响，歌词如下：

同胞们！快停止私斗，
来雪我们中华民族的公仇。
我们过去是张恨着李，孙恨着刘。
昨天你打断了我的腿，
今天我打破了你的头。

1　参见黄吉士：《张曙传》，团结出版社1994年1月版，第56页。

我们在喝着得胜的酒，
旁边却有人笑出了眼泪，
笑我们是可怜的蠢牛。
他们正准备着屠刀要抽我们的筋，
要剥我们的皮，要榨我们的油。
近百年来，中国触尽了霉头，
赔过无数的款，割去无数的地，
受了无数的辱，含着无数的羞，
我们快要失掉独立和自由！
同胞们！快停止私斗，
来雪我们中华民族的公仇。
快停止一切的私斗，
来雪我们中华民族的公仇！

这首歌曲既是当时国难当头的真实写照，也是对中国国民劣根性的准确揭露，而其中所表达的“停止私斗雪公仇”的思想，确实是当时拯救国家于水火的一剂良方。

全面抗战爆发之后，张曙创作了大量抗战题材的歌曲，其作曲家的成绩逐渐为人所知。诚如因伽《纪念张曙同志》一文所说：“抗战的各期他写作的歌曲可说是没有一个歌曲制作者能够赶得上的。”诸如《卢沟问答》《洪波曲》这些歌曲，均传诵一时，极大地鼓舞了当时人们的抗敌意志。《洪波曲》得到郭沫若的高度推崇，郭沫若甚至用《洪波曲》作为他抗日战争回忆录的书名。

广州、武汉沦陷之后，1938 年 12 月 16 日，作为政治部三厅成员的张曙随郭沫若到达桂林。在桂林，张曙一家住在文昌门内杉湖畔周舜卿家。周舜卿是李宗仁参谋长王泽民的太太，他们住的房子原是李宗仁的公馆。

据魏华龄的文章，在桂林，张曙创作了两首歌曲：一是《我们要报仇》，这首歌是12月20日桂林反轰炸歌咏大会的合唱歌曲；另一首是《负伤战士歌》，这是张曙12月23日通宵写作完成的。[1]

12月24日早晨，张曙拿着《负伤战士歌》到桂林中学。桂林中学校园是桂林文庙和府学旧址，当时，第三厅临时办公驻地在文庙，抗敌演剧队队员住在府学。张曙先是到府学演剧队向队员们征求对《负伤战士歌》的意见，后又到文庙三厅商量工作，领取薪金。

中午时分，张曙回到文昌门的家里与家人吃午饭。这时候，空袭警报响了。张曙从来没有躲空袭的习惯。恰好这时周舜卿来到张曙家，催他们赶紧离开。张曙的太太周畸只好带着两个女儿到文昌门外的岩洞躲空袭。张曙和大女儿达真留在家中。

这一别竟成永诀。张曙父女正是在这次轰炸中遇难。这一天，是张曙抵达桂林的第八天。

张曙父女最初葬在桂林南门外将军桥凉水井，郭沫若题写的墓碑。1956年，张曙父女墓迁至普陀山北麓灵剑溪畔。

1963年，郭沫若为张曙墓重写碑文，碑文为：

> 音乐家张曙同志之墓。一九三八年十二月二十四日日寇轰炸桂林，张曙同志与其爱女达真（四岁）同时遇难，合葬于此。一九六三年十月七日，郭沫若。

1　魏华龄主编:《抗战时期文化名人在桂林》，漓江出版社2000年11月版，第406页。

音乐界领军人物吴伯超

抗战时期桂林文化城的音乐事业达到了一个很高的水准，这与一个人有关，这个人就是吴伯超。

1939 年 5 月 7 日，桂林体育场曾经举办过一次“广西省会国民基础学校抗战歌咏比赛授奖大会”。

当时的广西省长，桂系三巨头之一的黄旭初参加了这个授奖大会。

戏剧家田汉参加了这场群众歌咏活动，1939 年 5 月 9 日，他在桂林版《扫荡报》上发表文章《歌咏、歌剧及其他》:

> 体育场的一角给前宵的猛雨汇成浅浅的水……另一部分都给军民群众站满了。……从各队红蓝的旗影里，看见台两边“坚定抗战信念，鼓吹爱国精神”的对联，接着听得钢琴的伴奏和得奖各队的独唱和齐唱了，嘹亮的乐声博得了群众热烈的掌声。实在的今日广大军民太需要音乐了，太欢喜艺术了。特别是抗战艺术。……这种群众歌咏，特别是儿童歌咏运动由于吴伯超先生和许多音乐家、歌咏指导者之努力，在本城已有了可观的成绩了。

文中的本城指的就是桂林城。从田汉的文章，我们可以清楚地看到，桂林音乐水准提高的关键人物，正是吴伯超。

另有一篇回忆性质的文章《追念与期望》，作者为丑辉瑛。他回忆吴伯超时说道：

> 抗战军兴，应广西省教育厅长邱昌渭先生之聘，主持广西省艺术师资训练班，成立广西省立交响乐团及合唱团，并担任指挥，以遂其音乐报国之志。先生的作品，激昂雄伟，富民族音乐气质，广为大众所崇爱，因之桂林乐风之盛，为大后方第一。[1]

很难想象，桂林曾经有过“乐风之盛，为大后方第一”的时候，而这盛景，正是拜吴伯超所赐。

吴伯超，1927 年毕业于北京大学音乐传习所，为中国第一所高等音乐专业学校上海国立音乐院（后改名为上海音乐专科学校）第一代教师。1931 年赴比利时留学，1935 年完成在布鲁塞尔皇家音乐院的学习，回国后在上海音乐专科学校任教。全面抗战爆发后，吴伯超离开上海，于 1938 年 6 月抵达桂林。

在桂林，吴伯超先后担任广西省政府举办的全省中等学校艺术与劳作师资暑期讲习班班主任、广西艺术师资训练班班主任、广西国民基础学校音乐教本编委会常委，还兼任广西音乐会理事，负责该会大合唱队的排练指挥。1939 年 6 月，吴伯超筹划并组织当时大后方第一个管弦乐队——桂林广播电台管弦乐队，并担任指挥。1939 年 7 月，广西省立音乐戏剧馆成立，吴伯超和欧阳予倩分别任音乐部和戏剧部主任。原广西艺术师资训练班同时改为广西省立艺术师资训练班，并入音乐戏剧馆，仍由吴伯超兼任班主任。省立音乐戏剧馆音乐部设管弦乐团，吴伯超担任指挥。

说起来，班主任、教本编委会常委、指挥、部主任这样的头衔实

1　丑辉瑛：《追念与期望》，萧友梅音乐教育促进会编：《吴伯超的音乐生涯》，中央音乐学院出版社 2004 年 3 月版。

在算不了什么，但正是从广西桂林，从这些具体的、基层的、综合性的工作开始，吴伯超的才能得到全面的爆发，从一个音乐专业教师成长为一个音乐教育家，为他后来成为国立音乐院院长奠定了坚实的基础。正如台湾文化大学教授赵广晖先生《赤诚爱国学贯中西的音乐教育家吴伯超》一文中所说，1938 年至 1940 年是吴伯超的创作黄金期，“这段时间他（吴伯超）在广西桂林，也可说是基于良好的机遇给予他可以自由发挥的环境所致。由于当地的需要加之他主持师艺班有独立的自主权，所以可尽情发挥”。[1]

1939 年 7 月 27 日的桂林版《扫荡报》上一篇署名沙莱的文章《介绍广西省立音乐戏剧馆》这样说：

> 桂林电台，以巨大的经费创办乐队和歌队之后，同时广西省政府又成立了音乐戏剧馆。桂林有了这音乐的双璧，光辉灿烂的音乐文化工作，其美满的收获，是可以预期的。
>
> 桂林是西南的重心，音乐戏剧馆是西南唯一的音乐教育机关。名义上是与戏剧馆合办，可是先办的只有音乐一部分。馆长由教育厅长雷沛鸿氏兼任，吴伯超氏兼任音乐部主任，马思聪胡然氏等担任指导员。内容分事业和教育两部，事业部分演奏研究出版三组，演奏组成立管弦乐队、国乐合奏队和大合唱队三个经常的组织。研究组的工作暂定国乐整理，民间音乐、苗瑶音乐的采取，国乐器的改良和西洋音乐介绍等。出版组将编译学校教材，出版新乐曲以及定期的刊物。至于教育部则招收初中以上程度的学生，施以五年的专门训练，俾成为各种专门人才。此外并附设一军乐训练班和儿童班。儿童班的训练期无限制，凡属天才儿童可以一面在小学念书，一面受训。到初中毕业之后，便可直

1　丑辉瑛：《追念与期望》，萧友梅音乐教育促进会编：《吴伯超的音乐生涯》，中央音乐学院出版社 2004 年 3 月版。

接升入本科。这种办法是重要的，因为音乐的训练愈早愈好，年纪大了除了声乐之外，器乐很少有成功的希望，所有计划，一到来年一月便开始了。现在是先办一班艺术师资训练班，这是为了本省中小师资的缺乏而设立的。已定八月一日起暂在桂林中学开学。这种计划和规模的音乐馆，在抗战的困难当中也许只有广西才能建立的。因此让我们预祝她的无限的将来。[1]

我不惜篇幅抄录这段文字，是想提醒人们注意其中透露的几个信息。第一个信息，后来吴伯超在国家层面的音乐教育中所做的各种工作，其实正是在广西形成了其思想并有了实际的开端。比如，这段文字中说到吴伯超在音乐戏剧馆附设儿童班，这正是后来吴伯超在国立音乐院创办幼年班的先声。这项事业，吴伯超是全国的首创者。而这项首创，又是在桂林最先试行的。

第二个信息，文中提到的马思聪和胡然，都是 20 世纪中国乐坛大师级的人物。马思聪众所周知，胡然知道的人不多。然而，如果时光倒流半个多世纪，许多中国人都会知道胡然这位著名的男高音歌唱家。而这些著名的音乐家，许多都是因吴伯超的邀请任职广西的。

第三个信息，文中提到民间音乐、苗瑶音乐的采取。这里的民间音乐和苗瑶音乐指的都是当时广西本土的民族民间音乐，显然，当时吴伯超已经注意到要利用广西本土的音乐资源。

说到苗瑶音乐的利用，桂林版《扫荡报》1939 年 5 月 25 日已经有一篇文章《关于苗瑶音乐》谈到吴伯超的做法：

他用苗瑶音乐的曲调配上近代的丰富的和声，新的技巧更注入新的生命，因此作出了完全的新型作品。在省会国基抗战歌咏

1 黄伟林等编：《抗战桂林文化城史料汇编 · 音乐舞蹈卷》，2015 年桂林广大印务有限责任公司印制，第 47 页。

比赛表演会中，吴漪曼小姐所弹的僮人舞便是一个例子。一种新鲜的风味，动人的节奏，使人想象出在那山林中，所特有的诗的美丽的生活。广播电台的管弦乐队不久即将成立，吴先生以管弦乐表现出来的苗瑶音乐，和世人相见也不会远了。[1]

这段文字明确表示，吴伯超的音乐创作利用了苗瑶音乐的曲调，这是许多吴伯超音乐研究者可能未曾注意到的问题。换言之，广西本土的音乐，是给了吴伯超音乐营养的。

从上面这些文字，我们可以看到人们对吴伯超在桂林的音乐事业充满信心和期待。可惜，1940 年 2 月，吴伯超离桂入川，广西的音乐事业因此失去了这样一位领袖群伦的人物。用当年在桂林生活学习的台湾女作家钟梅音的话说："吴先生一走，仿佛把桂林的活力都带走了。"

1　黄伟林等编：《抗战桂林文化城史料汇编·音乐舞蹈卷》，2015 年桂林广大印务有限责任公司印制，第 31 页。

吴伯超音乐创作的黄金时期

台湾文化大学赵广晖将吴伯超的音乐生涯分为四个时期：第一个时期是 1927—1931 年的牛马初试期，第二个时期是 1935—1937 年的学艺成熟期，第三个时期是 1938 年的创作黄金期，第四个时期是 1940—1949 年的施展抱负期。其中，第三个时期也即创作黄金期的吴伯超恰恰是在桂林。[1]

上海音乐学院教授戴鹏海对吴伯超的音乐创作做了统计，他说已知的吴伯超创作的音乐作品共 27 种，其中，1928—1935 年共 6 种，1938—1940 年共 12 种，1942—1949 年共 9 种，其中，1938—1940 年的创作数量最多。[2] 我们知道，这个时期，正是吴伯超的桂林时期。

桂林时期，吴伯超不仅创作了最多数量的音乐作品，而且，吴伯超一生中最好的音乐作品，也都是在桂林创作的。

中央音乐学院研究员王震亚亦认为："抗日战争初期，南京失陷，武汉长沙撤退之后，桂林麇集了我国文化界许多避难的精英，抗日歌咏运动蓬勃开展。吴伯超在此洪流中精神振奋，担负多种工作，积极

---

1 赵广晖：《赤诚爱国学贯中西的音乐教育家吴伯超》，萧友梅音乐教育促进会编：《吴伯超的音乐生涯》，中央音乐学院出版社 2004 年 3 月版。

2 戴鹏海：《为了不该忘却的纪念——吴伯超先生百年祭》，萧友梅音乐教育促进会编：《吴伯超的音乐生涯》，中央音乐学院出版社 2004 年 3 月版。

从事群众性抗敌歌咏活动，并以极高热情写下他一生最重要的作品：混声合唱曲《中国人》《国殇——祭阵亡将士诔乐》《冲锋歌》及女声四部合唱与钢琴四重奏曲《暮色》。还有《七七两周年献礼歌》《伤兵之友歌》《爱国的家庭》等群众歌曲，以及《春耕》《我们都是小飞行家》等儿童歌曲。冰心作词的《我们是民族的歌手》亦应是这个时期的作品。”[1]

《中国人》是吴伯超流传最广的作品，武汉音乐学院作曲系孟文涛教授认为：这首合唱曲，无论从思想内容、创作构思、艺术表现、写作技巧，都可以说是完满的、成熟的，堪称中国合唱曲中的经典之作。[2] 虽然这个作品并非吴伯超作词，但仍然不妨通过歌词感受一下它的力量：

> 中国人，中国人，君记否三百年前破倭兵？
> 戚家军与俞家军，扫荡虾夷御国民！
> 平海卫，王家泾，至今沿海碧血新！
> 中国人，中国人，万古不灭，英雄无名。
> 今日何时？今日何时？何日？何时？何刻？
> 君不见，抗战之旗已高举，光荣胜利须争取！
> 效死此其时，耻做懦男女；
> 倭寇扼我项，大陆政策毁我宇。
> 整队来，结队来，抗战大旗已高举，拂拭大刀上前去！

四川音乐学院作曲系姚以让教授当年曾经参与过这个作品的演出，他回忆说：“每次都唱得热血沸腾，激情满腔，这是同学们最喜

1　王震亚：《谈吴伯超的音乐创作》，萧友梅音乐教育促进会编：《吴伯超的音乐生涯》，中央音乐学院出版社 2004 年 3 月版，第 37 页。

2　孟文涛：《老院长吴伯超的名作〈中国人〉》，萧友梅音乐教育促进会编：《吴伯超的音乐生涯》，中央音乐学院出版社 2004 年 3 月版，第 56 页。

欢演唱的合唱之一。”[1]

王震亚认为《国殇——祭阵亡将士诔乐》“是抗日歌咏运动中独具一格的重要音乐文献，如此符合古典规范的赋格曲，应选入音乐院校作曲系赋格写作教学的参考教材”。关于《暮色》，王震亚认为：“《暮色》是一首以细腻笔调创作的意趣幽深的作品……可能是桂林如画的山光水色，唤起了他的此种情怀，写出这样一首情景交融的作品。”[2]

《暮色》的歌词来自歌德的诗，译者为郭沫若，请看歌词：

> 暮色自空垂，近景已迢递；
> 隐约耀霞辉，明星初上时。
> 万象在暗里浮沈，薄雾在空际凄迷；
> 反映着暗影阴森，湖水静来无语。
> 俄见东边天际，仿佛月明如火；
> 纤柳细如丝，丝枝弄湖波。
> 嫦娥底灵光委佗，涓涓的夜景清和，
> 清和的情趣，由眼到心窝。

品读这首歌词的意境，确实与桂林山水有暗合之处。可以想象，当年吴伯超既对抗战激情感同身受，但在黄昏独处的时候，也会受到桂林山水的感动，从而诞生这样一首不朽的作品。如此看来，《暮色》这个作品直接来自美丽的桂林山水给予吴伯超的灵感。吴伯超的女儿，台湾师范大学音乐系吴漪曼教授多年后回忆道：

> 那时我会跟随着、依偎着父亲漫步于桂林独秀峰下，父亲

1 姚以让：《古韵今声——忆析吴伯超的三首歌曲》，萧友梅音乐教育促进会编：《吴伯超的音乐生涯》，中央音乐学院出版社2004年3月版，第47页。

2 王震亚：《谈吴伯超的音乐创作》，萧友梅音乐教育促进会编：《吴伯超的音乐生涯》，中央音乐学院出版社2004年3月版，第39页。

沉浸在乐思中，我童稚的心灵，随着父亲的意境进入了“音乐的世界”，面对着夕阳赤红的余晖，色彩缤纷的景象从绚烂到宁静，而清和澄明的夜色，悄然已自空际临近。有感于当时的情景，父亲写下了《暮色》女声四部合唱。我永远感激父亲让我分享到他作曲时的心灵，那至美的刹那对我却是永恒。[1]

台湾师范大学音乐系陈玉芸教授认为：“《暮色》一曲，巧妙地融合了女声四部合唱及钢琴四重奏的手法，是中国音乐史中不可多得的杰作，一个重要的里程碑。”[2]

当年与吴伯起一起在桂林从事音乐事业的陆华柏写过一篇颇有影响的文章《吴伯超抗战初期在桂林》，其中说到一段往事：

那时，遇有敌机前来空袭，先由独秀峰上发出警报，并高悬黑球。“躲飞机”，桂林是个得天独厚的地方，几乎随处都有或大或小的岩洞，这些岩洞比任何人工修筑的防空洞都要安全得多。但是，吴伯超是个神经质的人，一次，独秀峰上的警报“呜——呜——”拉响了，他正伏在办公桌前作曲，我见他脸色发青，一再绕室急行，却不奔向仅一箭之遥的独秀峰下岩洞，我只好拉着他跑了。[3]

陆华柏这段回忆确有其事，但他对“吴伯超是个神经质的人”这个判断却存在问题。我曾经在网上读过一位广西作者撰写的在台湾访问吴漪曼女士的文章，其中专门提到这段往事。

1 吴漪曼：《我的父亲》，萧友梅音乐教育促进会编：《吴伯超的音乐生涯》，中央音乐学院出版社 2004 年 3 月版，第 195 页。

2 陈玉芸：《浅谈〈暮色〉》，萧友梅音乐教育促进会编：《吴伯超的音乐生涯》，中央音乐学院出版社 2004 年 3 月版，第 73 页。

3 陆华柏：《吴伯超抗战初期在桂林》，萧友梅音乐教育促进会编：《吴伯超的音乐生涯》，中央音乐学院出版社 2004 年 3 月版，第 92 页。

原来，吴伯超到桂林不久，即发生了音乐家张曙与女儿在空袭中遇难的事件。从此，吴伯超不管公事私事，都将女儿漪曼带在身边。陆华柏叙述的那件往事中，当时，吴伯超正在独秀峰山麓的办公室作曲，妻子和女儿则在乐群路的李子园，没有在吴伯超身边，两地相距有好几百米的距离，所以，才发生了陆华柏看见的那一幕：虽然岩洞近在咫尺，吴伯超却不知所措。吴伯超并不是神经质，而是心念尚在李子园家中的妻子女儿。赶回家显然已经来不及，独自躲入岩洞又心有不忍。由此可见，吴伯超是个极重亲情的人。

关于《暮色》的创作，这位广西作者访问吴漪曼教授的文章也另有说法。说的是当年徐悲鸿曾安排吴伯超和吴漪曼父女乘一条小渔船顺漓江游至阳朔——吴漪曼教授至今仍然记得漓江里捞上的小虾蟹油炸过后的鲜嫩香脆，傍晚，夕阳照在漓江上，吴伯超眺望山色水景似物我两忘。几天后，吴伯超的纯女声多声部合唱曲《暮色》脱稿，并由吴漪曼在桂林中山纪念学校演唱。

吴伯超的音乐作品绝大多数都是别人作词，他作曲，但也有一首例外，原曲为意大利作曲家多尼采蒂所作，吴伯超填词，这就是《我所爱的大中华》。歌词如下：

> 我所爱我所爱的大中华，我愿永远的为你尽忠，
> 你的久远的历史与文化，使我常常觉得骄傲光荣。
> 你的江河湖沼美丽如画，我一生一世永远怀想。
> 你的平原山野何其伟大，我一生一世永远不忘。
> 当你在受颠簸，在受颠簸，我心如刀割，
> 当你在受颠簸，在受颠簸，我的心如刀割，心如刀割。
> 可爱的大中华，我愿永远为你尽忠，永远为你尽忠，
> 我永远敬爱你，永远敬爱你，祝我中华亿万年！亿万年！

在我看来，在桂林，吴伯超创造了两个黄金时期：一个是他本

人音乐创作的黄金时期，另一个是桂林城音乐事业的黄金时期。吴伯超与桂林音乐有如此难分难解的关系。然而，如今，桂林知道吴伯超的人并不多。有人曾希望桂林有关机构邀请吴伯超的女儿吴漪曼教授重游桂林，毫无疑问，这是一个好主意。我想在这个好主意之外再增加一个主意，那就是地处桂林的广西师范大学音乐学院或者桂林的演出机构排练吴伯超的《暮色》，并将其作为桂林音乐舞台的常设节目。这或许是纪念吴伯超最好的方式。

广西师专首任校长杨东莼

广西师专的首任校长杨东莼与教育家唐现之在教育思想上的分歧不是一般性质的分歧，杨东莼是一位中共党员，他的教育思想可以说是马克思主义的教育思想。

杨东莼是1923年在长沙加入中国共产党的，当时还是毛泽东做的监誓。1927年与党组织失去联系后杨东莼东渡日本，从事马克思主义研究。虽然与党失去了联系，但杨东莼从来没有放弃马克思主义信仰，1932年还与宁敦武合译了恩格斯的《费尔巴哈论》，由上海昆仑书店出版。正是这一年，经同窗好友刘斐推荐，杨东莼出任广西师专校长职务。当时桂系主要领袖之一白崇禧知道杨东莼，也清楚杨东莼的共产党员身份，但白崇禧出于自身的政治需要，仍然愿意杨东莼执掌广西师专。白崇禧在与杨东莼的交谈中，甚至透露了“联共反蒋”的意图，杨东莼顺势劝导白崇禧这样做，但白崇禧以杀共产党太多不能得到共产党谅解搪塞过去了。

出任广西师专校长之后，杨东莼聘请了一批有共产党背景的文化人到广西师专任教。

朱克靖，1919年考入北京大学，同年与李富春等人赴法国勤工俭学，1921年在法国加入中国共产党，1923年赴莫斯科东方劳动者共产主义大学学习，1925年回国任国民革命军第三军党代表，1927年南昌起义时担任朱德任副军长的第九军党代表。南昌起义失败后，朱克靖与党失去联系，漂泊北平，生活困窘。1932 年，杨东莼从广西师专庶务罗征书那儿得知朱克靖的窘迫境况。他知道朱克靖的共产党员身份，没有征求白崇禧的同意，直接写信邀请朱克靖到广西师专担任教务主任。

汪泽楷，1919 年赴法勤工俭学，1922 年加入中国社会主义青年团。据邓榕著《我的父亲邓小平》记载，1922 年，邓小平在法国加入中国社会主义青年团，其入团介绍人正是汪泽楷。1923 年 6 月，汪泽楷当选为中国社会主义青年团旅欧支部执行委员，当年转为中共党员，被派到莫斯科东方劳动者共产主义大学学习。1924 年回国，历任中共安源地委书记、豫陕区委书记、河南省委书记、江西省委书记、湖北省委组织部长等职。1927 年南昌起义时，汪泽楷任江西省委书记，并亲身参加了起义。广西师专成立后，经杨东莼聘请，汪泽楷化名杜敬斋教授政治经济学。

金奎光，朝鲜人，1923 年到中国，入广州岭南大学学习。1925 年加入中国共产党，1927 年参加广州起义，失败后流亡日本，1928 年到上海，参加中国左翼作家联盟。广西师专成立后，经杨东莼聘请，金奎光教授教育概论。

薛暮桥，当代中国杰出经济学家，中国经济学界泰斗，1927 年加入中国共产党。1933 年 1 月，杨东莼专程到上海聘请教师。他钦佩共产党人陈翰笙在农村经济研究领域的成就，请陈翰笙推荐一人到广西师专教授中国农村经济。陈翰笙推荐了薛暮桥。薛暮桥带着陈翰笙的推荐信到上海会见素不相识的杨东莼。杨东莼立刻给薛暮桥发了聘书。在广西师专，薛暮桥不仅教授中国农村经济课程，而且组织学生进行广西农村经济调查，在广西师专出版了《广西省农村经济调查报告》。

根据薛暮桥的回忆，尽管杨东莼、朱克靖、薛暮桥这些人当时已经与党失去了联系，但他们都看过中国共产党第六次全国代表大会文件。他们任职广西师专期间的办学思想和教育理念，根据的正是中共六大的精神和他们的马克思主义信仰。

多年后，薛暮桥对杨东莼在广西师专的办学有一个评价，他认为，“杨东莼办学的目的，是培养一批信仰马克思主义的革命青年。师专是培养教师的，但教育学课程不多”，“这个师范学校教育课程很少，多数时间讲辩证唯物论、政治经济学、社会发展史和中国农村经济等，有些进步的学生暗中称它为‘小莫斯科’”。薛暮桥自己也认为，“我们把师专办得像马克思主义学院”。

教育史学者周洪宇在《杨东莼大传》一书中指出：“广西师专办教育是从无产阶级的政治出发，而不是单纯从学术研究出发。因此广西师专办教育的指导思想很明确，就是要把广西师专办成为宣传和学习马克思主义的阵地，办成为培养革命教师的摇篮，绝不是要把学术上的不同看法混同为政治上的不同主张；否则不但无法培养出无产阶级的革命战士，反而必然会陷于资产阶级自由化、多元化的泥坑中。”

有一个对广西师专的评价颇令人感喟：“广西师专成为除苏区外，当时国内独一无二的公开宣传马列主义、宣传民主思想，实行科学教育方针，学风端正，思想活跃的高等学校。”

根据这个评价做一个延伸，可以发现，广西师专是20世纪30年代中国国民教育体制内唯一由中国共产党人执掌教权并实施马克思主义教育的大学，中国共产党人的大学教育理念在这所当时的“体制内”大学里得到了最初的也是系统性的实践。

有必要说明的是，广西师专正是今日广西师范大学的前身。很难想象，这所在当今中国并不显赫的大学，曾经是中国共产党早期高等教育的实验基地。中国当代高等教育的一些理念和做法，可以从这所大学的最初历史中找到源头性的蛛丝马迹。

广西师专是广西省政府创办的省立师范专科学校，有意思的是，由于当时复杂的政治军事形势，桂系出于自身的政治需要，试图在政治上摆出开明的形象以赢得社会多元力量的支持，加上白崇禧等桂系领导人对杨东莼教育学术才能的认可，从而为杨东莼提供了一个相对自由的按他的理想办教育的空间。

由此，我们发现，从雁山园这扇门走进桂林城的，不是一般意义的文化精英，其中有相当部分是有坚定信仰的马克思主义者。信仰是可以传递的，后来我们会看到，许多广西的共产党人，正是在雁山园接受的马克思主义启蒙教育。

广西大学教授盛成

盛成，1899 年 2 月 6 日生于江苏仪征一个式微的汉学世家，1996 年 12 月 26 日逝于北京，为北京语言大学（原北京语言学院）一级教授。1984 年，盛成荣获“法兰西共和国荣誉军团骑士勋章”，是当时除巴金之外中国获此荣誉的第二人。

即便如此介绍盛成，如今知道他的人仍然不多，但在 20 世纪 30 年代，盛成却是一个有国际声誉的中国文化人。如果说林语堂主要以英文写作赢得国际声誉，那么盛成则是以法文写作赢得国际声誉。为盛成赢得声誉的是他用法文写的传记文学《我的母亲》，该书 1928 年在法国出版。法国象征派大师，法兰西学院院士，“20 世纪法国最伟大的诗人”瓦雷里亲自为该书作序。序中称该书“在中国的深处，放下一线极温柔的光明，叫我们看了想看，看了生趣，使我们一直看得清清楚楚，中国的家族：组织、习惯、德行、优点，以及其穷苦与灾祸、深密的构造及平日生存底实力”。读此书使人“神魂颠倒心摇情动若山崩”。[1]

当年盛成名气大到什么程度？据《盛成回忆录》记载，1938 年 4 月，台儿庄大捷之后，盛成以中华全国文艺界抗敌协会及国际宣传委

1　瓦乃理：《引言》，盛成：《我的母亲》，山西人民出版社 2012 年 8 月版。

员会代表的身份到前线劳军。

> 到了徐州，我们住在花园饭店1号。房间对面是走廊，走廊下是一个大院子，阳光充足。后院住着史迪威上校。在穿堂里有两把椅子，早上起来时，我坐在其中一把椅子上，看见一个外国人走来走去。忽然他停了下来，用法文对我说："你是不是《我的母亲》的作者？"我惊讶地问："你怎么知道？"他说他听说的。我问他如何称呼，他说他是史迪威上校，是使馆的武官。[1]

史迪威，抗日战争时期赫赫有名的美国人，曾担任美国驻华大使馆武官，1942年晋升中将，先后担任中国战区参谋长、中缅印战区美军总司令、东南亚盟军司令部副司令、中国驻印军司令、分配美国援华物资负责人等职务，后晋升为四星上将。上面这段回忆文字，生动地显示了那个年代盛成在西方世界的知名度。

盛成不仅是学识渊博的学者、作家，而且也是一个敏捷通达的社会活动家。他及时把握了这个与史迪威偶遇的机会，在回忆录里，他说道：

> 我们坐下交谈，我意识到这是一个重要的时机。当时，因为意大利的新闻记者在前线拍了情报送回去被我们发现，政治部下令外国记者不得去前线。所以史迪威来了好久，一直呆在旅馆里动弹不得。这时，他同我谈到他到了八路军的许多战场，对八路军的印象很好。我想，我们现在正需要美国，这是一个大好机会。我约他下午四点在此处再见。
>
> 回去后，我立刻到五战区司令部找到李宗仁，讲了情况。李宗仁十分高兴，让我赶快带史迪威来。因为我不是政治部的，便

1 《盛成回忆录》，山西人民出版社2012年6月版，第110—111页。

去找郁达夫，让他同我一起带史迪威去见李宗仁。见面后，李宗仁请我们吃饭……

第二天早上十点，我在前线孙连仲司令部见到了史迪威。史很感谢我。他说，吃过饭后，李长官打电话联络好了一切。回来后，他说美国还不知道这里的情形，他要写一篇文章登在美国军事杂志上，请我帮忙。我答应了。守台儿庄的池峰城也在，他随时回答史迪威的疑问，使史迪威的文章写得十分详细，对美国援助中国抗日起了巨大的作用。（后来，史迪威因为这篇文章升了少将，并做了老蒋的参谋长。）[1]

盛成与史迪威的这次偶遇，帮助史迪威实现了到台儿庄调查的愿望，进而对中国争取美援起了作用。这是盛成作为一介文人对抗战的贡献。

盛成之所以能够介绍史迪威与李宗仁相识，是因为早在抗战以前盛成已经与李宗仁建立了友好关系。那是1936年12月，当时盛成应邀到了桂林。招贤纳士是20世纪30年代广西的一大特色。盛成是否为当时广西招纳的贤士呢？据盛成本人回忆：

（12月8日，）我同刘为章与何键、刘华九分手。下山后，我们由衡阳向西，到了湖南与广西交界处。下午三四点钟到了桂林。到桂林后，我们立即去见了李宗仁。后来，我又见到白崇禧、黄旭初。这时，徐悲鸿也在桂林。

徐悲鸿陪我到白崇禧丈人家，我同白崇禧谈到了土耳其和希腊的战争，他非常感兴趣。12月12日这天，我们正在闲聊，忽然来了电报，说老蒋在西安被看起来了。李宗仁、白崇禧、黄旭初等都感到十分震惊，焦急地等待下文。

---

1 《盛成回忆录》，山西人民出版社2012年6月版，第111页。

一天，我同徐悲鸿到阳朔他的画室看画，这时，大家心情越来越沉重，不知事情会如何发展。一直到24日，我和为章决定25日走，不等消息了。他去南京，我回北平。决定后，广西当局送了我1000大洋。

……

回到北平，西安的事情一天天明朗化。在北平过了年，我找齐白石刻了五个图章，李宗仁两块、白崇禧两块，黄旭初一块。[1]

从这段回忆，我们得知，在民国历史上最充满悬念的那段时间，盛成与桂系三巨头李、白、黄在一起。从盛成后来请齐白石刻五个图章送给他们三人这件事，我们可以看出盛成与他们的良好关系。

武汉保卫战时，盛成再次到宋埠慰问李宗仁，《盛成回忆录》写道：

在宋埠，我和李宗仁商议把国际宣传委员会一分为二，一部由王炳南带到重庆，一部由我带到桂林，李宗仁答应了。

10月底，我到河南把家人接到了桂林。到桂林后，我去看广西省主席黄旭初。他让我和委员会其他的人都做参议，每月给国际宣传委员会100元，参议的薪金每人也是100元。

因城里轰炸厉害，我们就在漓江东岸施家园租了房子。此地在望城岗下面，象鼻山的对面。南岸是穿山，北面是龙隐岩。宋朝狄青的“平蛮碑”和“党人碑”就在岩内。岩旁边是月牙山，山里有一个庙，我的朋友巨赞就住在山里。

日本飞机一般在早上九十点钟来，我们躲飞机都在龙隐岩。当时桐城派的姚二先生，方家的后人，还有吴梅（号曲庵）等都

1 《盛成回忆录》，山西人民出版社2012年6月版，第100—102页。

在。……当时，巴金等文艺界人士也到了桂林。[1]

看得出来，盛成在桂林得到了广西省政府的礼遇。除了做参议之外，盛成还是广西建设研究会政治部和文化部的研究员。

1938年3月27日，中华全国文艺界抗敌协会（以下简称“文协”）在汉口召开成立大会，盛成当选理事。4月4日，在文协第一次理事会上，盛成当选常务理事。作为文协总会的常务理事，盛成到桂林后，曾受文协总会委托与在桂林的夏衍、巴金等人一起为成立文协桂林分会做筹备工作。1939年7月4日，文协桂林分会筹备会成立，盛成为筹备委员。1939年10月2日，文协桂林分会在桂东路广西建设研究会大礼堂举行成立大会，盛成当选第一届理事会理事。

盛成不仅参与了文协桂林分会的成立工作，还以其专业学识参与了许多抗战文化活动。在《桂林文化大事记》中，我们可以看到，如：

1938年11月6日，盛成应中华职业教育社的邀请，在桂林举行了“继续抗战中的国际形势”的讲座。这是中华职业教育社在桂林举办的系列时事讲座的第一讲。

1938年12月28日，广西大学邀请鹿地亘、巴金、盛成等演讲。

1939年5月25日，盛成和胡愈之在国际反侵略运动大会广西分会主办的时事座谈会主讲“当前国际问题”专题。

1940年12月14日，盛成在广西建设研究会主讲“柏林会议后三国同盟的变化与前途”。

1941年6月24日，盛成在广西大学礼堂主讲“德苏战争问题”。

此外，他还在当时桂林的期刊如《建设研究》《国立广西大学周刊》发表了大量讨论当时国际形势、战争形势的论文。作为国际问题专家，盛成对当时的国际形势有独到的见解，他回忆道：

1 《盛成回忆录》，山西人民出版社2012年6月版，第114—115页。

1939年，广西大学由省立改成国立，……当时，马君武想把广西大学按照北大教授治校的方式来办。他找李四光同我商议，让我教中国政治思想史，同时教孔孟荀哲学，并在文史系教唐诗。

我把家搬到良丰，离学校二三里路。……

我在广西大学的时间最长，有五六年。当时学校人才济济，学生素质也高。我记得陈寅恪也来到广西大学任教。

在学校期间，我写了《德苏必战论》和《美日必战论》两篇文章。写第一篇文章时，德苏正签订《互不侵犯条约》，不久即爆发战争。第二篇文章发表不过一星期，日本偷袭了珍珠港。两篇文章引起了很大影响，大家把我当成了预言家。[1]

按盛成的说法，他在广西大学做了五六年教授，直到1944年，随着豫湘桂战役的进展，盛成看到桂林形势不好，才离开桂林到中山大学任教。

从盛成的人生履历看，他最初是凭着传记文学《我的母亲》在法国文坛一举成名。1938年春天，他在武汉参与了文协的筹备，并亲赴台儿庄，撰写了《徐州劳军报告》《台儿庄血战记》《前线通讯》系列纪实文章。1938年秋天到桂林后，他参与了文协桂林分会的成立工作并当选第一届理事。但不知为什么，1940年10月13日，盛成没有在当天文协桂林分会会员大会上当选第二届理事。从此，他的名字也不再出现于文协桂林分会后来的历届理事会名单中。是不是可以这样理解，桂林期间，盛成逐渐从文坛淡出，更深入学界，逐渐淡化“作家型文人”身份，更专注于其广西大学教授的职业，凸现其“学者型文人”形象。这只是一个推测，还需要更多史料去证实。

1 《盛成回忆录》，山西人民出版社2012年6月版，第119—120页。

值得一说的还有，1938 年 5 月，盛成在撰写《前线慰劳报告》的时候，得知妻子郑坚在沦陷的家乡去世的消息，他悲痛不已而不能续写报告。后来，经孙伏园介绍，盛成认识了幼稚教育专家张雪门的学生李静宜女士。李静宜到桂林后，盛成与李静宜结婚，重新组建了家庭。

桂林《大公报》总编辑徐铸成

在报纸时代，徐铸成曾经是个大名鼎鼎的人物。

我最早知道徐铸成，是因为《文汇报》。1957 年，毛泽东曾接见过徐铸成，当面称赞徐铸成担任总编辑的《文汇报》办得好："你们《文汇报》办得好，琴棋书画，花鸟鱼虫，真是应有尽有，编排也非常出色。我每天下午起身后，必首先看《文汇报》，然后看《人民日报》，有空，再翻翻别的报纸。"[1]

记得童年时代，我住在外婆家，外婆家是木楼，用来糊屋顶和墙壁的，就是老旧的《文汇报》，那是我二舅 20 世纪 50 年代订阅的报纸。我二舅 20 世纪 50 年代初上的大学，远在桂林，订阅上海发行的《文汇报》，可见《文汇报》在知识分子中的影响力。

徐铸成不仅做过《文汇报》的总编辑，而且是上海版《大公报》、香港版《大公报》的主要创办人，做过桂林版、香港版、上海版《大公报》的总编辑。像这样做过两份重要报纸的人物，在中国报业史上确实不多。

桂林版《大公报》创刊于 1941 年 3 月 15 日，停刊于 1944 年 10 月 13 日，持续了三年半的时间。徐铸成于 1941 年 12 月日军占领香

1 李伟：《报人风骨：徐铸成传》，广西师范大学出版社 2008 年 7 月版，第 6 页。

港后离开香港，经广州、清远、韶关、衡阳，于1942年1月下旬在衡阳乘湘桂铁路车到达桂林。这时桂林版《大公报》已经创办将近一年，报社设在七星岩后侧星子岩。星子岩为七星岩后侧独立小山，山有岩洞，可以安放机器房，还可让职工躲空袭警报。徐铸成到来之前，胡政之已经在这里建立馆舍。根据徐铸成的回忆："馆舍虽木结构，亦楚楚整齐。编辑部、经理部、工厂及职工宿舍，简单而完备，并有一小礼堂供酬应、集会之场所；平时可为职工业余文娱之地。"[1] 当时胡政之在山麓一角建有一座二层洋房作为自己的家，可以俯视全馆，徐铸成则住在编辑部旁一间房内。虽然徐铸成住的是平房，但他的桂林朋友笑称他住的是二层楼，何故？原来桂林大公报社是建造在坟堆上的，下面还埋着不少无主孤骨。

当时大公报馆虽然在星子岩，但在桂林城区，《大公报》设有营业处，采访部也在城区办公，因此，徐铸成必须经常到城区。多年后，徐铸成回忆他在桂林时期的生活：

> 到了桂林后，几乎每星期至少要进城两次，大都为参加酬应，必至下午8点左右回馆。我那时年壮好饮，桂友每喜称为"香港酒家"，而三花酒的后劲实在是厉害的。是以每次酬应，最后必酩酊大醉。但精神的作用，往往是难以解释的。回到星子岩，没有别的选择，一是没有代步，必须一步一步走到。二是过了祝胜里，就一片漆黑，必须在祝胜里买好一盏纸灯笼，还要设法预备一枝粗木棍，以便在阴黑甚至泥泞中一步一点，过宪兵五团附近的小石桥，走过一段怪鸟桀格的悬崖峭壁下，最后到星子岩前的一段坟地，则有时还传来远处的狼嗥声。必须带一根木棍，除为了指路外，也兼以防身。到了报馆，往往鞋子都来不及脱，倒在床上，就呼呼大睡了。到10点半模样，工友把我叫醒，

1 《徐铸成回忆录》，生活·读书·新知三联书店2010年1月版，第89页。

一把热毛巾，居然神志恢复，集中思想写社评和审阅稿件，直到天色微明（当时桂林的印刷条件是土纸、平版机，加上要等中央社最后一批稿子，等新闻检查处发回检讫稿同，等到看最后一版大样时，天色已大亮了）。[1]

徐铸成这段文字写得非常生动，直到如今，如果有谁愿意重走他当年走的这条路，过了六合圩，会发现路上情景与当年几乎一样，仍然非常荒僻，不同的是不会再有狼嗥声。

桂林版《大公报》有两大特色：一是重庆版《大公报》的记者子冈经常把重庆版《大公报》登不出来的内幕新闻寄给桂林版《大公报》刊登，桂林版《大公报》几乎每周刊登一篇子冈通讯；二是桂林版《大公报》的社评写得好，好在哪里？一言以蔽之，比重庆版开放许多，用徐铸成的话说就是"议论方针力主自由民主，政治上与重庆保持距离，一般不转载渝版社评，保持独立思考"[2]。

好的品质带来好的发行，徐铸成回忆说："桂林版发行等于桂林各报之总和，日销达六万多份，不仅桂、湘、粤到处畅销，即与重庆等距离之滇、黔各地，亦几成桂版之市场。"[3]

有一件事情可以看出当年桂林版《大公报》的影响力。有一次，徐铸成接到一个陌生电话，通话时才知道对方是蒋经国。蒋经国表示要到《大公报》拜访，徐铸成告之《大公报》处荒僻之地，无法通车。挂电话后，徐铸成亲自步行到城区励志社招待所拜访蒋经国，才知道蒋经国想在桂林版《大公报》发表他悼念赣南属上犹县县长王后庵的文章，此后，蒋经国还在桂林版《大公报》发表了他悼念南康县县长王继春的文章。徐铸成说："他这两篇情文并茂的文章，不先在《正气日报》刊出，而希望在桂林《大公报》发表，这也可反映桂林

1 《徐铸成回忆录》，生活·读书·新知三联书店 2010 年 1 月版，第 89—90 页。
2 《徐铸成回忆录》，生活·读书·新知三联书店 2010 年 1 月版，第 90—91 页。
3 《徐铸成回忆录》，生活·读书·新知三联书店 2010 年 1 月版，第 91 页。

《大公报》影响之大。”[1]

我的理解是，如今的六合圩就是当年的祝胜里，是当年从桂林城区到《大公报》的必经之地，不知是否准确。现在的六合圩是菜市、药市、书市的综合市场，当年大概有几十户人家和八九家小店，其中两家是饮食店。徐铸成经常经过祝胜里，免不了经常光顾这两家饮食店。当年这两家小店或许平常，如今回望，可能会觉得也有故事可以钩沉。这里不妨摘引徐铸成的一段文字，让人们感受一下当年祝胜里的风味：

> 祝胜里有两家小馆子，陈设简单，对我和我的同事们来说却极有吸引力。一家是湖南馆，两开间门面，是田汉同志的兄弟开的。我每次进城，必进店中落落脚，田老三胖胖的笑脸相迎。一碗菌油面或臊子面，十足湖南风味，现在想来，还要垂涎。另一家是北方小馆，简陋的一间竹屋，两张桌子，门上贴一张“故都风味”的市招，听说还是《大公报》营业部的一个职员代为题名和书写的。女老板和一个伙计，是从北京流亡来的，烧不出什么菜肴，拿手的面点也只有两种：水饺和馅儿饼，却都十分地道，韭菜猪肉都选料鲜嫩，饺子皮薄薄的，馅儿饼煎得透黄。如果有北方同事一路进城，我总被拖进去解解馋。[2]

田汉弟弟的湖南面馆，菌油面和臊子面；北京流亡者的故都风味，水饺和馅儿饼。我想，这些餐饮的主人，都不是专业的餐馆经营者，是战争把他们逼到桂林，是战争逼迫他们靠餐馆谋生。而他们的餐馆，他们地道的家乡面食，又满足了多少他们同乡的味蕾，慰藉了多少他们同乡的心灵。想及此，不由人不生出许多唏嘘、许多感喟。

---

1 《徐铸成回忆录》，生活 · 读书 · 新知三联书店 2010 年 1 月版，第 91 页。

2 徐铸成：《报海旧闻》，生活 · 读书 · 新知三联书店 2010 年 1 月版，第 353 页。

发现另一个广西的陈志良

民国时期，“李白黄”治下的广西，曾有模范省之誉，不少外省文化人，或不满所在省域的政治环境，或对广西建设成就怀抱向往之心，来到广西参观考察甚至工作定居。全面抗战开始以后，广西一度成为西南大后方的门户省份，数以万计的外省文化人流亡广西。这种情势，客观上加强了广西与外省的文化交流，促进了外省对广西的了解，广西逐渐从一个遭到忽略的省域变成一个广受关注的省域。外省文化人有关广西的各种描述，成为广西文化形象的重要建构。

我很早就注意到一部名为《广西特种部族歌谣集》的著作，这是一位名叫陈志良的作者编著的。

陈志良这个人，知道的人不多，甚至在专业领域，好像对他也缺乏了解。陈志良 1908 年出生于上海陆家嘴东面的其昌栈梅园宅，曾主编上海浦东早期地方报纸《东报》，1958 年在东北大学被划为“右派”退职回上海，1961 年在贫病交迫中死于上海提篮桥监狱。查阅陈志良履历，他显然是上海现代文化史上一个重要人物。然而，陈志良在民国时期的广西文化研究中更为重要，他留下了大量值得我们今天珍视的广西文化研究成果。

抗战时期桂林文化城的本土文化人朱荫龙曾如此评价陈志良：“上海陈志良，采辑岭西各族民谣 3000 余首，编成《粤西特种部族歌谣集》，自吴琪、李调元而后，此调绝响200年矣。”他因此诗赠陈志良：

近日选诗皆重爵，独君留意到民间。
采风桂管开峤雅，吹月芦笙舞峒蛮。
史迹久惊搜讨富，歌场应觉品题艰。
托身好自期千古，失笑群儿有谤讪。[1]

在《广西特种部族歌谣集》中，陈志良有两篇序，留下了有关他本人的一些信息：

良不敏，生平无他嗜，惟好读书，旅行，电影与闲谈，以及可以助长智识，增进阅历。其中以民族民俗，与古代社会，尤感兴趣。然半生劳顿，局处沪滨，旅行全国之举，有志未竟！江南沦陷，沪滨难安，走港来桂，方悉广西之有省立特种教育师资训练所，学生均系桂省特种部族之优秀青年，心向往之；承雷教厅长宾南，刘所长锡藩之盛情，如愿而往特师授课。授课之余，爰作民族民俗学上之采访。会黄景柏先生主持省府编译委员会出版事宜，以编辑特族歌谣事相委，予既好斯道，又抱“人弃我取”主义，欣然应允，即行收集，半年之间，得歌二千五百首，胥自手抄录，详加校勘，逐条排比，说明其内容，略加诠释，积稿渐多，乃成本书之上篇之研究文字。稿甫成而予亦离职，个人研究之计划，遽告中止，所幸拙稿尚存，一得之见，或能为斯学才之一助矣！

从这段文字，我们知道，陈志良有浓厚的民族民俗研究志趣，本在上海工作，因战争原因，到了桂林，曾在广西省立特种教育师资训

1　魏华龄主编：《朱荫龙诗文选》，漓江出版社1995年1月版，第32页。

练所任职，正好有了研究民族民俗的机会。任职期间，收集了2500首广西特种部族歌谣，完成了《广西特种部族歌谣集》一书。

这段文字写于1940年7月1日，可见陈志良此时已经完成了这部著作。然而,《广西特种部族歌谣集》的出版还是费了些周折，直到1942年11月才纳入“说文月刊丛书”，由中央银行经济研究处发行。此时，陈志良已在桂林中央银行任职。

《广西特种部族歌谣集》分上下两册。上册为著，是陈志良关于广西特种部族歌谣的研究。下册为编，是陈志良收集的大约3000首广西特种部族歌谣的汇集。

所谓特种部族，即少数民族。在陈志良眼里，广西的民族主要有苗、瑶、壮、夷、汉、其他共六大系统。他所收集的广西特种部族歌谣，主要是壮、瑶、苗、夷几大部族的歌谣，还包括少量侗人的歌谣，而以瑶族歌谣最多。

这些歌谣的来源，陈志良说得很清楚，大多数得之于广西省立特种教育师资训练所（后改名为“广西省立桂岭师范学校”）中的特族学生，有的是借抄于歌本，有的是录之于口头，有的予以翻译而成。这些歌谣的重要，按陈志良本人的说法，“其中都是未经在别处发表过的”。

陈志良将这些歌谣分成历史歌、古言歌、祭祀歌、礼仪歌、情歌、抗战建国歌、杂歌共七类，其中，情歌数量最多。

上册《歌谣之研究》中，陈志良专门写有一节《唱歌的鼻祖——刘三妹》，刘三妹即如今通称的刘三姐。这篇文章中，提到一个说法，即贺县过山瑶承认刘三妹是他们的始祖。文章中说，据过山瑶传说，刘三妹的父亲是姓刘，母亲姓山（三），父亲是上门的女婿，生下了她，因为“两不避亲”的关系，顶了刘山（三）两姓，故名刘三妹。瑶人女婿上门的风俗，是由刘三妹的父亲开始的。过山瑶在还愿时，一面祭盘王，同时亦祭刘三妹，因为她是瑶人的祖宗。这个说法如今似乎很少听到，故录此为证。

虽然陈志良撰写的《歌谣之研究》颇有价值，但如今，《广西特种部族歌谣集》最有价值的部分可能还是下册《歌谣集》，因为它保存了约3000首当时流传的广西各地少数民族歌谣。如果不是当年陈志良的悉心保存，如今，这些当年口口相传的歌谣可能已经荡然无存。

不妨抄录几首：

高王造天置明月，平王造地置江河；
仙人立得天子殿，鲁班置得象牙床。

——都安板瑶创造歌

女子送茶给罗汉，罗汉接杯而唱此歌。

多谢茶，一来多谢主家茶，二来多谢长江水，三来多谢妹银情。

女子答还罗汉的谢茶歌：

饮茶莫要多谢茶，茶是山中嫩木叶，妹女有心又有意，一心亲手递杯茶。

——三江白布苗茶歌

妹是天边一只凤，哥是海边一条龙；
妹在天边龙在海，几时龙凤得相逢。

——忻城盘瑶风流歌

这里仅录3首，为陈志良所收集3000首歌谣的千分之一。

前文引录陈志良序提到，陈志良对民族民俗与古代社会等专题特别有兴趣，就我目前读到的陈志良的文章，可知此言不虚。全面抗战爆发之后，文化人流亡广西，绝大多数人只是把广西当作暂时谋生的地方，但有很少的一些文化人，他们到了广西之后，对广西的少数民族文化和历史文化发生了兴趣，陈志良就是其中很突出的一人。

除《广西特种部族歌谣集》一书外，陈志良还撰写了不少文章，我读过的就有《广西特种部族的舞蹈与音乐》《广西特种部族的新年》《广西异俗志》《漫俗札记》《恭城大土瑶的礼俗与传说》《铜鼓研究发凡》《桂林开元寺考》《桂林西山考古记》等。

这些论文研究的都是民族学、民俗学、历史学、文物学上的一个个专题，在此显然无法说清楚，但可以看出，陈志良旅居桂林、研究广西，形成了与当时许多人不同的对于广西的认识。比如，在《漫俗札记》一文中，他开宗明义告诉我们："广西是个山国，且有大量特种部族生息着，他们是中华民族中之老大哥，然而都处深山峻岭，久与外界隔绝，几为世人遗忘。可是他们的生活、习俗、体格等等，却为学术文化上之宝库。"在《桂林西山考古记》一文中，他同样一开始就说："广西僻处南方，交通不便，故文化落后，这是无可讳言的事实，然而一般人以为广西是蛮荒之地，古代无文化可言，这亦未免过甚。可是广西虽有悠久的史迹可考，真确的文献可证，然而不为一般人所注意，长使古物名迹，埋没不彰。"的确，外省人陈志良此言一方面固然是在纠正外界认为广西是文化蛮荒之地的偏见，另一方面，也未免不是提醒广西人自己要有保护文化古物名迹、研究民族文化遗产的文化自觉。

桂林籍音乐家满谦子

许多文献都记载了 1938 年 1 月 8 日夜晚在桂林体育场举行的那次火炬公唱大会，满谦子是大会总指挥。他一手握麦克风，一手拿手电筒，用手电筒光点代替音乐拍点的形象，永远地留在了参与这项活动的人们的脑海中。

满谦子，桂林荔浦人，1903 年 9 月 14 日生于荔浦县青山乡满洞村。父亲满文锦为清末拔贡，做过教师、科员，当过科长、局长和县长。

据王小昆的研究，满谦子从小受桂剧、彩调、文场等桂林民间音乐的熏陶，热爱音乐，喜欢唱歌，很早就学会了拉二胡、弹扬琴，有音乐天赋。1920 年随父母到广州，考入岭南大学附中，在这里读至毕业，与冼星海同学，接触到西洋音乐。1924 年考入岭南大学西洋文学系英语专业。不久辍学回桂林，先后在荔浦、桂林、平乐任教。

满谦子对音乐充满热爱，其父却希望他学文做官，认为平头百姓都会唱山歌，不同意满谦子花钱去学那“下贱行当”。所幸的是满父对广西大学校长马君武颇为尊重，当满谦子执意想学音乐的时候，满父建议他去征求马君武博士的意见。没想到马君武对满谦子的音乐爱好颇为欣赏，促使满父不再阻拦满谦子求学音乐的愿望。在马君武的启发和鼓励下，满谦子跑到上海考上了刚刚创立两年的上海国立音专。

艺术师资训练班宣传队在正阳门城楼合影（徐小阳提供）

上海国立音专是中国第一所现代高等音乐学校。满谦子在这里师从周淑安、应尚能学习声乐，师从黄自学习理论作曲，副科钢琴，成绩优异，成为一名出色的抒情男中音。

1935年在上海国立音专毕业后，满谦子应当时广西教育厅厅长雷沛鸿的邀请，作为广西第一位正规学习现代音乐的专业人才，回广西担任教育厅音乐编审。

在广西教育厅任职期间，满谦子编写了小学和中学音乐教科书两册以用于教学，并用三个学期的时间到广西各地普查中小学音乐教学情况，在调查的基础上，提出了创办广西省会国民基础学校艺术师资训练班的建议。1938年，广西省会国民基础学校艺术师资培训班成立，满谦子担任班主任，聘请了徐悲鸿、吴伯超、汪丽芳、张安治、丰子恺、陆华柏等担任专业教师。广西省会国民基础学校艺术师资培训班即为如今的广西艺术学院的前身。

这时的中国，已经发生过九一八事变，满谦子在上海求学时，也经历过“一·二八”淞沪抗战，毕业回到广西后，正赶上“建设广西、复兴中国”的热潮，因此，回到广西的满谦子，他的音乐活动与抗战这一时代主题发生了深刻的关联。

阚培桐编《救亡之声》选录了满谦子的七首抗战题材歌曲，分别是《出操》《抵抗》《广西航空学校校歌》《军训歌》《民团歌》《前进》《征兵歌》。其中，《抵抗》《广西航空学校校歌》《民团歌》《前进》《征兵歌》的词曲皆由满谦子创作。这些歌曲绝大多数为1936年以前创作，其中，《抵抗》虽然创作于1937年，但同样是由之前的《军训歌》改编而来。

这些歌词形象地记录了全面抗战爆发之前广西军民未雨绸缪、秣马厉兵、万众一心、准备抗战的状况。

《抵抗》歌词如下：

国事太凄惶，国事太凄惶，锦绣河山将沦亡！
东邻西侵，如虎如狼。
有血有志，何能袖手彷徨。
大家一齐奋起，努力抗战杀强敌。
复我河山，固我边疆，救国救民，全在我们的肩上。
同胞们，莫畏惧，荷着枪儿快上战场。
同胞们，莫颓丧，奋起精神齐抵抗。

这首歌由《军训歌》改编而来，军训的目的正是为了抵抗。歌词对全面抗战爆发前广西军事建设的目的进行了形象的解说。

《民团歌》歌词如下：

谁能捍卫我国家？惟我广西民团。
谁能复兴我民族？惟我广西民团。
我们有强壮的身体，我们有热烈的肝胆。
我们要保护民众一千三百万，我们要固守国防镇边关。

我们不会咬文嚼字，我们只会流血流汗。
我们不会哀求讨好，我们只会苦干硬干。
流血，流汗，才是英雄，苦干，硬干，才是好汉。
快奋起，同志们，莫长吁短叹，救亡，救乱，任重如山。
快努力，同志们，莫偷闲苟安，强国，强种，惟我民团。

这是一首具有许多广西元素的歌曲。全面抗战爆发前，广西人口1300万，民团是当时广西军队“寓征于募”的重要渠道，苦干硬干、流血流汗、强国强种皆为当时广西宣传的主流口号。七七事变之后，广西能在短时间内动员数十万军队开赴抗战前线，广西的民团建设是关键的铺垫。

《征兵歌》歌词如下：

征兵，征兵，征兵，征兵之道古盛行。
莫说好仔不当兵，当兵才是好国民。
国势已危，山河将倾，大家快把义务尽。
杀敌雪耻，救国救民，此时正好献身心。
同胞们，快猛醒，国土沦亡家怎兴？
同胞们，莫恋家庭，快快奋勇来从军。
快从军，快快来从军。
随我领袖向前进，我们的前途，有无限的光明！
我们的前途，有无限的光明！

征兵需要宣传鼓动，满谦子的《征兵歌》充满激情，极具鼓动的力量。有一个说法，全面抗战八年，广西为国家提供了100万兵员。毫无疑问，满谦子的《征兵歌》是起了作用的。

毫无疑问，满谦子是桂林抗战文化重要的组织者和推广者，更是广西现代高等艺术教育的倡导者和奠基人。作为广西第一个现代作曲家，他创作了许多抗战题材的歌曲，直接服务于抗战。这些歌曲的思想内涵自不当说，其艺术品质，按照音乐专业人士、抗战桂林音乐文化研究专家王小昆先生的说法，“水平不亚于同时代任何一位作曲家的作品”。我想，满谦子的音乐作品值得今天的我们去研究，也值得今天的音乐工作者去传唱和推广。

容县美人封凤子

广西容县以将军县著称，民国时期有将军近百名，仅次于蒋介石家乡浙江奉化县。容县不仅出将军，也出美人，有古籍记载，唐代美人杨贵妃为容县人，在现代，容县又出了一个美人封季壬。

封季壬这个名字，知者寥寥，但说起封凤子，知道的人或许不少。

封季壬，广西容县杨梅镇石岭村人，祖父封蔚礽为咸丰年间进士，父亲封祝祁也是举人出身，民国时期曾任广西通志馆馆长，是典型的书香门第家庭。封季壬为封祝祁第十个孩子，1912年出生于武汉汉口，因生得漂亮，父亲称她为二等美人，以“亚美”为乳名。

有一个叫郭朋的，写过一篇《忆凤子》，这样说：

> 她有一头乌黑烫成波浪形的发丝，一张白皙微圆的脸，还有一张小巧玲珑的嘴，一位大学教授赞过她的鼻子是属于希腊型的，更有许多名流说：“她的美并不在于面庞，而是她所特具的一种娴雅风度。”我这里只是将别人的意见举了几点，还有一位当代的名诗人，为颂扬她那秀美的风姿，曾写下了许多优美的十四行诗。

还有一个叫野丁的作者，写有一篇《孙毓棠和凤子》：

（凤子）是个中等身材，有着一双大眼睛的女人，她的脸蛋相当美丽，那浓黑的眉毛及微圆的嘴唇都给人以诱惑，她说话软抑，北京话讲得十分流利，音调有一股媚劲，所以动人。

封季壬不仅长得漂亮，而且学习很好。她虽然只在小学六年级读过一年书，1923 年却考上了汉口女子二中。在汉口女子二中，封季壬参加了田汉话剧《南归》《苏州夜话》的演出，1927 年更是参加了一台大戏《空谷幽兰》的演出，从此喜欢上了戏剧，爱上了舞台。

1930 年，封季壬进入了马君武担任校长的上海公学预科班，1931 年转到上海大夏大学学习。1932 年秋，封季壬考上了复旦大学中文系。正是在复旦大学，她参加了复旦剧社大型喜剧《委曲求全》的演出。因为担心家乡族人认为她不好好读书，当“戏子”辱没家风，她演出时不敢用真名封季壬，而取了个艺名“凤子”。“凤子”这个名字后来又成了她的笔名。从此，“封季壬”几无人知，“凤子”的知名度却与日俱增。

如今，说到话剧，毫无疑问，曹禺是中国现代话剧史上成就最高的剧作家，其《雷雨》《日出》《原野》《北京人》堪称中国现代话剧四大经典。话剧是综合艺术，有了一剧之本，如何转化成舞台作品，还需要导演和演员的合力。凤子是《雷雨》上海首演的主演，当时她扮演的是四凤；她也是《日出》首次搬上舞台的主演，扮演的是陈白露；她还是曹禺亲自导演的《原野》的主演，饰演花金子，该剧 1939 年 8 月在昆明公演，轰动全城；1942 年 6 月，她参加排演的《北京人》在桂林国民大戏院上演。可见，凤子在曹禺四部经典话剧中都扮演了重要角色，在曹禺剧作搬上舞台和经典化过程中，功不可没。

凤子曾写过一篇文章《一个未能实现的愿望——回忆我与欧阳予倩先生在桂林的两次合作》。

这两次合作的第一次是 1937 年冬至 1938 年春，当时凤子和孙毓棠在阳翰笙编剧、欧阳予倩导演的话剧《前夜》担任主演。据《抗战时期文化名人在桂林》一书称：欧阳予倩对凤子的表演极其满意，说导演过多少戏，从没有这样满意的演员。我记得有文章称欧阳予倩对孙毓棠的表演也很满意，说他是国内最好的男演员。孙毓棠是西南联大历史系教师，他同时也是一个诗人，1937 年，其长诗《宝马》与曹禺的剧本《日出》、何其芳的散文集《画梦录》、师陀的短篇小说集《谷》一起荣获沈从文和萧乾主持的“大公报文艺奖金”，是罕见的集历史学家、诗人、话剧演员于一身的人物。孙毓棠是凤子的第一任丈夫。1937 年，凤子到日本参加《日出》的演出，扮演剧中的陈白露。当时孙毓棠正在日本东京帝国大学留学，他们在日本相识并坠入情网，结婚后他们曾经在昆明共同生活过一段和谐美满的日子，但后来凤子独自离开昆明，去了重庆。凤子离开孙毓棠，据说与曹禺有关，另有说法是与西南联大另一位戏剧家教授陈铨有关。凤子与孙毓棠的婚姻，随着抗战胜利也走到了尽头。

凤子与欧阳予倩在桂林的第二次合作是在 1942 年春夏，她在阳翰笙编剧、欧阳予倩导演的话剧《天国春秋》中扮演傅善祥一角。这时候的凤子虽然尚未与孙毓棠离婚，但两人已经不在一起生活。这一次到桂林，凤子除参加了《北京人》和《天国春秋》的演出之外，还应出版人丁君匋的邀请，接编了文艺月刊《人世间》。《人世间》原由上海光明书局出版，1941 年底迁移到桂林。由凤子署名编辑的《人世间》出版了六期。

凤子不仅是出色的表演艺术家、优秀的编辑家，而且是一个小有成就的作家。郭朋在《忆凤子》中说：

> 凤子不但是演戏的，她还是一个著名的女作家。她最擅长的是写些散文小品之类，假如说冰心的文字是以细腻见胜，又或者说谢冰莹、丁玲的风格可以用刚健朴实来代表，那么凤子的小品文章则是属于所谓“隽雅冲淡”的一类。她写这类文字确具有卓越的天才，极其通俗的题材经她略为渲染，就替读者衬出一幅素

雅的速写来，读她的文章正好比品一杯上好的龙井茶，可以发现无穷的味道。

我专门找了凤子的一些散文和小说来阅读。

1942年5月，凤子在桂林的时候写有一篇散文《归乡》。这篇文章是写香港沦陷后她回家乡容县的见闻。文章不短，内涵也比较丰富，颇经得起分析，不妨摘录一个片段：

一天，我陪父亲上五坪坝去看几位叔祖和本家哥子，还是早上七点钟，住在城里的人有些还在睡梦里，而几位叔祖却早已下田工作了半晌了。等到十七叔祖放牛归来，远远望见四条牛，牛后面跟着一位五十多岁的农夫，父亲便招呼道：

"好勤呵，早上就做完了工了么？"

"没有呀，这个姑娘是……"

"排第十的，我顶小的女。"

当父亲同十七叔祖谈话间，我跟着走进院子里，院里有两排土墙瓦房，院子里农具很多，这一家人工作极勤勉。他们的子女也有在附近城里读中学的，家里已是可过的人家了，但，田里的事还靠自己一双手。关于这一家人，早就有一些传奇式的传说，不知从哪一位祖宗起，想从穷困中翻个身，靠着一身气力跑去了南洋，海水隔不断乡思，凭气力换来的钱帛，终于在故乡治了田产，做祖父的说：

"在自己土地上凭自己的气力总有饭吃，我不希望儿孙再喝海水，我的骨头将来也还是要埋在故乡的土地里。"

这话传给了儿孙，到了叔祖父这一代，已经是同族中拥有最多的田产的一房人，然而，那位十七叔祖仍然早夕忙于田事，就是已近七十岁的三叔祖，两只脚和腿上永远黏上一层黄土，精神似乎比我父亲健朗得多。

我听着父亲和他们谈论着本村里一些问题，他们非常谦虚地听着别人的意见，态度是那么和蔼，诚恳。生活基础建筑在自己劳力上的人，思想也简单纯朴得多。

几位祖婶殷勤地留我吃“朝”，我谢了。在乡下留吃一顿饭看起来是一件大的花费，我不忍心打扰他们。

从五坪坝出来，我一直兴奋着。我想多了解一点这一房人的生活。那土屋，那竹林，那些耕牛，那一片田野，和那几位老人诚恳坦率的谈话，这一切一直在我的脑子里萦回不已。眼前这一幅安静和平的世界，不就是他们所享有的吗？

《归乡》一文长达五六千字，这段文字所描绘的十七叔祖一家人与故乡土地的那种亲密情感，真是令人羡慕。不过，想想后来发生的一切，这种生活状态终于成为人们遥不可及的世外桃源，令人感慨。

我觉得抗战时期凤子的散文有较强的真实性。《归乡》一文的题旨并不是想歌颂乡村之美，因为文章还写了许多乡村的封闭和凤子本人对乡村的不适应，但即便如此，凤子还是写到了那个时代乡村某个动人的侧面，让我们感受到乡村那种恒常生活的某种合理性。显然，这时候凤子的散文，内涵还是相当丰富、情感还是富有张力的。

虽然凤子在桂林生活的时间并不长，但凤子对桂林还是颇有感情的。她写过多篇忆念桂林的文章，如《念桂林》《山城》《山城散记》等。《山城》一文，她记录了她所见到的漓江船夫的生活。如今漓江每年都有数百万的游客，相信他们看不到这番景象。当然，我在桂林生活了数十年，也未见过，于是，这成为凤子为我们保留的珍贵的漓江风景：

漓江里不断的有上游的船只，大半是载货或载客，那样沉，吃水很深。漓江滩多，上驶很艰难。漫步堤岸，田径，随时可以听到很刺耳的吆喝声。于是，一串人影从山的那面爬了出来。拉纤的辛劳似还不及撑船佬，人数比数一样，撑船的握着碗样粗的竹竿，从船头撑到船尾，两列近十人，一声递一声，撑篙支在腋下，身体渐渐伏倒与船一样平。那呼喊打在水面，邀来一片深山旷野中所独有的回声，令人悚然。

广西内河行路，颇有足述的。尤其当傍晚靠岸，举目荒野一片，独有这些一天辛劳的船夫，纵身跳进河里，凉水洗去了一身的疲倦，他们天真地笑谈起来，仿佛天地是属于他们所有的。对于一个寂寞的旅客，这是一种令人难于忍受的骄傲。

"仿佛天地是属于他们所有的"，在如今游客拥塞的漓江，还能感受这样的境界吗？凤子的文字，确实如"一杯上好的龙井茶，可以发现无穷的味道"。

抗战胜利后，凤子嫁给了比她小三岁的在华工作的美国青年律师沙博理。他们相濡以沫近半个世纪，直到凤子去世。沙博理于1963年由周恩来总理批准加入中国国籍，是当时第一批加入中国国籍的外国人。他在其自传《我的中国》里这样写道：

凤子于我不只是一个妻子，她是中国不可分割的一部分，是流淌在中国和我之间的一条不断溪流，其间流淌着一个民族、一种文化、一个社会的精髓。由于凤子，我才能适应并且心满意足地生活在中国，她已成为我的中国。凤子，Phoenix，凤凰，我爱上了凤，也爱上了龙。了解和热爱中国龙，使我更加热爱和珍视我的中国的凤。

桂林籍文艺家李文钊

在阅读抗战时期桂林文化城史料时，有一个桂林籍人物引起我的注意，他就是李文钊。

很难给这个人物定位，虽然他曾经有少将军衔，但很难把他当作武人；虽然他酷爱戏剧，但似乎也不能称他为戏剧家；他写了不少文章、歌词，但文学史和音乐史上找不到他的名字。然而，抗战时期的桂林文化城，李文钊却是一个相当有影响的人物。

比如，他曾经做过国防艺术社的社长。我曾经专门写过有关国防艺术社的文章，这里不再重复。如今我们可以在桂林著名的象鼻山公园大门附近看到国防艺术社的纪念石刻，其在抗战时期的影响可见一斑。

1938 年 12 月，桂林成立桂林战时文艺工作者联谊会，联谊会的理事包括李文钊、艾青、阳太阳、黄药眠、欧阳凡海、林林、周钢鸣七人。或许是因为李文钊在抗战文化运动中的领导才能，他被公推为临时主席。

1939 年 7 月，桂林文艺工作者集会商议成立中华全国文艺界抗敌协会桂林分会，艾芜、艾青、盛成、舒群、胡愈之、王鲁彦、夏衍、田汉等 23 人为筹备委员，李文钊亦是其中之一。1939 年 10 月，中华全国文艺界抗敌协会桂林分会成立，李文钊是中华全国文艺界抗敌协会桂林分会连续五届的理事，并且是一、二、三届的常务理事。

李文钊还是抗战歌咏团的团长。1938 年出版的《抗战中的广西动态》专门介绍了抗战歌咏团。从中我们得知，抗战歌咏团是第五路军政训处、国防艺术社音乐部和乐群社文化部统一主办的，其宗旨是：激发士气，振奋民心，增强抗战力量。

抗战歌咏团的工作分三个时期。第一期为高级组的训练，推动桂林市区各中等以上学校和省立小学的歌咏工作。第二期进行桂林市各中心学校及各镇街民众的歌咏训练，由第一期高级组的团员分任各组教练。第三期是其他各地歌咏运动的推进。《抗战中的广西动态》称："第一期团员，已超过七千人。第二期至少有二万人以上，第三期更不用说了。"[1] 轰动全国的 1938 年 1 月 8 日的火炬公唱大会，就是抗战歌咏团第一期的总结。

李文钊写过一首《抗战歌咏团团歌》：

唱呀，朋友！
排山的人群，
掀浪的歌声，
结成伟大的力的奔流。
不可侮的四万万七千万的神明华胄，
一致奋起做最后的战斗！
我们没有第二条路可走，
只有用我们的血，我们的肉，
争取我们的自由。
六十年来的横暴欺凌，
我们再也不能忍受。
我们铁一般的意志，

1 《抗战中的广西动态》，上海抗战编辑社 1938 年 4 月版，第 67 页。

誓死要粉碎东方的强寇！
唱呀！朋友！
排山的人群，
掀浪的歌声，
结成伟大的力的奔流。

歌词很形象地写出了当年抗战歌咏团的气势和力量。

抗战歌咏团组织广西民众和学生主要唱什么歌呢？《抗战中的广西动态》告诉我们：“关于歌曲，如《打回老家去》，《自卫歌》，《自由神歌》，《新女性歌》等等，据说在广西已经成为‘过去的歌曲’，他们现在使用的歌曲，除了第五路军司令部政训处选印的《抗战歌集》和《救亡歌曲》以外，便多是由政训处国艺社工作人员自制的，像《广西学生军军歌》，《伟大的民团》，《前进》，《火线》，《乡姑娘》，《我们昂首入战场》及《征兵歌》等等。这些歌曲值得注意的，一方面是内容偏重广西抗敌精神的发挥，另一方面是极力迎合本地人的口调，例如《乡姑娘》，虽然他利用的是俄国歌谣的原谱，但内容却是广西的乡姑娘劝勉她的种地亚哥去杀敌救国，又如《伟大的民团》，也运用广西向所流行的男女对唱的结构，鼓励男女青年去当团兵，这种向大众化迈进的方式，实在是当前各地救亡歌咏运动者值得效法的。”[1]

这段文字中提到的几首歌，如《广西学生军军歌》《伟大的民团》《乡姑娘》，正好是李文钊作词的。

用如今的话说，当年广西的学生军、民团都是极具创新性的事物，在全国产生了广泛的影响，在抗战中起到了积极的作用。我们从李文钊的歌词或许能感受到当年广西学生军和民团的精神风采。

请看这首《广西学生军军歌》：

1 《抗战中的广西动态》，上海抗战编辑社 1938 年 4 月版，第 67—68 页。

我们是广西青年学生军，
我们是铁打的一群，
在伟大的时代里负起伟大的使命。
我们抱定勇敢坚强，不怕牺牲的精神。
我们要和前线将士、全国同胞誓死战胜我们的敌人！
我们为国家谋独立，为民族争生存，
为人类伸正义，为世界求和平。
在伟大的时代里负起伟大的使命。
我们是铁打的一群，我们是广西青年学生军。

历史会记住广西学生军，李文钊为广西学生军军歌所作的歌词，也会因广西学生军而被记住。

李文钊生于1899年，1917年考入广西省立法政专门学校第一期法律系。根据徐君慧的文章，李文钊在法政专门学校期间就曾经与其弟李征凤合作编写话剧《朝鲜亡国痛史》，并借慈善会舞台公演。这是广西戏剧史上第一个公演的话剧，也是李文钊与戏剧结缘的开始。我曾经根据史料把广西话剧的开端说成为广西师专的话剧演出，后来又说成是南宁二一剧团的话剧演出，看来都不对。广西话剧的开端还得溯源到李文钊在法政专门学校期间的话剧演出。这个时间比二一剧团和广西师专的话剧活动提前了十多年。也就是说，李文钊是广西话剧最早的实践者。后来，李文钊在主持国防艺术社期间，曾经仗义支持欧阳予倩的桂剧改革，大力推动桂林戏剧运动，为桂林营造了相当好的戏剧文化环境。欧阳予倩最初产生影响的桂剧《梁红玉》，正是在李文钊的帮助下公开出版的。尤其值得记录的是，离开国防艺术社之后，李文钊在桂林东江福隆街租了一栋小木楼，创办了新中国剧社。为创办新中国剧社，他不惜卖首饰和房子，以维持剧社的日常运营。2014年，我们新西南剧展演出的《秋声赋》就是当年由田汉编剧、瞿白音导演、新中国剧社演出的轰动桂林的话剧。今后人们研究广西话剧史，绝不能绕过李文钊。他在广西话剧的肇始、广西话剧的推动、广西话剧的高潮各个阶段，都是举足轻重的人物。

除了音乐和戏剧，李文钊在出版领域亦有建树，他主持创办了《创进》《战时艺术》《诗创作》等刊物。这些刊物都是抗战时期桂林、广西乃至全国具有较大影响的刊物，值得专文讨论。

前辈学者魏华龄、唐国英、徐君慧分别写过有关李文钊的文章，较注重李文钊抗战文化运动组织者的身份。本书借鉴了他们文中提供的史料，与他们不同的是，本书更侧重李文钊作为一个文艺作品写作者的身份。虽然李文钊并不以作家、艺术家的身份名世，但他确实创作了一些文艺作品，撰写了不少文艺评论文章。广西是一个少数民族地区，李文钊的歌词创作很注意广西的山歌元素，如由他撰写歌词的著名的《桐花谣》：

（序曲）
唱歌要唱歌，
唱个眼前花啊！
去年岭上栽花树啊，
今年到处啊是桐花啊！
哎啊。

（正文）
桐花开呀，
妹提花篮走过来，
广西今年生产好呀，
桐花开遍满村街哪满村街。呼喂。

桐花开呀，
敌机常到这边来，

如今敌人打北海呀，
劝哥不要太心开哪太心开。呼喂。

桐花香呀，
问妹出嫁是招郎？
妹要招郎就招我呀，
会拿锄头会打枪哪会打枪。呼喂。

桐花香呀，
听哥说话好刚强，
男儿当要为国死呀，
缘何不去打东洋哪打东洋。

桐花黄呀，
情哥明明上战场，
哥去当兵打日本呀，
妹你不要嫁别郎嫁别郎。

桐花黄呀，
哥今别妹莫心伤，
妹在家中种田地呀，
送到前线做军粮哪做军粮。

桐花落呀，
妹妹说话见识多，
莫为分别流眼泪呀，
要流热血救中国哪救中国。

桐花落呀，
海枯石烂等情哥，
明年花开哥回转呀，
那时齐唱自由歌哪自由歌。

（尾声）
桐花结子满树青呀
吔留吔留，
妹妹和田哥当兵，
大家合力杀敌人。
玲珑朗哎哟！

桐花结子满树青呀
吔留吔留，
千万个人哪一条心，
保卫家乡哪享太平。
玲珑朗哎哟！

这是山歌，也是山歌剧，因为《桐花谣》的出现，广西少数民族的歌舞艺术在桂林文化城这个全国性的文化平台引起了广泛的注意。

在文化城中成长的桂林文人罗孚

罗孚，原名罗承勋，1921年生于桂林，家住正阳门旁边，小学在王城里就读，中学读的是桂林中学，成绩优秀，家贫不能上大学。1941年，《大公报》桂林版创刊，在桂林招聘了五个外勤记者，其中有曾敏之，20岁的罗承勋亦是其中之一。他是由当时桂林著名的才子朱荫龙推荐的，最初在《大公报》负责资料工作。

关于罗承勋在《大公报》的情况，当时桂林版《大公报》总编辑徐铸成有一段回忆：

> （罗承勋是朱荫龙的）得意门生，年龄最小，却最聪明，语文已有一定根底，也勤于做事。果然，我看他工作负责，且善于学习。他把资料室搞得井井有条，对编辑工作提供了很大的方便。举个例子，我的工作习惯，向例在下午休息后，即到编辑部翻阅各地报纸和新出的书刊，初步决定当晚打算写的社论。比如说，准备写斯大林格勒正在紧张进行的战役，就告诉他，最近看到哪些可供参考的资料。到晚上我9时左右上班时，他已把这些资料和有关剪报整整齐齐叠放在我桌边，不多不少，恰如我所希望要查的，每次都是如此。大约半年后，增出《大公晚报》，我鼓励他试写些稿子，不久就派他兼任副刊的助编，翌年升为正式

编辑。[1]

罗承勋的儿子罗海雷在《我的父亲罗孚》一书中，亦对罗孚初入《大公报》的情况有所叙述，其中有一段：

> 父亲还记得，徐铸成欣赏他的第一篇文字，是根据资料写的有关台湾的介绍。当年开罗宣言发表，台湾将要归还中国。他要父亲写点东西，介绍被日本霸占了几十年，我们不免有些陌生的失去的国土，父亲当时充满着激情，写了《我们这美丽岛》，把一篇可能枯燥的文字，写得充满了感情。徐用显著的地位以特栏的方式刊出。因此认为孺子可教，后来更把晚报副刊的担子也交给父亲挑了。[2]

1944年9月，桂林进行“强迫疏散”，最后期限设定为9月14日，此日之后若还在桂林城停留将受到“军法从事”。桂林版《大公报》9月12日出版了最后一张之后宣布停刊，《大公报》员工徒步前往重庆。

到重庆后，罗承勋在负责《大公晚报》副刊《小公园》的同时，为宋云彬编辑的《民主周刊》写专栏文字，后结集为《太平人语》在沈阳出版，这是他的第一本书。

1948年，香港版《大公报》恢复，罗承勋成为恢复后的香港《大公报》第一批员工。这一年，在重庆已经成为中共同路人的罗承勋加入了中国共产党。后来香港《大公报》不少人回到内地，罗承勋成为《大公报》当年唯一留在香港的中共党员。

1949年春天，香港《大公报》起义，成为左派报纸，接受新华

---

1 徐铸成：《报海旧闻》，生活·读书·新知三联书店2010年1月版，第369页。

2 罗海雷：《我的父亲罗孚》，天地图书有限公司2011年7月版，第30页。

社的领导，在香港继续出版发行。1950 年 10 月，香港《大公报》子报《新晚报》创刊，罗承勋主管《新晚报》要闻和副刊。主持《新晚报》后，罗承勋以“罗孚”为名登记了身份证，从此罗孚成为他的名字。当年的《新晚报》阵容强大，有所谓“唐宋金梁”四大名家：唐就是笔名唐人、《金陵春梦》的作者严庆澍，宋是笔名宋乔、《侍卫官杂记》的作者周榆瑞，金是金庸，梁即梁羽生。

自 1982 年 4 月起，罗孚在北京一住就是 11 年。在北京期间，他与许多文坛名宿交往，并以柳苏为笔名，写了大量散文随笔，结集出版的作品主要有《香港，香港》《香港文坛剪影》。

1993 年，罗孚回归香港，笔耕不辍，结集出版的作品主要有《北京十年》《燕山诗话》《文苑缤纷》。

罗孚本职为报人，长期编辑名报副刊，为人随和，与许多文化人有笔墨之交，参与和知道大量文坛掌故。他长期从事统战工作，与统战高层有长期的联系，参与和了解许多内幕。加上他本人颇有风雅之好，喜爱收藏美术作品，知识丰富，才思敏捷，所有这些，决定了他的散文随笔具有不同寻常的价值。多年前，我曾写过一篇介绍罗孚的短文《慧眼罗孚　妙手柳苏》，意思是作为编辑的罗孚推出了不少文坛名家名著，作为作家的柳苏（罗孚在北京居住时的笔名）文章写得漂亮。此论似未过时，仍可沿用。

比如，中国当代文学史上有一部很重要的著作周作人的《知堂回想录》，这部回忆录的作者和内容对于中国现代文学史都非常重要。罗孚的《回想〈知堂回想录〉》就专门回忆了《知堂回想录》的写作和刊出过程。文章告诉我们：

> 《知堂回想录》是周作人一生中最后的一部著作。1960 年 12 月开始写作，1962 年 11 月完成。这以后他虽然仍有写作，但作为完整的书，这却是最后的、也是他晚年著作中最重要的一部。
>
> 书是曹聚仁建议他写的。当时我们都在香港工作，有一次曹

聚仁谈起他这个想法，我是说这是个好主意，可以在香港《新晚报》的副刊上连载。曹聚仁于是写信给周作人。在周作人看来，这是《新晚报》向他拉稿，尽管也可以这样说，但说得准确些，拉稿的其实是曹聚仁，因为立意和写作的都是他。

短短两段文字，把《知堂回想录》的来源交代得清清楚楚。稿子约来之后，又有许多周折，许多故事，罗孚在文章中都做了交代，这里无法一一道来，但由此我们就可以推想罗孚这篇文章的价值了。

长期编副刊的罗孚有“香港文学界的伯乐”的称号。当年正是他催生了梁羽生和金庸的新派武侠小说。到北京后，他曾经写过一篇《你一定要看董桥》。文章洋洋数千言，重点写董桥文风之“野”。文章末尾有一段：

我想起董酒。这名酒初初大行其道，在香港还是稀罕之物时，我从内地带了一瓶回去，特别邀集了几位朋友共赏，主宾就是董桥，不为别的，就为了这酒和他同姓，他可以指点着说：“此是吾家物。”在我看来，董文如董酒，应该是名产。董酒是遵义的名产，董文是香港的名产——确切些说应该是香港的名产，它至今在产地还没有得到相应的知名度。

此文出，内地读者始知香港文坛有一文章高手董桥。于是，董桥名满内地文坛，读董桥成为内地坊间一时风习，罗孚亦被视作“董桥风靡内地的推手”，由此可见罗孚文章的魅力。

2004 年，罗孚写《忆孙毓棠和几位老师》，回忆他在桂林中学读书时的几位老师，其中重点写到孙毓棠：

我们的老师，也有真正的大作家，那就是“宝马”诗人孙毓棠。他本来是清华大学历史系的教授，对汉史很有研究。但他爱写新体诗，出了一本诗集《海盗船》，使他诗名大振的更是长篇历史叙事诗《宝马》。宝马又称天马，是汉朝西域大宛国的一种骏马，据说日行千里，其快如飞，汗从前肩膊出，颜色红得像血，称为汗血马，将军李广利灭了大宛国，斩了大宛王的首级，把汗血马献给汉武帝，还作了一首《西极天马之歌》。《宝马》就是写李广利如何远征西域，夺得汗血马的故事。诗长五六百行，是中国前所未有的长篇史诗。

孙毓棠在桂中教的是历史，但我没有上过他的课，只是见他在校园中来去匆匆，风度翩翩，很令人仰慕。

他虽然没有教过我，我却总是记得他，因为他在桂林城中的下榻之处，是我姐夫的住所。那是大姐夫妇所买下的房子，楼上有空，就租了给他，位置在王城边上的中华路。虽是木楼，但在当时已是不错的房子了。

孙毓棠夫妇住在那里。他的夫人是一位名演员。舞台上演的是曹禺《日出》中的陈白露。她名叫封禾子，后来改名为封凤子。人们就叫她凤子。她是复旦大学的校花，不知在哪里当上了孙毓棠导演的《日出》的主角。两人因舞台结缘而结为夫妇。原来孙毓棠不仅是学者、诗人，还是一位戏剧家——导演。

读《忆孙毓棠和几位老师》，不仅能让我们了解许多抗战桂林文化城的情况，而且，也能体会到年逾八十的罗孚先生的乡情。

桂林中学高中生陈文统

这个标题有点故弄玄虚的意思。乍一看，陈文统，名不见经传。不过，如果知道陈文统就是梁羽生，读者也就会心一笑了。

梁羽生，与金庸、古龙齐名的港台新派武侠小说家。20 世纪 80 年代，梁羽生的武侠小说最先进入内地，掀起武侠小说热潮。其实，这种开风气的行为，对于梁羽生并不是第一次。1954 年，也是他首先在香港《新晚报》发表武侠小说，成为港台新派武侠小说的鼻祖。

我最初接触梁羽生的武侠小说，是 1981 年的寒假。当时我在北京口腔医院住院，除了到附近的陶然亭看看风景，大量的时间就是在病房里看书，其中一本就是梁羽生的《萍踪侠影录》。那时我只觉得小说写得好看，一口气读完，很过瘾，甚至连作者名字也没去注意。

1985 年，梁羽生的武侠小说开始在内地热销，我认识的一个小学生整天捧读梁羽生的书，诸如《七剑下天山》《白发魔女传》《冰山天女传》。我这才发现，当年我读的《萍踪侠影录》原来是梁羽生的作品。这段时间，我读了梁羽生的几部小说，其中，给我留下深刻印象的是《云海玉弓缘》，小说中金世遗这个人物让我难以忘怀。

梁羽生，广西蒙山人。蒙山，是太平天国开国封王之地。1924 年 3 月 22 日，梁羽生生于蒙山县文圩乡屯治村一个书香之家。蒙山距桂林 100 多公里，全面抗战时期，桂林是当时的广西省会，又是全国著名的文化城，这对梁羽生显然有巨大的吸引力。1941年，已经在平乐中学读了一年高中的梁羽生，深感在平乐中学读高中无法实现自己的抱负，向父亲提出了转学到桂林中学的想法。在通过桂林中学的考试之后，梁羽生成为广西省立桂林中学33班的学生。

当年的桂林中学有不少来自外省的文化人。梁羽生的国文老师李白凤就是一位在古文字学、金石研究、文学各方面皆有成就的文化人。正是他让梁羽生对新文学有了较系统的了解，这让旧文学功底本来就比较好的梁羽生达成了新旧文学的均衡发展。

由于梁羽生是转学生，按当时桂林中学的规定，转学生必须重读一年，学习成绩优秀的，则只需重读半年，因此，从1941年暑假以后入学，1943年冬季毕业，梁羽生在桂林中学学习了两年半，完成了他的高中学业。毕业典礼之后，梁羽生作词《蝶恋花》，自注："桂高毕业，倚此志别。"全词如下：

> 盈盈最是漓江苦，脉脉无言，送尽行舟去。归雁离群无意绪，中州弄影增凄楚。
>
> 梦魂犹伴榕城住，一觉三年，又值冬将暮。明日旅途知几许，冲寒且击兼程鼓。

字里行间，尽是对学生时代、桂林生活的离愁别绪。

2005年9月16日，梁羽生在地处桂林的广西师范大学王城校区独秀峰南麓的大礼堂做题为《武侠小说与通识教育》的演讲。他说道："广义来说，桂林是我的故乡，我的青春岁月是在桂林度过的。"言有尽而意无穷，其中滋味，只能由人们根据自己的人生经验体会。

在桂林，梁羽生印象最深的可能是跑警报。后来梁羽生来广西师范大学做演讲，我也是听众之一，记得当时他专门说了跑警报的情景。大意是，每当警报响起，他都是顺着桂西路向东，过中正桥，到七星岩躲空袭。当时的桂林中学在桂西路，距离骝马山、老人山显然更近，但梁羽生舍近求远去七星岩，是何故？我印象中当时梁羽生说是因为七星岩岩洞大，风景好，文人多。后来读梁羽生的传记，才知道还有另外一个原因，就是梁羽生是一个象棋迷，躲空袭正是下残局的好时光。无论什么原因，由于不断光顾七星岩，七星岩成为梁羽生非常熟悉的风景名胜，以至于多年以后他写武侠小说《广陵剑》，开篇就是：

> 像一枝铁笔，撑住了万里蓝天。巨匠挥毫：笔锋凿奇石，洒墨化飞泉。地是在有“山水甲天下”之称的桂林，是在桂林风景荟萃之区的普陀山七星岩上。

桂林、桂林普陀山七星岩，成为小说中侠客的驰骋之地。

在桂林，梁羽生开始了看电影的经历。他原来生活过的蒙山和平乐，都没有电影院，他从来没有过看电影的经验，甚至不知电影为何物。他在桂林看的第一场电影是《一夜皇后》。这是周贻白编剧、陈翼青导演的爱情题材电影，电影很煽情。后来他看过不少电影，几乎每看一场电影都会有感而发写一首词。后来梁羽生的武侠小说，大都有感人至深的爱情故事穿插其中，也有许多妙笔生花的诗词歌赋点缀其间。这种写作风格，是否与他当年在桂林观影填词的经历有关呢？

在桂林，梁羽生赶上的正是文化城较为繁荣的时期。当时，桂林版《大公报》已经创刊，这是梁羽生特别喜欢的一份报纸。后来，梁羽生成为香港《大公报》的编辑。桂林时期他与桂版《大公报》的亲密接触，应该也算一种渊源。此外，梁羽生喜欢的报纸还有桂林的《力报》。我们知道，桂林《力报》以青年学生为主要读者，聂绀弩主持的副刊尤其受青年学生欢迎。这在梁羽生身上表现得非常明显。他不仅爱读《力报》，还给《力报》投过稿。聂绀弩去世后，梁羽生写了一篇文章《京华犹剩未残棋》，里面专门提到：“当时他在桂林编《力报》副刊，我刚进桂林中学，给《力报》投稿，蒙他取录。”

当年桂林中学所在的桂西路有很多书店，被称为书店街。爱读书的梁羽生在桂林中学就读时，充分领受了这条街的好处。书店街的书店有许多梁羽生喜欢的书，但他不可能见到喜欢的书就买。于是，在书店里看书就成了梁羽生逛书店的常态。然而，只看不买总是不会受到书店欢迎的，尤其是长久地看一本书，更会受到店员的干预。对此，梁羽生的办法是在不同的书店看同一本书。在这家书店把某本书看了一部分，引起店员不满之后，转到旁边的书店，找到同一本书，继续看下去，如此两三家书店，就可以接力式地把一本书读完。用这种办法，梁羽生既不花钱，又比较体面地读了大量的书。这真是文化城对梁羽生的恩赐。

1943 年冬天，梁羽生高中毕业后，并没有马上离开桂林，他在广西大学所在地良丰租了间民房自修，准备参加 1944 年 7 月的全国大学招生考试。他的目标是西南联大。然而，随着豫湘桂战役的爆发，日军一路南进，桂林岌岌可危。梁羽生只好放弃了在桂林复习考大学的念头，于 1944 年 7 月回到了家乡蒙山。

1944 年 11 月，桂林沦陷。消息传到蒙山，梁羽生悲愤交集，作长诗《哀榕城》：

森森剑戟千峰立，截壁临江当桂花，
西南一柱独擎天，蔽尽桃源避秦客。
桃源不闻战鼓声，喧天歌舞自升平，
遥将美酒浇烽火，闲把金樽论敌情。
敌骑无力图南向，盟军电扫大洋面，
凯旋坐待不须忧，绮阁临春再开宴。
华灯处处照华筵，醉尽榕城不夜天，
哪管中原成靡局，五陵年少自翩翩。
丽君荒冢成新第，漓水流污脂粉腻，
环湖月冷燕莺飞，中正桥头弦管细。

弦歌一曲未曾终，蓦报汨罗水已红，
太傅长沙空洒泪，胡骑环逼雁迴峰。
胡骑湘北来何速？酒绿灯红难再续，
吴头楚尾病猿啼，遮断榕城羽衣曲。
繁华旧梦付漓江，烽火无情照玉颜，
鼓角声声催出走，几人挥泪别河山。
桃源难把强秦避，再觅桃源千万里，
神州何处有桃源，徘徊道路空凝伫。
徘徊遥望旧名城，大火连天映月明，
处处繁华成瓦砾，独留天际数峰青。
数峰青苦寒鸦绕，漓水荡秋帆影少，
满街红袖早无踪，只见孤城刀剑耀。
孤城四面铁骑来，天险难凭为敌开，
今日已无瞿相国，血花沾满蒋公碑。
血迹零脂相混乱，琼枝璧月长留怨，
桃花扇碎凤楼空，燕子笺残弦管断。
盼盼楼空燕燕狂，莺莺未老走他方，
满城风月无人管，独秀峰青对夕阳。
夕阳西落鸦声杳，长夜漫漫何日了，
寄语榕城旧主人，请将热血破新晓。
神州处处敌骑深，莫觅桃源合一心，
请把榕城当宝鉴，何愁三户不亡秦！

此诗后来曾在《广西日报》发表，并被称为“诗史”。的确，此诗对桂林沦陷前后的情形做了真切的描述，充满了对山水桂林城的爱和对那些把祖国山河葬送给敌人的当政者的怨怒。

白先勇的桂林童年

白先勇1937年8月16日（农历七月十一）生于桂林（另有一种说法是南宁，满月后回桂林），1944年湘桂大撤退桂林大火之后，乘坐开战前的最后一辆火车离开桂林。桂林大火发生于9月17日，由此推测，白先勇离开桂林应该是9月以后。1937年8月出生，1944年9月离桂前往重庆，白先勇在桂林整整生活了七年，称得上是一个完整的童年。

这七年，正好是中国全面抗战的七年，也是抗战桂林文化城的七年，也就是说，白先勇的桂林童年，是与抗战桂林文化城同步的。

如今榕湖边上有一座白崇禧故居，人们通常会以为这就是白先勇童年居住的地方。其实不然。在桂林城里，白先勇居住的第一个地方是铁佛寺。他在散文《第六只手指》中对他的铁佛寺老家有过描述：

> 我们老家在铁佛寺，一栋阴森古旧的老屋。长满了青苔的院子里，猛然会爬出一条半尺长的金边蜈蚣来，墙上壁虎虎视眈眈，堂屋里蝙蝠乱飞。后来听说那栋古屋还不很干净，大伯妈搬进去住，晚上看到窗前赫然立着一个穿白衣对襟褂子的男人。就在屋子对面池塘的一棵大树，日本人空袭，一枚炸弹，把个泥水匠炸得粉身碎骨，一条腿飞到了树上去。我们住在那栋不太吉祥

的古屋里，唯一的理由是为了躲警报，防空洞就在邻近，日机经常来袭，一夕数惊。

铁佛寺在宝积山边，我曾经到那儿寻访当年白先勇的老家，但已经不可能找到，估计在如今的桂岭小学内。上面这段文字中的池塘应该就是铁佛塘。

铁佛寺老宅给白先勇留下的印象是阴森的，幸好，后来他们家搬到了与铁佛寺相隔一条马路的风洞山：

那时候我们住在风洞山的脚下，东正路底那栋房子里……山脚有一个天然岩洞，警笛一响，全家人便仓皇入洞。我倒并不感到害怕，一看见风洞山顶挂上两个红球——空袭讯号——就兴奋起来：因为又不必上学了。

根据上文的描述，我推测白先勇的风洞山故居应该是在风洞山的北面。如今，故居已然不存，但风洞山北面东镇路上，李济深的故居尚在。当年白崇禧和李济深应该都是住在东镇路上。

其实，铁佛寺和风洞山都不算白先勇的老家，白先勇真正的老家在临桂会仙镇山尾村他祖母的旧居。

在《少小离家老大回》中，白先勇回忆：

从前在桂林，父亲难得从前线回来。每次回来，便会带我们下乡到山尾村去探望祖母，当然也会去祭拜榕华公的陵墓。那时候年纪小，五六岁，但有些事却记得清清楚楚。比如说，到山尾村的路上，在车中父亲一路教我们兄弟姐妹唱岳飞作词的那首《满江红》。那恐怕是他唯一会唱的歌吧，他唱起来，带着些广西土腔，但唱得慷慨激昂，唱到最后“待从头收拾旧山河，朝天阙”，他的声音高亢，颇为悲壮。很多年后，我才体会过来，那时正值抗战，烽火连城，日本人侵占了中国大片土地。岳武穆兴复宋室、还我河山的壮志，亦正是父亲当年抵御外侮、捍卫国土的激烈怀抱。日后我每逢听到《满江红》这首歌，心中总有一种说不出的感动。

2000 年，白先勇回过一次山尾村，按他的说法：祖母的老屋还在那里，只剩下前屋，后屋不见了。六叔的、二姑妈的房子都还在。当然，都破旧得摇摇欲坠了。

白先勇祖母的旧居是白崇禧修建的，白先勇记述："父亲便在山尾村特别为她建了一幢楼房，四周是骑楼，围着中间一个天井。房子剥落了，可是骑楼的雕栏仍在，隐约可以印证当年的风貌。"

如今榕湖边的那幢两层楼的洋房确实是白崇禧故居。但在抗战时期，白崇禧的榕湖故居要比现在的大得多。按白先勇的说法，今天的榕湖饭店建在当年白崇禧西湖庄故居的花园里。西湖庄是榕湖的另一个名称。当时白崇禧共有风洞山和西湖庄两处居所。据白先勇《少小离家老大回》记述："因为榕湖附近没有天然防空洞，日机常来轰炸，我们住在风洞山的时候居多。但偶尔母亲也会带我们到西湖庄来，每次大家都欢天喜地的，因为西湖庄的花园大，种满了果树花树，橘柑桃李，还有多株累累的金橘。……1944 年，湘桂大撤退，整座桂林城烧成了一片劫灰，我们西湖庄这个家，也同时毁于一炬。战后我们在西湖庄旧址重建了一幢房子，这所房子现在还在，就在榕湖饭店的旁边。"

2014 年 11 月，我有幸参与接待白先勇一行。在榕湖，白先勇在白崇禧故居门前留影。他抚摸着门前的小石狮，微笑地说了一声："别来无恙！"这句中国人习用的问候，实在是包含了万千的含义。

如今中国人都知道白先勇对昆曲的热爱，但桂林人却深知白先勇对桂戏的热爱。白先勇写过两篇桂林题材的小说——《玉卿嫂》和《花桥荣记》。仔细阅读这两篇小说，会发现贯穿其中的一个共同元

话剧《花桥荣记》剧照

素就是桂戏。《玉卿嫂》中的男主人公庆生和小说的叙述者（其实就是白先勇本人）都是桂戏迷，庆生甚至爱上了桂戏旦角金燕飞，并因此被他的情人玉卿嫂杀死。《花桥荣记》中的男主人公卢先生和叙述者花桥荣记的老板娘也都是桂戏迷。从前在桂林，小金凤、七岁红唱戏，老板娘天天去看。卢先生同样喜欢小金凤的戏，到台湾，为解乡愁，经常独自拉弦子，拉的就是桂林戏。他甚至还会唱旦角，他唱的《薛平贵回窑》，竟然有几分小金凤的味道。虽然小说来自虚构，但是，如果了解抗战时期桂林文化城桂戏的历史，再读白先勇的这些小说，一定会读出更丰富的意味。

有趣的是，不仅白先勇小说中的人物是桂戏迷，白先勇本人也是桂戏迷。虽然他只在桂林生活到七岁，但是，说起桂戏的演员和故事，他竟然如数家珍。在《少小离家老大回》中，他回忆在他家里演唱的一次桂戏盛会：

那次替祖母做寿，搭台唱戏，唱桂戏的几位名角都上了台。那天唱的是《打金枝》，是出郭子仪上寿的应景戏。桂剧皇后小金凤饰公主金枝女，露凝香反串驸马郭暧。戏台搭在露天，那天风很大，吹得戏台上的布幔都飘了起来，金枝女身上粉红色的戏装颤抖抖的。驸马郭暧举起拳头气呼呼要打金枝女，金枝女一撒娇便嘤嘤地哭了起来，于是台下村里的观众都乐得笑了。晚上大伯妈给我们讲戏，她说金枝女自恃是公主拿架子，不肯去给公公郭子仪拜寿，所以她老公要打她。我们大伯妈是个大戏迷，小金凤、露凝香，还有好几个桂戏的角儿都拜她做干妈。

抗战胜利之后，1946 年白先勇去了上海。第二年，他第一次看了梅兰芳和俞振飞唱的昆曲《游园惊梦》，从此，昆曲在白先勇的心里扎下了深根。

我曾经参加过三次桂林市文艺界为白先勇安排的专场桂戏演出，每次都为他对桂戏的熟悉而惊讶。在我看来，中国传统戏曲其实是相通的。七岁以前白先勇观看桂戏的经验，毫无疑问成为日后他迷上昆曲的重要铺垫。

在桂林，白先勇开始了他的启蒙教育。他就读的学校是 1937 年创办的省立桂林实验国民基础学校，后改名广西中山纪念学校，即现在的桂林中山中学。首先创办的是幼稚园和小学，后来扩大到包括中学、小学和幼儿园。当年的中山纪念学校无论师资还是设备在桂林都是相当好的，因此有贵族学校之称。中山纪念学校当年门开在正阳街，2000 年前后正阳街改造时，门开到了解放桥南侧漓江边。当年居住在风洞山的白先勇，由于家离学校远，每天是和他的姐姐白先明一起乘坐人力车往返。2014 年 11 月 21 日，白先勇以校友的身份回到中山中学，刚进学校大门，大群师生簇拥而来。不知是谁领的头，很快，以白先勇为中心，同学们在校门口的孙中山像前唱起了校歌：

我爱中山先生，我爱中山学校，
中山是我们的学园，中山是我们的师表。
我们要努力求学，共同研讨，
我们要整齐活泼，刻苦耐劳。
遵遗训，从师教，勿忘先烈革命功高，
年岁小，志气高，发奋图强，国家永保。
我敬中山先生，我爱中山学校，
中山是我的学园，中山是我的师表。

白先勇和比他小六十来岁的学弟学妹一起流畅完整地唱了校歌，这也许是校友最重要的认同，现场的人们无不为此感动。

在写这篇文章的时候，我注意到这首校歌的作者。词作者邱昌渭，哥伦比亚大学哲学博士，当时广西省教育厅厅长，中山中学的创办提议人。作曲者吴伯超、满谦子，前者为当时中国著名的音乐家，后者为当时广西最重要的音乐家。由这样三位大师级人物联袂创作的校歌，不能说仅有，但肯定是罕见的了。

《白先勇传》的作者、中山大学教授王晋民认为：桂林七年“可说是白先勇童年生活最安定、最快乐的黄金时期，那时他是一个个性很外向、爱热闹，不知天高地厚的小孩子。因为那时他的家庭正值《红楼梦》中所说的如‘烈火烹油，鲜花着锦’之盛的时期，亲戚朋友很多，十个兄弟姐妹都在一起……”

后　记

尚在北京师范大学读本科的时候，我就知道了桂林抗战文化城这个历史现象。假期回家，也知道相关研究者有这方面的著述。不过，当时的我正被当代文学吸引着，对这个发生在自己家乡的文化现象，并没有太多的关注。

大学毕业后，回到广西师范大学中文系任教，我所在的现当代文学教研室的前辈教师苏关鑫、万一知、肖昭惠、雷锐等，包括少数民族教研室的黄绍清老师等，皆在桂林文化城文学研究领域有所建树。其时，我正担任当代文学的教学工作，桂林文化城文学属于现代文学范围，所以，在很长一段时间，我并没有介入。

大约是 1990 年前后，广西师范大学出版社启动“桂林文化城大全”的编写工作，我那时精力过剩，主动向苏关鑫老师请求加盟。苏关鑫把我介绍到雷锐老师负责的“小说分卷”项目组。雷锐老师给了我几个作品，让我写点评文字。我按自己习惯的点评方式完成了这项工作。

15 年弹指一挥间，大约是 2005 年，我听当时在读硕士研究生的唐明星谈到她到北京大学拜访名师的感受。她说北京大学的商金林老师认为桂林文化城值得研究，可作为硕士和博士学位论文的选题。

当时我刚刚接手负责现当代文学教研室的工作。广西师范大学现当代文学专业此前不久评上自治区级的重点学科，正好有15万元的学科建设经费。我意识到桂林文化城文学研究应该作为现当代文学教研室的重点研究方向，遂决定将这15万元经费作为“桂林文化城文学研究”书系的出版经费，分别由雷锐、黄绍清、李江、刘铁群和我各自负责一本。

当时我也是无知者无畏，自以为能够轻松地进入桂林文化城文学研究，但真正投入其中，才发现这是一片汪洋大海。我长期从事当代文学评论，从来没有做过现代文学研究必需的文献整理工作。突然进入研究，陷入文献沼泽，有不自量力之感。

幸得当时在读和毕业硕士研究生以及新入职广西师范大学现当代文学专业的高蔚老师帮助，我主编完成了《桂林文化城作家研究》这本著作。

2012年前后，我虽然尚未在桂林文化城研究方面写过一篇论文，但总算有了一些学术积累。当时我对桂林文化城研究充满各种想象，做文化标识，拍电视专题片，建博物馆，等等。终于，有一天，广西桂学研究会潘琦会长跟我说：“请你做一套桂林文化城史料文献如何？”

一语点醒梦中人。做这做那，都离不开做文献史料。我又一次无知者无畏，带领十多位桂林文化城的研究专家和十多位在读硕士生，开始了《抗战桂林文化城史料汇编》的编选工作。

《抗战桂林文化城史料汇编》的编选，幸得当时广西桂林图书馆覃静研究员的支持。正是在她的指导下，广西师范大学的硕士生们，收集查阅了大量桂林文化城史料。

我同样是在这个过程中，接触到巨量的桂林文化城史料，为后面的研究工作奠定了基础。

2015年，潘琦会长主编、我担任执行主编的《抗战桂林文化城史料汇编》内部印制出版。这套书分政治、经济、军事、文学、戏剧、美术、教育、民族、音乐舞蹈、新闻出版、自然科学、社会科学、国际问题、广西人文、文化建设15个专题，每个专题1卷，共15卷，总字数超过 800 万字。

凭借数千万字的史料文献以及我对桂林这座山水文化名城的感性认识，自 2015 年前后，我开始撰写有关桂林文化城的系列随笔。2018 年，《历史的静脉——桂林文化城的另一种温故》有幸由广西师范大学出版社出版，其中收入了 42 篇桂林文化城主题随笔。

桂林文化城以桂林命名，很容易给人一个误导，以为讲述的都是桂林人的桂林事。事实上，桂林文化城以桂林命名，只是抗日战争时期的一个机缘巧合，由于历史的原因，桂林承担了那个年代全国抗战文化中心的角色。因此，桂林文化城的故事，实际上是那个年代中国文化人的故事。

桂林文化城主题随笔，很大程度上类似历史叙事。由于我并未亲身经历那段历史，因此，我把自己的这种写作称为基于文献的非虚构叙事。在写作的过程中，我严格依据抗战时期图书报刊的文字记载以及时移境迁之后亲历者的回忆文字，不做任何修饰和更改。这也是一种“述而不作”。我并不认为当时的文字和亲历者的回忆就是绝对的历史真实，但至少，它比大量充斥坊间的相关文字，更接近历史真相。

桂林既是山水名城，也是文化名城。我经常流连于这座城市的山水之间，沉浸于这座城市的文化历史。当然，我也时时感受到这座城市尴尬的现实处境，感受到她的衰落，期待着她的自我超越。

《昨日之城》是我温故桂林文化城的第二本小书，承蒙三联书店接纳出版。2018 年至 2021 年，我为广西师范大学做了一个桂林文化城专题博物馆。如果广西师范大学的桂林文化城专题博物馆是一座静止的“昨日之城”，那么，《昨日之城》就是一座流动的桂林文化城专题博物馆。我希望读者在打开《昨日之城》这本书的时候，能真切地感受到那段历史的光芒，真切地感受到这座城市的芳华。

黄伟林

2022 年 7 月 7 日于桂林星子岩东